자연은 자연스러울 때가 최고의 자연이다.

바당는 더 이상 당연하지가 않다.

일러두기

제주어는 같은 제주라도 마을에 따라 의미와 소리가 조금 다른 부분이 있습니다. 이 책에서는 어릴 적부터 생활하면서 쓰였던 것을 소리 나는 대로 적어 친밀감과 익숙함에 초점을 맞추었습니다.

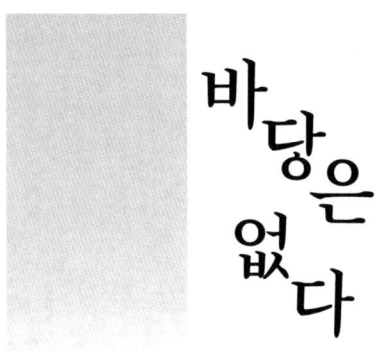

바당은 없다

기후와 인간이 지워낸
푸른 시간

송일만 지음

맑은샘

〔 들어가며 〕

바당은 바다의 제주어이다.

나의 어린 시절은 늘 바당에 머물렀다.
그 바당은 집 마당같이 즐겁고 건강한 놀이터이기도 하고, 더 넓은 배움의 운동장이 되기도 하고 우리 가족이 함께 살아갈 수 있었던 생활 터전이기도 하다.
무엇보다도 나에게는 최고의 이상이자 세상 밖의 세상을 꿈꾸게 해주는 커다란 우주이다.

나의 세상, 나의 우주.
그 바당은 내가 어디를 가든, 어느 시간에 있든, 무엇을 하든, 늘 거기에 있었다.

어느 순간, 그 바당이 거친 숨을 토해내기 시작한다.
나의 바당, 애삐리가 하얀 울음의 포말로 부서진다.
나 아프다고, 이제 그만하라는 그 절규가 육상으로 밀려든다.

사람들의 편리함으로,

자본의 욕심과 행정의 게으름으로,
강해져만 가는 햇빛으로 인하여
어느 순간부터 제주의 바당에
오랜 시간 이어져 왔던 자연, 생명이 사라지고 있다.
더불어 바다의 세련됨은 파도를 타고 밀물이 되어 몰아쳐 오지만
삶의 파도는 썰물과 함께 바다 깊은 곳으로 잠겨버린다.
어린 시절 있었던, 그곳에 계속 머물러 줄 것이라 믿었던 나의 우주, 바당은 늘 그 바당일 줄 알았다.
그것은 변하지 않은 당연함의 명제로 영원과도 같은 것이었다.

언젠가부터 바당이 바다가 되고 있다.
6천 년 전부터 이어져 온 삶의, 생활의 바당이 사라져 가고
현재는 에메랄드 빛깔의 무늬만 빛나는 액자의 오션뷰로 남겨지고 있다.
바당의 생명 다양성이 사라지고 있다.
육지의 생명 다양성도 사라지고 있다.
서로 숨통이 되어 준 바당과 육지는 그동안 사람들이 무관심과 당연함으로 인해 스스로 서로에게 독극물이 되어가고 있다.
바당이 죽어가고 있다.

올봄, 집 앞의 벚나무에 꽃이 흐드러지게 피었다.
그것이 이제는 감사하고 고마운 일이 되었다.
내년, 내후년에는 어떻게 될지 모를 일이다.
적절한 시기에 필지, 아니면 그 시기가 오기도 전에 필지.

전력을 다해 꽃을 피우려 하지만 그렇게 되지 않을 수도 있을 것 같다.

여름날 이른 밤에 피어오르던 블란디(반딧불)는 여름이 가고 가을이 다 가도 이제는 노란빛을 볼 수가 없다.

우리들의 여름도 이제는 끝이 났다.

바당이,

해마다 돌아왔던 계절이, 그 계절로 다시 돌아왔으면 하고 바라보지만,

익숙하지 않은 애매한 다른 일상들이 선글라스를 끼고 옆에 조르르 앉아있다.

바당이 있던 그 자리,

우리들의 바당은 그 어디에도 없다.

송일만

Table
of
contents

들어가며 • 005

1장
푸른 심장이 뛰던 시간

폴개	• 015
겡이왓	• 026
물이 봉봉 들면	• 032
산물, 생명의 숨	• 038
물이 바짝 싸면	• 046
메역, 그 삶의 끈을 쥐어야만	• 059
듬북광 감태랑	• 064
솔락, 솔락	• 071
여전히 바당은	• 077

2장
더 이상 푸르지 않은 비명

자본이 물고기를 기른다 · 085

바당 위로 행정이, 사라진 겡이왓 · 090

새로운 길옆 똥물이 우뚝 · 101

해조류의 행방불명 · 108

돌 뜯어먹으면서 · 117

산호들의 서바이벌 전쟁 · 124

구멍갈파래의 공습 · 131

자연은 스스로 백화현상을 만들지는 않는다 · 139

3장
부서진 바당, 생명의 경계에서

누군가의 많음으로 누군가는 닳아지고	· 149
깨끗한 똥물이 자연, 친환경이다	· 159
자본이 자연을 압도하는 생명	· 173
난민 어랭이	· 183
달려라! 달려!	· 194
파란 바닷길 위에	· 200
바당은 없다, 하나	· 211
나의 작은 의리로	· 228

4장
우리의 이어도는 지금, 여기로부터

바당은 바당 그 자체로	· 247
바닷물이 얼굴을 뫼쪽, 호시탐탐	· 254
산물이 끊어지다	· 266
겡이들이 바둥바둥 사투한다	· 283
바당은 없다. 둘	· 306
그래도 마음은 이어진다	· 314
자연이 가장 이쁜 꽃을 피운다	· 324
이어도로, 이어도로	· 337

접으면서 · 353
참고 및 인용 · 354

1장 　／　　　　　푸른 심장이
　　　　　　　　뛰던 시간

폴개*

나의 고향 마을은 갯것이(바닷가), 제주도 서귀포시 남원읍 태흥2리다.
집에서 직선으로 150여 미터, 밭 2개를 넘으면 갯것이다.
신작로를 돌아 작은 동산에서 내려가도 갯것이가 금방이다.
그렇게 돌아가도 300미터이다.

여름날 바당에서 수영하고 몸을 헹구지 못할 때는 팬티만 입은 채 돌담을 넘어 집으로 와 수돗물에 몸을 헹구곤 했다. 지금은 머리털이 가늘어져 머리카락에 미련이 많이 남았지만, 열 살 전후였을 때는 바당에서 수영하고 집으로 돌아오면 머릿결이 돼지털처럼 빳빳하게 하늘로 승천한다.
얼굴에는 바닷물과 땀으로 하얀 선이 몇 겹의 길로, 목으로 내려온다. 냉장고의 시원한 물과 비교가 안 될 정도로 차가운 수돗물을 세숫대로 머리 위로 부으면서 푸아푸아 퍼 퍼 퍼--- 소리를 내며 발을 동동거린다.
그제야 얼굴과 목으로 이어진 비포장 소금 선은 맥을 못 추고 사라지고 하늘로 승천하려던 머리카락은 어느새 수줍은 소녀의 귀밑머리가 되어 가지런히 아래로 나란히 한다.

....

* 폴개는 현재 서귀포시 남원읍 태흥2리 바닷가의 옛 지명이다.

작은 동산을 내려와 바닷가에 이르면 정면으로 뻘밭이, 물론 중간중간에 돌들도 있었지만, 커다란 축구장 두 개 정도의 넓이로 펼쳐져 있고 그 뻘(펄)의 끝에는 파도치는 바당으로부터 이 뻘밭을 감싸는 느낌으로 바위들이 무심한 듯이 서 있거나 앉아있다.

그 뻘밭을 따라 오른쪽으로 가면 아랫동네에 이르고 왼쪽 멀리에는 축항이 있는데, 울퉁불퉁한 돌길을 100미터만 걸어가면 배가 드나드는 축항에 이른다. 축항으로 다니는 돌길은 높낮이가 고르지 못해 경운기나 리어카가 다니지 못하고 오로지 걸어서만 다닐 수 있다.

축항의 구조는 엄청나게 큰 주춧돌을 깔고 그 위에 큰 돌, 중간 크기의 돌들로 마름모 형태로 쌓은 것으로 바닷물에 잠기는 바닥과 배를 정박하기 위해 밧줄을 메는 조금 솟은 돌들도 시멘트 없이 돌로만 맞물려 놓았다.

위에서 보면 높이와 넓이가 4미터, 길이 10미터 정도로 돌로 만들어져 마을의 가장 큰 성과 같은 것으로 조상들이 맨손으로 축성하여 다음 세대 그리고 그다음 세대에까지 물려준 삶의 주춧돌이자 문화의 놀이터이다.

이 축항이 언제 조성되었는지에 대한 정확한 기록은 없다.

마을 어른들의 기억에 의하면 1900년 전후로 만들어진 것으로 추측된다. 적어도 1900년 전후의 태흥 바당과 어쩌면 1세기 혹은 훨씬 그 이전부터 태흥 마을에 사람이 살기 시작할 때의 바당은 1980년대 초반까지 같았다. 바당이 같다는 것은 모습이나 형태도 그렇고 그 속에 있는 삶과 생활 방식이 같다는 것을 의미한다.

축항은 태풍이나 바당이 아주 센 날 성난 파도가 안으로 들어오지 못하게 배를 보호하고 정박하는 곳으로 폴개와 함께 우리 마을 바당의 상징적인 곳이기도 하다. 우리 마을의 이정표이다.

축항은 또한 나의 오랜 친구이자 놀이터이다.
일곱, 여덟 살이 되기 전까지 놀아도 되는 바당의 안전 경계선이었고 덩달아 더 커서는 나의 용기를 친구들과 경쟁하던 곳이기도 하다.
이 축항에서 우리는 온갖 형태의 다이빙을 만들며 뛰어내린다. 부처님같이 대못처럼 꼿꼿하게 앉아서, 팽이처럼 팽그르르 돌기도 하고 어설픈 낙법 다이빙까지 연출한다. 지금에서 보면 조금은 위험스럽기도 하지만 친구 네다섯 명이 손을 잡고 한꺼번에 달려가 뛰어내리기도 하고 누가 먼저랄 것도 없이 떨어지면 그 위에 차례로 떨어지기도 한다. 초등학교 시절 축항은 우리들의 모험과 만용이 축항의 높이만큼 축적되어 가는 곳이기도 하다.
중학교 시절엔 여름과 추석 전날 밤이면 친구들은 자연스럽게 축항으로 모여든다. 그곳에 나란히 걸터앉아 환해진 달빛 아래 우리의 이야기를 바당으로 던지고, 바당은 은빛 속삭임으로 우리의 눈과 귀를 간지럽게 한다.
어느새 바닷물이 윗부분까지 올라와 철썩거리며 자신의 경계를 넓히고자 하듯 우리의 꿈과 이상도 현실의 경계선을 같이 넘어선다. 우리의 이상과 꿈이 축항에 크게 부딪치다 들물(밀물)에 반쯤 잠기면 황급히 바지를 걷고 조심스럽게 돌을 밟으며 집으로 향한다. 듬성듬성 놓인 돌을 밟을 때마다 바닷물이 다정하게 다가와 우리와 함께 보폭을 맞추어 준다.

그 옛날 아버지가 헤엄치면 놀았던 그곳에서 아버지의 어린 시절 모습 그대로 놀다가 바당에 누워 있는다. 썰물이 되어 물이 다 빠져나가면 누웠던 자리에는 친구들 머리만 한 돌들이 대신 누워있기도 하고 몇 개는 우리보다 큰 머리를 가졌다고 늘 의기양양하던 중석의 머리 3배만 한 것도 있다.

한쪽 끝에는 여름에도 차가운 산물(용천수)이 쉴 새 없이 솟아난다.

산물이 뻘 사이로 바닷물을 만나러 갈 때는 홍권이가 밥을 먹으면 입빠이(입과 입 사이)에 밥 한 톨이 남기는 것보다 더 선명하게 약간 비틀어진 직선의 흔적을 남기곤 한다.

작은 물길이다. 그 물길은 여름 내내, 일 년 내내, 나의 어린 시절 내내, 아버지의 어린 시절로부터 멈추지 않고 계속 흘러내린다. 시간이 멈추지 않은 것처럼, 그 물길은 육지에서 바당으로 향하는 자연의 의지이자 삶이다.

동시에 바당에 있는 모든 생명들에게 숨을 쉴 수 있는 산소를 제공한다.

애삐리**로 가는 육지가 시작되는 부분 한쪽에는 1.5미터 내의 소나무 한 그루가 뿌리를 바위 사이에 박고 서 있고 양쪽으로 큰 바위 2개가 서로를 기대어 앉아있다. 또 그 바위 아래에는 엉덕(공간)이 있었는데 이곳은 마을 여인들이 특별한 날이 되면 재물을 준비해서 기도하는 신당이다.

....

** 애삐리는 바닷가로 내려오면서 볼 때 왼쪽에 있는 큰 지형을 말한다. 사람이 살지 않고 오직 자연만이 자연스럽게 살아가던 곳이다.

어머니는 이곳에서 한 해가 시작되는 정월과 집안에 큰일이 생기면 가족들을 위해 기도를 하신다. 이 신당에 누구의 어머니나 할머니가 다녀가면 그 집에 무슨 일이 있어 걱정하기보다 그 제사 음식을 먹을 수 있는 것을 부러워하곤 했다.

축항 안에서 우리들의 수영장이 되곤 했던 곳의 왼쪽에는 가시덤불과 인접한 또 다른 뻘밭이 드러누워 있었는데, 실상은 뻘밭이라고 하기보다 돌이 반 흙이 반 그런 곳으로 오른쪽 뻘밭보다 5배가 넘는 곳이다. 비가 많이 오면 중산간으로부터 진시무꿀***을 거쳐 빗물이 흘러내리는 통로가 있어 이곳을 통해 빗물이 바당으로 들어온다.
육상 곶자왈 그대로의 자연을 흘려 받는 바당의 곶자왈이다.
가끔 큰비로 바닷가부터 1km 떨어진 큰 연못이 넘쳐나 그곳의 민물고기가 자신의 의지와 상관없이 빗물과 함께 바당으로 흘러들어 바당 생선과 서로 조우(遭遇)하는 만남의 광장이 되기도 한다.
아마도 바당 생선들은 민물고기가 익숙하지 않은 흙냄새가 난다며 반기지는 않았을 것 같다. 우리가 민물고기를 멀리했던 것처럼.

성인의 무릎 밑으로 잠기는 만조에는 꼿꼿한 바위들만이 자신들의 존재를 확연하게 드러내고 썰물이 되어 바닥이 다 드러나면 돌들은 마치 초등학교 조회 시간 전에 운동장으로 모여든 어린애들처럼 무질서로 와글바글이다.
그 돌을 뒤집어 보면 작고 검은 게들이 그들만의 모임을 강제로 끝

....
*** 진시무꿀은 언덕과 가시덤불 개울이 있던 동네의 한 지명이다.

낸 거대한 힘으로부터 달아나려고 후다닥후다닥 정신없이 분주한 모습을 보인다.

어떤 놈은 자기 다리를 다 챙기지도 못하고 도망가려고 기를 쓴다.

축항에서 바닷가 쪽으로 조금 나가면 작은 포구가 있는데 우리는 이를 개마띠****라 부른다. 여기는 매일 작업하는 고기잡이배가 정박하는 곳으로 호리병이 누워있는 형태로 보통 배 3척이 항상 정박해 있다.

태풍이 오면 모든 배는 축항 안쪽으로 들어와 성난 자연으로부터 도피하여 쥐 죽은 듯이 숨어있곤 한다. 당시 배는 모두 7척 정도 되었다.

개마띠의 입구는 양쪽으로 크고 넓은 바위가 하나씩 연결되어 지형적으로 배가 들어오고 나가는 입구가 요새처럼 형성돼 있다.

개마띠의 양쪽 큰 자연 바위는 배를 올라타기 위한 도약대 같은 역할을 해서 고기잡이배가 들어올 때 마을 사람들이 자연스럽게 바위를 딛고 배로 올라탄다. 썰물이 되어도 이 호리병 모양의 포구 바닥에는 항상 30cm 정도의 물이 고여 있다.

포구에서 100미터 정도 나가면 왼쪽에는 관수짜리(여 이름. 넓고 길쭉한 큰 바위 형태)가 있었는데 썰물이 되면 그 형태가 다 드러나고 조금(조수가 가장 낮은 때)이 되면 완전히 잠긴다.

....

**** 개마띠는 작은 포구의 제주어이다. 글자 그대로 개는 갯것이, 바닷가를 말하고 마띠는 맞는 곳. 다시 말해 바다를 맞이하는 곳으로 순수한 제주어이다.

집에서 관수짜리가 반 이상 드러나는 것을 확인하면 청대(낚싯대)를 들고 바당으로 향하곤 했다. 물때를 알리는 자연 시계인 셈이다.

관수짜리에서 200미터를 더 나아가면 여덟, 아홉 물때에만 다닐 수 있는 작은 돌섬, 고동여가 그 자태를 드러낸다. 이름처럼 이쁜 여인의 자태가 아니라 실제 파도가 거칠게 치는 아주 험상궂은 산적과도 같은 이미지의 돌섬이다. 이 돌섬에 고동이 하도 많아서 마을 사람들은 '고동여'라고 불렀다. 고동은 또 다른 제주어로 구젱기, 즉 소라를 말한다.

관수짜리로 나가면서 그 고동여를 포함한 왼쪽 바다를 '애삐리'라고 불렀고, 오른쪽으로 알동네 마을 아래로 걸쳐 있는 바당은 '봉안이'라고 불렀다. 멀리서 보면 애삐리와 봉안이는 서로 마주 보고 마을을 감싸안고 있는 듯한 모습을 하고 있어 개마띠와 축항의 배들을 안전하게 보호함은 물론 우리들의 놀이터로, 해산물을 잡는 생활터로 안성맞춤이었던 곳이다.

큰 자연이 신경질적인 자연으로부터 우리의 생활을 보호해 주는, 품는 듯한 형태이다.

'태흥리'라는 마을 이름이 붙여진 것은 1916년 이후다.
그전에는 뻘이 많은 동네라고 해서 폴개라고 불렀다.
폴개에는 겡이(게)들이 많이 산다.
폴은 뻘의 제주어이며 개는 바닷가를 뜻하는 갯것이의 준말이다.
우리 마을은 기본적으로는 지형이 편평해서 밭농사가 잘 되었고 봄이면 유채나 보리를 재배했고 가을이면 고구마를 주로 간다.
1970년대 태흥리에 감귤이 들어온 이후 대부분의 밭이 감귤밭으로 바뀐다.

바당에서는 메역(미역), 전복과 오븐재기(오분자기: 제주도의 작은 전복) 그리고 고동, 구젱기(소라), 귀(성게)가 많이 난다. 지형적으로 보면 제주 북동쪽의 구좌나 북서쪽 애월, 모슬포와 비교했을 때 상당히 떨어져 있고 기후적으로는 서귀포 효돈이나 보목리만큼은 아니지만 바람이 적고 온난하여 농사가 잘되었으며 바닷가에 뻘이 있어 다양한 해산물이 많은 축복받은 마을이다.

그래서 그런지 몰라도 마을 사람들은 자연을 닮아 거친 모습에 순박한 마음을 안고서 서로서로에게 정이 많았다. 마을 사람들은 대부분 반농반어 생활을 한다.

예전에는 교통수단이 발달 되지 않아 이동이 어려웠을 뿐만 아니라, 대부분 자기가 태어난 곳에서 살아야 하는 것을 당연하게 여겨 타지로 이주하는 것을 상상도 하지 못했다. 그래서 자기 마을이 가장 살기 좋은 곳, 살아야만 하는 곳으로 여긴다.

사실 어린 시절에는 구좌가, 애월, 모슬포가 어디에 있는지 알 수 없다. 그런 곳이 있을 거라는 생각조차 하지 못했다. 내가 있는 곳, 축항에서 놀 수 있는, 여기 폴개가 나의 지역 전부이며 나의 모든 생활을 품은 우주다.

애월과 구좌에 가본 것은 초등학교 수학여행 때 버스로 지나친 것이 처음이었고 군 제대 후 자전거로 일주한 것이 전부다. 내 인생에 최근 5년 전까지 딱 두 번을 지나갔을 뿐이다. 우리 태흥리 인근 남원, 표선이 아니면 다른 마을에는 갈 일도 없고, 갈 수도 없었다. 완전히 다른 세상이다.

한때 감귤나무가 대학나무로 변하면서 서귀포와 남원 지역을 '부자 동네'라고 다른 제주 사람들은 많이 부러워하였다.

우리 집에는 우연내(텃밭)에 여전히 커다란 나스미깡낭(하귤나무) 두 개가 지금도 곰보 같은 형태로 시큼함의 정의를 내려준다. 내 신맛의 뿌리는 이 감귤나무이다. 당시 제주는 밀감 과수원을 하는 동네, 하지 못하는 동네로 구분하였는데 후에 이 밀감나무는 삶과 문화에서 그리고 사람의 기질, 정서적인 측면에서 같은 제주지만 뚜렷한 차이를 만들어 낸다.

그것은 경제적 수준의 차이다. 이 밀감 농사는 삶의 무게를 덜어주어 바람이 세차게 부는 제주 양 끝 쪽 사람들보다는 얼굴에는 바람이 다녀간 흔적보다 곤밥(쌀밥) 먹은 얼굴이 나타나 보인다.

실제로 1970년대 중후반 서귀포는 제주에서 쌀밥을 가장 먼저 먹고 1980년대 초반부터 우리나라 옷 브랜드란 브랜드는 모두 서귀포 시내에 들어와 있었다.

제주에서 삶의 형태로 마을을 구분해야 했다면 해안마을과 중산간 마을 정도다. 중산간 마을은 바당 없이 농사만 전념하며 살아야 했는데 거리로 따지면 해안마을에서 고작 5~10킬로미터 내외지만 삶은 완전히 달랐다.

중산간 마을은 인구수로 구분하면 제주에서 10분의 1 정도로 그리 많지는 않다. 산물(용천수, 지하수)이 나오지 않아 물이 아주 귀했고, 밭작물(주로 메밀)과 음식문화가 달라 얼마 떨어져 있지 않았지만, 얼굴에 바람과 흙이 동시에 다녀간 흔적들이 많이 남아있다.

어떤 사람들은 그들을 '산 사람'이라 부르기도 한다.

우리 마을 위쪽에 있는 중산간 마을은 그 옛날 옷이 귀해 마을 이름도 옷귀리(옷궤), 한자어로 의귀리(衣貴里)로 쓰는 곳도 있다. 의귀초등학교 운동회가 열리는 날이 되면 우리 학교도 운동회에 참가했는데 의귀리 사람들을 볼 수 있는 유일한 기회였다. 우리보다 불쌍하고 정말 가난해서 옷도 없이 사는 모습을 확인하려는데 그런 사람도 있고 그렇지 않은 사람도 있었다.

한 가지 확실한 것은 어머니가 빨아주신 우리의 옷이 의귀리 아이들이 입은 것보다는 훨씬 깨끗하게 보였다는 것이다.

이런 차이를 만든 것은 바당과 산물이다. 우리는 늘 바당이 펼쳐져 있었고 그들에게는 들과 밭이 병풍이 되어 감싸안았다. 의귀리로 걸어가는 길이 이상하게 느껴진 것은 바당이 주는 익숙함과 안정감이 없어서 그랬을 것이다.

그들을 비하하는 말은 아니지만, 옷뜨르 마을(위쪽 마을)에 수도가 늦게 설치되어 물이 없기도 하여 "놋도 못씨엉 뎅기당 내창에 강 씻엉 뎅긴다. 경허단 보단 다들 검은 고냉이여(얼굴도 씻지 못하고 다니다가 냇가에 가서 씻고 다닌다. 그러다 보니 모두 검은 고양이다)."라고 상옥이 어머니가 자주 말하곤 한다. 상옥이 누나는 우뜨르 마을로 시집갔다.

성장하면서 다른 세상을 동경하고 꿈꾸어 왔지만, 제주에 있으면서 다른 마을 중산간 마을이나 해안마을을 따로 가고 싶거나 보고 싶었던 적은 한 번도 없었다.

세상은 우리 마을 태흥리, 폴개가 전부였다.

그 폴개, 바당은 집 안에도, 마당에서도, 마을 어디에 있어도 늘 내 앞에 펼쳐져 있었다.

나는 그 바당이 늘 좋았다.
그리고 우리 집은 바당을 근거로 삶을 이어간다.
바당이 우리의 삶이고 놀이다.

겡이왓*

폴개에는 겡이들이 많았다. 그래서 겡이왓이라고도 불렀다.
왓은 제주어로 넓은 공간, 밭을 의미하는데 왓에는 무엇이 많다는 의미가 포함되어 있다.

특히 겡이왓에는 왕겡이**가 많았다.
이 왕겡이는 등과 다리가 색이 바랜 국방색으로 크기가 어린이 손바닥 반만 한 것으로 뻘 속에 집을 짓고 산다. 보통은 뻘과 돌 속에 숨어있다가 비가 오면 집 밖으로 나와 뻘 위를 이리저리 바쁘게 움직인다. 마치 병사들이 군사 훈련을 하듯 각자의 진지를 구축하기도 하고 두 개의 집게 발가락으로 눈 감추듯 입속으로 무엇인가를 집어넣기도 한다. 가까이 다가가면 호로록 호로록 자기 집으로 바쁘게 찾아 들어간다.
겡이들 중에 이상한 놈은 도망가지 않고 세상에서 자기가 제일 센 줄 알고 눈을 부라리고는 잠망경처럼 이쪽저쪽으로 눈알을 돌리면서 나와 눈싸움을 한다.
아무리 내가 작은 눈이지만 그래도 너보다는 크다. 인마!

---

* 겡이왓은 게들이 살아가는 밭이다. 게 밭이다.

** 왕겡이는 지금 표준어로 방게와 비슷한 모양이지만, 지금의 방게보다는 크고 양쪽 집게발이 아주 굵다. 우리 마을에서 사라진 후 난 이 왕겡이를 제주에서 본 적이 없다.

그리고는 여전히 이상한 놈은 눈을 마주친 상태로 경계하며 슬금슬금 옆으로 가다 돌부리에 다리가 꼬여 넘어진다.

가끔 바닷물이 밀려 나가고 뻘이 단단해지면 우리는 그 위에서 축구를 하기도 하고 큰 왕겡이를 잡아서 서로 싸움을 붙인다.
겡이 몸통을 손으로 잡으면 집게 발가락 두 개를 하늘로 올리며 위협하는데 그때 두 마리가 서로의 집게 발가락으로 싸울 수 있게 서로를 부딪치게 해준다. 집게 발가락 하나가 먼저 떨어지면 지는 것이다.
우리가 손으로 몸통을 잡고 있으면 이 왕겡이는 눈알을 세우면서 부릅뜬다.
집게 발가락으로 만세를 하고 입에는 게거품을 일으키며 자신이 화가 많이 나 있다는 것을 전투적으로 보여준다.
어느 순간 특유의 비릿한 거품 냄새가 역겨워지면 그제야 우리는 겡이를 놓아준다.
겡이들에게는 집게발과 거품이 적들로부터 자신들을 방어하고 공격하는 무기인 것이다. 겡이 거품 둘레는 뻘 색과 비슷했는데 위로 층층이 부풀어 오르다 터지기도 한다.

태풍이 불거나 바당이 세지면 마당의 수돗가 근처까지 겡이들이 출몰한다.
집게 발가락이 빨갛게 물든 것도 있었고, 왕겡이도 있다.
한 번은 뻘에 있는 겡들이 올라온 건지 아랫동네로 내려가는 길바닥 전부를 덮어버린 것을 본 적도 있다. 무슨 대이동인지 아니면 집단으로 누구와 싸우기 위해 다 소집한 것인지 몰라도 그야말로 겡이 천지였다.

그 뻘 옆에 화명이 삼촌 집이 있었는데, 마당이 흙이라서 그런지 몰라도 지나다 보면 왕겡이들이 마당을 지나다니고 있고 어떤 놈은 집안을 기웃거리고 일부는 용감하게 부엌 문턱을 넘어서기도 한다. 그러다가 솥강알(아궁이) 속으로 들어가 진지구축하는 놈도 있다. 겡이 생에 최고의 잘못된 선택이다.

왕겡이보다 3분의 1 크기의 검고 작은 겡이도 정말 많았다.

바당에 있는 돌 개수보다 더 많았던 것 같다.

애삐리로 가는 흙밭과 바당 근처에 있는 땅의 돌을 뒤집기만 해도 검고 작은 겡이들이 400m 계주하듯 제 살길을 찾아 잽싸게 움직이곤 한다. 이들이 왕겡이보다 더 빨리 달린다.

포구의 물속과 바위틈에는 육지 작은 겡이보다 조금 큰 빨간 겡이들이 많다. 우리는 썰물이 되기 전과 고기를 낚기 전, 게드글락(작은 집게) 미끼로 빨간 겡이를 낚으며 놀기도 했는데 미끼 하나에 보통 두세 마리, 심지어 다섯 마리까지 덤벼들며 올라온다.

낚시를 끝내고 포구를 거쳐 집으로 돌아가는 길목에는 배에서 버려진 복쟁이(복어)를 뜯고 있는 수십 마리의 빨간 겡이들을 볼 수 있다. 늘 있는 포구의 일상이다. 겡이들이 복쟁이 맛을 안다. 그러면서 "니들이 복쟁이 맛을 알어?" "몰라 마" 지금은 복어가 최고의 생선이지만 그 당시만 해도 우리는 먹지 않았다. 겡이들이 우리 입맛보다 앞서 있다.

물이 완전히 빠진 고동여에는 뻘에 사는 왕겡이보다 크고 이쁜 겡이들이 많다. 서해에 있는 꽃게보다 큰 것도 있다. 이 겡이들은 특유의 냄새도 없고 아주 빨간 자태다. 낚시할 때 이런 큰 빨간 겡이들이 올라오면 우리는 다시 그냥 놓아준다. 복어가 올라오면 바위에 내팽개치게 되는데 빨간 큰 겡이는 그렇게 하지 못한다. 육지에 올라오면 스스로 낚시에서 빠지는 경우도 많다. 왕겡이처럼 몸통을 잡고 놀고 싶기도 했지만, 낚시에 집중해야 해서 그냥 놓아준다. 먹을 생각을 하지 않았다. 빨간 큰 겡이는 먹는 것이 아닌 줄 알았다.

제주도 음식에 겡이죽(게죽)이 있는데 얼마 전 처음 맛보았다. 그것도 부산 사람들이 운영하는 동네 해녀 식당에서 겡이 칼국수와 겡이죽을 맛본 것이다.

나쁘지는 않았다. 어릴 적 겡이 거품 냄새가 날까 긴장하며 먹었다. 겡이 특유의 냄새는 거의 없었지만 그 느낌은 조금 남아있다.

해녀였던 어머니는 물속에서 큰 겡이가 많이 보여도 잡지 않으셨다. 그 당시 겡이는 그냥 먹기에 좀 성가신 바당의 곤충 정도로 여기지 않으셨을까? 가끔 윗동네나 중산간 마을 사람들이 겡이를 잡아가는 모습을 보았던 기억은 있다. 하지만 우리 마을에서는 다른 해산물들이 많은데 굳이 겡이까지 먹을 필요가 없었을 것이다.

한때 서울에 있으면서 양념게장을 먹는데, 게거품에 썩은 냄새가 추가된 느낌이 있고 난 이후로는 "니들이 게 맛을 알어?" "몰라, 알고 싶지 않아!" 그렇게 겡이 맛으로부터 도피했다.

겡이왓은 겡이들의 영토였다.
겡이들이 자신들의 영토를 지키기 위해 보초를 서거나 스스로 흙

벽을 쌓아 놓는 일도 없었지만, 사람들도 그 지역을 무엇을 위해 쓰는 일이 전혀 없어 자연스럽게 그들만의 영토가 되어 왔던 곳이다. 마을 사람들도 이곳을 가로질러 다니는 경우는 거의 없다. 조금은 멀 수도 있지만 돌아서 다닌다. 겡이왓은 바당의 바위처럼 또 다른 자연의 한 부분이다.

이처럼 겡이가 많았던 것은 그 당시 육지와 바당이 별 차이가, 구분이 거의 없었기 때문이다. 둘 다 자연스러운 자연이고 바닷물이 들고 들지 않는 곳의 차이라고 할 수 있는데 바닷물이 들어올 땐 바당이 되고 그렇지 않을 땐 그냥 도로나 육지였다. 수영하기 위해서 또 낚시하기 위해 반드시 거쳐야 했던 겡이왓은 태흥리 마을 사람들 수보다 몇백 배 더 많은 겡이들이 아주 오래전부터 먼저 터를 잡고 대대로 살아왔다.

제주도 마을 이름에는 바당 이름, 포구가 들어간 곳이 있다.

개마띠는 작은 포구를 의미하고 그보다 조금 큰 개마띠는 포라고 한다.

이름하여 성산포, 서귀포, 모슬포, 산지포(옛 제주시)는 포구 주변에 마을이 형성되어 마을 이름에 포가 붙은 것이다. 자연, 바당을 근거로 살아가니 마을 이름도 자연스럽게 자연을 따라간다.

포구보다 더 큰 포구의 이름은 항으로 해방 이전에 항이라 불리어졌던 곳은 지금의 김녕 미항인 김녕항뿐이었다. 당시는 김녕항이 가장 크게 발전한 곳으로 산지 포구보다 컸던 것은 육지인 부산에서 뱃길이 가장 가까워서다. 그 가까워진 거리가 제주 사람들의 삶의 크기를 조금이라도 더 키웠을 것이다.

태흥리는 마을 이름보다 폴개, 겡이왓이라 불렸다.
그만큼 오래전부터 마을 사람들보다 게들이 먼저 터를 잡고 살아왔기 때문이다.
겡이왓은 자연이 부여해 준 자연 마을이다.

물이 봉봉 들면*

 바당에는 아버지들이 노로 물결을 가로지르는 조용하지만 단호한 치열함의 소리가 있다.
 바당에는 아이들이 노는 왁자지껄함이 있다.
 그리고 어머니, 할머니들의 지친 숨비소리가 있다.
 휘---이 휘---이 갈매기들이 누구를 부르듯 바당 한가운데서 자연의 소리가 되어 하늘로 올라간다.
 겡이들이 지면과 내는 사각사각 마찰음이 끝없이 뻘밭을 메운다.
 이 모든 바당의 소리를 결정하고 끓고 이어지게 하는 것은 물때이다.

 바당 물때는 신기할 정도로 정확하다.
 이 물때는 어쩌면 신이 마을 사람들에게 일하는 시간과 휴식 시간을 구분해 주려는 의도로 만든 것이 아닌가 하는 생각이 든다.
 한 물에서 시작하여 열넷, 열다섯 물까지 있는데 물이 들어 일정기간 들물이 유지되는 기간을 '조금'이라고 한다.
 바당에는 밀물과 썰물 현상이 하루에 두 번 일어난다.
 이는 달의 인력과 지구의 중력이 함께 작용하여 발생하는 것이다. 달이 지구를 한 바퀴 도는 시간은 24시간 49분으로 밀물과 썰물의

....
* 바닷물이 최고의 만조가 되면

차이가 15일 단위로 변화하는 조석 간만의 차이를 '물때'라고 한다.

조금은 조석 간만의 차이가 가장 적은 시기인데 조금이 일어나는 이유는 달에서 받는 인력과 태양에서 받는 인력이 상쇄되기 때문이다. 달, 지구, 태양이 직선을 이루어 조석 간만의 차가 최대가 되는 대조는 일주일 간격으로 2주에 한 번씩 일어난다.

우리는 조금이 되면 수영을 하고 네 물에서 열한 물까지의 썰물 때는 오전에 수영, 오후에는 낚시한다.

그 물때의 시기는 관수짜리를 보며 판단했다. 아침에 관수짜리가 조금 보이기 시작하면 네 물 정도가 되고 관수짜리가 보이는 시간이 점점 오후에 가까워지면서 하루하루 물때가 더해지는 것이다.

뱃사람들은 물때에 따라 바당으로 나가고 들어온다.

주로 오후에 그물을 놓고 아침에는 일찍 그 그물을 걷으러 간다.

어느 시기, 절기에는 고기도 거의 잡히지 않는 날도 있다.

그날은 파도만 높아진다. 백중이 그런 날이다. 백중에는 주로 배에 고사를 지내는데, 이를 '배코시'라고 한다. 배를 만들고 처음 바당에 띄울 때도 하고 정월 명절이 되면 뱃사람들은 배코시를 한다.

어부들이 무당과 함께 바당 신에게 안전을 바라는 마음에서 정성을 올린다. 이때는 고기들도 물지 않는다. 아니, 거의 보이지도 않는다. 고기도 쉬는 날이다. 신이 내린 강제 파업 날이다. 바당에서 주야장천 일하는 마을 사람들에게 신만이 강제로 부여할 수 있는 휴식 시간이다.

해녀들은 조금에도 물질한다.

물이 많이 들어도 자연 도로가 잠기지 않으면 개마띠 오른쪽에서 스스로 솟아오르는 하얀 점들이 된다.

그녀들은 놀지 않는다. 쉬지 않는다. 무엇이라도 잡아야만 세상의 끝을 잡을 수가 있는 것처럼. 그 끝을 잡는 힘은 평소보다 더 깊이 들어가야 하니 숨비소리 휘-이-----도 길어진다.

남자들은 이른 아침에 그물을 걷으러 바당으로 나가 개마띠로 들어온다.

아침밥을 거르면서까지 자신들의 노동을 파괴하지 않고 그물을 손질하기 위해 축항이나 개마띠 평평한 큰 바위 위에 또다시 다른 노동을 펼친다.

그물이 찢어진 곳을 수리할 때 보재기(어부)의 손놀림은 바느질하는 어머니보다 정교하고 빠르다. 배를 정리하면 점심때가 훨씬 지난다.

늦은 오후가 되면 다시 바당으로 가 오전에 정리한 그물을 자신들만의 위치에 슴슴한 소망과 기대를 펼쳐 놓는다.

소년들은 오전 내내 축항 안에서 수영하다가 정오가 지나 썰물이 되면 관수짜리로 모여들어 경쟁하듯 고기를 낚는다.

"올라온다, 올라온다."

그 소리는 어머니, 아버지가 바당에서 내는 살 지친 소리, 물결을 가르는 단호한 소리와는 다르다. 살아가기 위해 내는 소리, 의지적인 소리가 아니라 바당에서 자연으로 자신의 존재를 알리듯, 즐거움의 크기를 알리듯, 자랑스러움을 뽐내는 소리다.

두 번 돌려도 되는데 자랑의 크기를 더 부풀리다 다섯 번째에서 고기가 떨어져 나가면 그만큼 애석함은 돌렸던 하늘의 동그란 원처럼 커진다. 그러나 그것도 잠시다. 다음에 더 큰 것을 낚는다. 그러면 소년은 이번에는 세 번 반만 돌린다.

왕겡이들이 뻘 구멍 집으로 나와 눈을 바짝 올리고 뻘 위를 이리저리 분주하게 움직인다.
밀물이 금방 되나 보다.
물이 저녁에 봉봉 들면
바당의 모든 소리가 잠기고
포구가 잠기고
겡이왓이 잠기고
축항으로 가는 도로마저 일부 잠기고 나면
오직 축항 끝부분만 세상에 내보여진다.
칠흑 같은 어둠 속에 먼 곳에서 보이는 등댓불처럼 자신의 존재감을 겸손하게 드러낸다.

그 봉봉 물이 든 모습은 참으로 고요하다.
이처럼 평온하고 안정감 있는 풍경을 그릴 수 있을까?
마을, 세상의 소리는 모두 바당물에 잠겨버린다.
자연의 끝이 어디인지, 사람들의 살아가는 경계선이 어디인지 모를 정도로 모든 것이 자연의 일부가 된다.
바당은 거대한 잔잔함과 평온함으로 그리고 포만감으로 마을을 덮어버린다.
거대한 우주 앞에 마을은 작은 점이 된다.
그 바닷물 위로 자연은, 달빛은 은빛으로 잔잔하게 노를 저어가며 해녀들의 숨비소리를 대신하며 게들이 내는 사각사각보다도 더 작은 마찰음으로 마을과 바다 경계선을 넘으려고 시도한다.

물이 봉봉 들면
자연은, 바당은 자기만의 내음을 우리에게 준다.
그 내음은 심심하면서도 전혀 싫증 나지 않은 이른 아침 깊은 산골짜기의 공기만큼이나 깨끗하고 신선하다. 프랑스 샤넬도 생산해 낼 수 없는 오직 자연만이, 바당만이 낼 수 있는 내음이다.
그 내음이 정말 좋다. 그 풍경과 내음은 우리에게 신체적인 휴식을 주고 마음에 정서적인 안정감과 포만감을 준다. 잠깐만이라도 쉬라고, 더 자라고.
전혀 반항할 수 없도록 무언의 목소리로 절대적으로 명령한다.
마을이 잠든다.
모두 잠든다.

지금도 그렇지만 나는 후각에 민감한 편이 아니다. 어쩌면 보통 사람보다 많이 둔한 편인지도 모른다. 어린 시절 내가 좋아했던 냄새가 두 가지 있었는데 신작로 아스팔트에 떨어진 자동차 기름 냄새가 그 중 하나이다. 그 냄새가 어떻게 내게 다가왔는지 기억나지 않지만, 가끔 바당으로 가다가 작은 방울들이 이어진 기름을 집게손가락에 묻혀 냄새를 즐기곤 했다. 이 기름 냄새가 묘한 활력과 세상의 호기심을 주었다. 어떨 때는 자동차를 따라가면서 그 냄새가 떨어지는 것을 주워 담은 적도 있다.
내가 좋아했던 또 다른 냄새, 아니 내음은 바당이 봉봉 물이 들어 자연이 내게로 다가오는 내음이다. 중학교에 진학하면서 자동차 기름 냄새는 좋아하지 않게 되었지만, 바당물이 봉봉 든 그 내음만은 외국에 있든 어디에 있든 늘 그리웠다. 많이 돌아다니며 다른 바당을 많이 보아도 태흥리, 폴개 바당, 물이 봉봉든 내음만은 그 어디에서도 맡을 수 없었다. 유학을 다녀오면서 나만의 프래그랜스(fragrance), 인위적인 향취를 쓰기 시작했는데, 프래그랜스를 뿌릴 때마다 태흥리 봉봉 향수를 내 몸에 뿌리고 싶었다. 그 봉봉 향수는 그 누구도 만들어 낼 수 없는, 어떠한 회사도 카피해 낼 수 없는 오직 태흥리, 폴개 깨끗한 바당만이 만들어 낼 수 있는, 자연, 바당 향이다.

이제 제주 바당에는 이런 자연의 봉봉 내음이 사라져 버린 지 오래되었다.

이상한 독특한 비릿한 냄새가, 그것도 유효기간이 한참 지난 뒤에 발생하는 음식 냄새가 섞여 있는 듯하다.

그 냄새는 날마다, 해마다 갈수록 문명과 섞여 부패한 바당 냄새로 강해져만 가고 있다.

봉봉 바당 내음은 시간과 문명이 진화할수록, 새로운 프래그랜스를 쓰면 쓸수록 더욱 그리워진다.

어느 순간 태흥리, 폴개 바당에서 그 내음이 완전히 사라지고 한참 지난 후 그것이 전 인류에게 있어서, 아니 적어도 나에게 최고의 자연 향수라는 것을 깨달았다.

산물, 생명의 숨

우리 마을 태흥리는 산물이 좋고 많았다.

산물은 샘구멍에서 솟아나는 맑은 물이다.

국어사전에 있는 순수한 우리말이고 표준말인데 많은 사람이, 특히 육지 사람들이 지하나 암반에서 솟아나는 물을 용천수(湧泉水)라고 하다 보니 고향마을 사람들이 사용하는 산물은 제주어가 되어버렸다.

정확하게 표현하면 산물, 용천수는 빗물이 지하로 스며든 후에 대수층(大水層)을 따라 흐르다 암석이나 지층의 틈새를 통해 지표로 솟아나는 물을 의미한다.

마을 사람들은 모두가 이 물을 산물이라고 했고 그 산물은 해안가 주변으로부터 쉴 새 없이 흘러나왔다. 산물은 마을을 구성하는 뿌리와 같은 역할을 하는데, 산물이 나오는 양이 많으면 마을을 이룰 수 있는, 사람들이 모여 살 수 있는 가장 원시적이지만 필수적인 조건이 된다. 산물은 고향 마을 사람들뿐만 아니라 태흥리에 있는 모든 생명의 다양성에 근원이자 근간이 된다.

어쨌든 태흥리는 산물이 잘 나온다. 집에서 1km 정도 떨어진 소금밭 옆 큰 산물은 마을 사람들의 공동 우물이다. 어머니는 이삼일에 한 번씩 물 허벅을 구덕에 넣고 물을 길으러 이른 새벽에 다닌다.

우물은 깨끗하고 깊지만, 마을 사람들이 모두 쓰는 것이라 아침 늦게 가면 빨래를 하느라 사람들이 모여들어 조금 더러워진 느낌도 있고 해서 어머니들은 일찍 물을 길으러 다닌다. 그래야 조반 후 아침에 바당이나 밭으로 일하러 간다.

초등학교 5학년 때 일이다.
우리 앞집 용준이네는 점방을 한다. 가끔은 용준이가 어머니 몰래 과자를 집어 먹는 것을 보고는 부러워한 적도 있다.
어느 날 일어나 보니 마을이 쑥대밭이 되었다. 용준이네 점방이 털려 경찰도 오고 마을 사람이 수군수군 이다. 근데 털린 품목은 고작 삼양라면 20개다. 우리 집 앞 신자네는 큰 알루미늄 솥이 없어졌다.
배가 고팠던 누군가와 그 일행은 소금밭 우물가에서 라면을 끓여 먹고는 사라졌다. '식도 루팡' 사건이다. 진짜 나무젓가락이 3개인데 라면 봉지가 12개 정도 널브러져 있다.
우와 대단하다!
풍부한 라면 식욕을 부러워했던 사람들이 많았다. 소금밭 우물은 배고픔도 해소해 주는 그런 관대한(?) 곳이기도 하다.
그 이후로도 식도 루팡은 잡히질 않았다. 용준이는 그 사건 후 얼마 없어 라면땅을 몰래 먹은 것이 어머니에게 들켜 돼지게 두들겨 맞았다.

전분 공장 밑에 있는 산물은 우리들의 놀이터이자 몸을 헹구는 곳이다.
이곳 산물은 소금밭 옆에 있는 우물보다 더 세차게 쏟아져 나와 아주 시원하다. 뜨거운 태양 아래 축항 안에서 온갖 허우적거림을 하거나, 관수짜리에 수영하면서 고기를 낚고는 여기서 몸을 헹구고 나온다. 가끔 이 산물에 할머니들이 와서 몸을 담그고는 피서를 하기도 한다.

　사실 산물은 모두 삼다수이다. 소금기가 조금 있는 거하고 없는 것이 차이일 뿐, 여기 축항 산물은 시원하고 좋지만, 조금에는 바닷물이 들어와 있다가 시간이 지나 썰물이 되면 조금 짜게 흘러나온다. 이는 바닷물과 산물이 결국에는 이어져 있다는 것을 말한다. 이 산물이 마을에서 조금 가까웠지만 물을 길으러 오는 경우는 드물었다.

　소금기가 조금 있는 것도 있지만 보통 반 정도는 바닷물이 덮여 있어 필요한 시기에 올 수 없어서 소금밭 산물을 주로 이용한다. 또한, 환경오염 개념이 없던 시기였지만 바다 산물에 옷이나 다른 것을 가져와서 빨래하는 사람은 드물었다. 어머니가 그러시는데 소금기가 조금이라도 물에 있으면 때가 잘 안 진다고 한다. 어머니는 김장 때가 되면 바닷물에 배추를 죽이고, 이 산물에 와서 헹구어서 집에서 김치를 담근다. 가끔 배추나, 무 등 국거리를 여기서 씻기도 한다.

　우리는 바당에서 놀고 집으로 갈 때는 꼭 몸을 헹구고 가는 필수코스와 같은 곳이다. 천사의 옷도 아니지만, 우리 중 누구는 산물에서 정신없이 놀고 있는 사이에 벗어 놓은 옷과 고무신을 일부러 숨겨 두어 서로를 의심하게 하는 장면을 연출하여 서로 웃고 싸우기도 한다.

　한번은 진성이는 용준이와 다마치기(구슬치기)를 했는데 용준이가 다 따고 꼬리끼리(구전)을 안 주자 용준이 검은 고무신 한 짝을 돌들이 많은 곳으로 던지고는 시치미를 확 떼었다. 그러고는 다들 옷을 잽싸게 입고는 집으로 튄다. 용준이가 따라와서 고무신 한 짝을 빌려주라고 한다. 새 고무신을 사자마자 잃어버렸다는 것을 어머니가 알면 다시 뒈지게 맞는다며…. 용준이 어머니는 귀신이다. 모를 리가 없다. 용준이는 어머니를 속였다며 곱절로 뒈지게 맞았다.

개마띠에도 산물이 있다.

축항 산물보다는 그 물줄기가 덜 세차지만 썰물이 되고 나면 바위 틈에서 관수짜리 방향으로 쉴 새 없이 안정적으로 흘러간다. 포구에 정박해 놓은 배 위에서 무엇을 작업하거나 그물을 정리한 후 손을 헹구고 돌아갈 정도이다. 그 주위는 항상 깨끗하고 정돈된 느낌으로 맑은 자연이 또 신선한 자연에게 흘러가는 것이다.

보통 포구는 배에서 잡어들이 많이 버려지고 그러면 빨간 게들이 엄청나게 몰려드는데 이상하게도 버려진 생선에서조차 비린내가 없다. 빨간 게들은 뻘에 있는 왕게들보다 더 깨끗하게 반짝반짝 선홍빛을 내고 있다.

이 흐르는 포구 산물을 건너서 관수짜리, 애뻬리 방향으로 가는데 이곳을 지날 때마다 보고 느꼈던 것이지만, 포구 주위가 누가 말끔하고 반질반질하게 청소를 한 것도 아닌데 누워있는 돌들 모두 선명하게 깨끗했던 기억뿐이다. 배들도 늘 정박하고 사람들이 많이 왔다 갔다 하는 곳이니 조금은 사람 냄새가 날 수 있었지만, 포구에는 오직 맑은 청정 자연 냄새뿐이다.

포구의 깨끗함은 이 산물에서 시작되고 유지되었다.

관수짜리 산물도 썰물이 되면 보인다.

무슨 물안개인지 동그란 물 나이테인지 뽀로로 그렇게 생명이 위로 올라오는 것이다. 이 산물을 우리는 거의 사용하지 않았다. 거기에 산물이 있다는 것만 알지, 그쪽 바당을 왔다 갔다 하는 사람들마저 산물이 있는지 없는지도 모르게 수줍게 솟아 흐른다. 이 산물 주위에 조그마한 모래밭이 있었는데 이상하게 거기에는 늘 바당 메역치(메기)가 있다.

우리는 여기서 작은 청대로 미끼를 작은 엉덕 밑에 놓고는 메역치하고 인내심을 겨룬다. 메역치는 조금만 소리를 내도 나타나지 않는다. 순간 나타나 큰 입으로 미끼를 물고는 후다닥 다시 바위 밑으로 들어가려고 할 때 잽싸게 낚아챈다. 묵직하게 사투를 벌인다. 그리고는 허공으로 청대를 돌리며 "올라온다, 올라온다"를 힘껏 혼자만의 다구리로, 급하게 외친다. 인내심 싸움에서 자신이 승리했다는 것을 세상에 알리려고 하듯이 그렇게 아주 세게 소리를 친다.

사실 꽤 묵직하다. 우리가 낚을 수 있는 코생이나 어랭이에 비하면 5~6배 몸짓이 있다. 그렇게 몇 번 올라온다를 외치고 나서는 다시 메기를 바라보며 "내가 이겼어, 그치!" 하고는 풀어주기도 하고, 어떤 때는 그냥 돌 위에 놓아 파닥파닥 뛰게 놓아둔다. 여름에 돌은 한창 뜨겁게 달구어져 녀석은 자신의 몸을 휘어지면서 튀어 오른다.

이 녀석 입에서 낚시를 뺄 때는 정말로 조심해야 하는데, 왜냐하면 머리 양쪽에 뿔 같은 가시가 솟아있어 찔리면 그냥 지구 밖으로, 아픔이 전속력으로 날아간다. 몸이 매끄럽고 위험하여 양발로 누르고 나서 손을 사용해 낚시를 빼기도 하고 그 상태에 작은 돌을 집어 들어 기술적으로 뿔만 내리쳐 그 뿔을 꺾어버린다.

이 메기를 먹는 사람은 없었다. 어머니 아버지도 먹어본 적이 없다고 한다. 물고기, 생선 옆에도 가지 못한다. 그 당시는 쥐치도 그물에 걸리면 버리곤 했으니 더욱 비늘도 없는 고기라 먹으면 재수 없다고 하여 쉽게 먹으러 들지 않았다. 메역치는 관수짜리에서 메인 낚시를 하기 전후에 벌어지는 애피타이저 혹은 디저트 낚시의 재미를 줄 뿐이다.

애삐리도 산물이 있다.

축항 산물은 그나마 우리가, 어린애들이 잘 사용하고 노니까 누군가가 더 오래전에 돌로 앉기 편하게 약간은 둥그렇게 만들어 놓았다. 가운데도 돌을 다 걷어내서 10명 정도 우리 몸 반 정도가 잠길 정도이다.

애삐리 산물은 뭍에 있었지만 우리는 거의 사용을 안 한다. 가끔 윗동네 사람들이 애삐리바당에 왔을 때 씻고 돌아가는 정도다.

애삐리 산물 밑으로 조금만 바당으로 내려오면 커다란 연못 형태의 물 웅덩이가 있었는데 썰물이 되면 가끔 사람들이 모여들었다. 납작한 큰 돌을 뒤집으면 소라, 보말, 심지어는 우럭과 땃지(독가시치)가 많이 있어 맨손으로 잡는다. 우럭은 사람들이 잡았지만, 땃지를 잡으려고 하는 사람들은 그리 많지가 않았다. 그냥 "어 땃지네" 하며 피하였다. 지느러미가 전부 억센 가시라 한번 찔리면 메역치 못지않게 지구 밖으로 굉음을 내며 보내준다. 메역치는 머리에 가시가 2개인데 이 땃지는 지느러미 전부가 가시라 한번 찔리면 집단 폭행을 당한 것처럼 여러 군데 찔려 그야말로 중상이다.

가죽을 벗기면 고기들 중에 비린내가 제일 심해 회로도 안 먹고 오직 찌개만 먹는데 맛이 별도다. 한번은 축항에서 성훈 삼촌이 생선찌

개가 맛이 있다고 먹으라고 해서 숟가락으로 한 점 먹어보았는데, 무슨 금속이 부식되는 이상한 냄새가 나의 머리를 깨운 적이 있었다. 그것이 맛지 김치찌개다.

그렇게 이상하게 특이한 비린내를 좋아하는 삼촌이 맛지 이상으로 더 특이하게 보인 적도 있었다.

산물은 늘 풍부하다.

산물은 늘, 어김없이 바당으로 흘러간다.

바당은 그 넓이에 비해 산물은 턱없이 적을 수도 있지만 어쩌면 그 산물은 우리가 수영하고 나서 바닷물을 헹구고 마시듯 당연하게, 우리에게 이롭고 필요하듯이 바당에게도 더욱 깨끗한 환경을 제공하고 바당 생물에게도 귀한 영양분을 제공한다.

그 산물이 흘러가는 주위에는 늘 해산물이나 고기들이 많이 있다. 특히 애삐리 산물은 직접적으로 사람들이 사용하는 시간이 거의 없이 그대로 자연, 바당으로 흘러 들어가 그 주위는 그야말로 온갖 해산물로 사시사철 풍년이다.

고동여가 있는 애삐리바당은 개마띠 바당하고는 완전히 달랐다.

개마띠 근처는 사람들의 손길이 남아있고, 배를 자유롭게 드나들게 하려고 오래전에 양쪽으로 돌을 치운 흔적들도 있고 해서 우리 집 마당과 같은 느낌이었다면, 애삐리바당은 그냥 원시적인 바당이다. 집에서 조금 멀기도 하지만 물때가 아니면, 우리는 거기에 갈 일이 없다.

거기는 레알 자연이고 자연만이 자연들과 함께 숨 쉬는 곳이다.

육지의 곶자왈이 습해서 생명의 다양성이 숨 쉬는 곳이라면 애삐리는 바당의 곶자왈과도 같다. 흘러내리는 산물과 함께 다양한 바당 생물이 자연스럽게 편하게 숨을 쉬는 곳이다.

물이 바짝 싸면*

우리는 축항 안쪽에서 수영하면서 논다.

축항 안쪽 끝에 산물이 끊임없이 흘러나와서 그런지 몰라도 들물이 되면 바닷물이 들어오기 시작하면서, 많은 고기도 같이 들어온다.

숭어 한 마리가 이쪽저쪽으로 물 밖으로 멀리뛰기 시합하는지 뛰기 시작한다. 다른 선수도 더 멀리 뛰려고 전력으로 물 위로 솟아오르고, 우리도 덩달아서 순번에 상관없이 숭어처럼 폴짝폴짝 뛰기 시작한다.

우리가 먼저 지친다. 숭어가 금메달이다.

수영하다 서 있으면 작은 고기, 멸치 떼가 자주 우리 다리를 툭툭 친다.

복쟁이(복어)는 마치 더위에 지쳐 매가리 없이 두리번두리번하며 수영하다 우리와 마주치면 아주 재빠르게 질주해 간다. 휘-이익. 거의 100m 신기록이다. 우사인 볼트 급은 안되어도 요한 블레이크와 맞먹는 속도다.

벵에돔 네댓 마리도 무리를 지며 육지와 마주친 부분까지 들어와서는 먹이를 찾으려고 시선을 이쪽저쪽으로 분주히 돌리다 나를 인지하고는 각자도생으로 뿔뿔이 흩어졌다가 다시 모인다. 마라톤에

....

* 완전히 썰물이 되면

참가했는지 페이스메이커들이 다시 자신의 선수들을 보호하는 것처럼 보인다.

사실 우리 마을에서 뱅에돔을 '구리'라고 부르는데, 그리 인기가 있는 생선은 아니다. 국을 끓이면 살이 물러 부서지고, 회를 뜨면 그 특유의 비릿한 전분 공장 냄새가 나 어른들은 회로 잘 먹지를 않았다. 당시 전분 공장에서 고구마를 갈고 난 찌꺼기를 바당으로 내보냈는데 구리들이 전분 공장 근처까지 와서 그 찌꺼기를 먹자 사람들은 구리에서 전분 공장 냄새가 난다고 했다.

축항이 내려다보이는 전분 공장 밑에는 산물과 둥그런 형태의 큰 우물이 있다. 축항 안에 있는 산물과 형제다. 이 줄기가 일부는 축항 끝자락에서 통해 바닷가로 끊임없이 흘러간다.

그래서 그런지 몰라도 축항 안쪽 바위가 있는 쪽에는 뱀장어들이 많다. 수영하면서 중간중간 우리는 이 뱀장어를 바당의 바퀴벌레 같은 박하를 잡아 미끼로 낚기도 한다. 어떤 때에는 장어 서너 마리가 뒤엉켜서 집단 레슬링을 하는지 바닥에서 먼지를 내며 자기들끼리 놀기도 한다. 조금은 징그러운 장면이다.

이런 모습을 보아서 그런지 몰라도 어린 시절에는 난 장어를 먹지 않았다. 장어뿐만 아니라 내가 낚은 고기들은 하나도 먹지 않았다. 유일하게 먹었던 생선이 옥돔과 조기, 두 종류다.

한 번은 그런 적도 있다.

축항에 썰물이 되어도 무릎 정도 깊이의 얇은 곳이 있는데 거기에 내 팔뚝만 한 숭어와 비슷한 고기가 있었다. 너무 재빨라 잡지 못하자 30분간 돌멩이를 던진다. 그 고기는 이리 피하고 저리 피하고 도망간다. 나는 줄기차게 던지고 또 던진다.

어느 순간 지쳤는지 그대로 멈추어 있다.

살포시 잡는다. 그 고기는 스스로 자신의 삶을 포기한 것이다. 그러고는 다시 놓아준다. 초점을 잃은 고기는 둥둥 떠 있다시피 누워있다. 그것을 집으로 가져가는 자체가 번거롭다.

개마띠 바닥에는 늘 버려진 생선과 산호들로 빨간 게들의 천국이다.

독가시치, 복어, 쥐치 그리고 이상한 산호를 뒤집어쓴 듯한 고기, 그물에 걸려서 오래된 장어도 버려진다. 산호는 그 당시 해양 동물보다는 해양 식물로, 작은 나무로 여겨졌다. 강한 선홍빛과 하얀빛의 연산호는 늘 썰물이 되면 포구 바닥에 버려져 있다. 개마띠가 연산호 군락의 서식지처럼. 근데 이 산호는 태흥 바다에 놓아둔 그물에 걸려 올라온 것이다. 태흥 바다 어느 곳에 연산호 군락지가 있다는 증거이다.

사실 산호는 바다 생물들에게는 아파트와 타운하우스로 이루어진 바당의 거대한 마을과 같은 곳이다. 바다 생물 중에 전체 25%가 산호초를 근거로 서식한다. 바다 생물의 다양성에 크게 이바지한다. 포구에 연산호가 자주 보이는 것은 태흥 바다이 그만큼 건강하고 다양한 어종이 서식하고 있다는 것을 말해 준다.

한 번은 원빈 삼촌은 포구 큰 바위에서 큰 다금바리를 맨손으로 잡은 적도 있었다. 그 다금바리는 잡혀 와서 팔려 가려는 순간 탈출하여 새로운 보금자리를 마련한 것인지 아니며 그 바위 밑에서 오랫동안 터를 잡고 살았는지 모르지만, 삼촌에게 함박웃음을 제공했다.

개마띠는 바당을 맞는 곳이기도 하지만 다양한 어종들을 제일 먼저 만나는 곳이기도 하다. 전날 오후 그물을 놓고 이른 아침에 그물을 걷고 배들이 포구에 들어올 즈음 사람들은 포구로 향한다. 사시사철 다양한 어종들 - 황돔, 갯돔(돌돔), 감성돔, 벵에돔, 벤자리, 방어, 방어 사촌인 부시리, 우럭, 붉바리, 다금바리, 돌큰 닭새우, 농어, 숭어, 논쟁이, 쥐치, 솔치, 솔래기(옥돔), 보건치(조기), 장어, 허풍생이, 사오정 각시 등, 심지어 상어까지 이름을 나열하기 어려울 정도로 다양한 고기들의 집합소이다. 그야말로 바당의 생명 다양성을 증명하는 그런 곳이다. 아침마다 개마띠에 서 있는 것은 나의 또 다른 큰 즐거움이다.

제주 바당은 마을마다 그 지역에서 잘 나오는 생선들이 있다. 성산포는 갈치, 태흥리, 폴개는 솔래기(옥돔), 보목리는 자리(자리돔), 그리고 모슬포는 대방어, 한라산 북쪽 조천과 구좌에는 한치가 시즌마다 잘 잡힌다. 그 지역 생선들이다.

우리 마을에서는 여름에는 갈치 낚으러 가면 보통 한 사람이 10상자 이상을 낚아 마을 사람들에게 나누어 주곤 한다. 갈치가 많이 나니 낚시를 좋아하는 사람들도 한 달 내내 고깃배에 올라탄다. 겨울에는 주로 옥돔과 조기 등을 주낙으로 잡는다.

아직도 우리 마을에는 예부터 옥돔이 유명해 어느 순간 축항으로 내려가는 길에 옥돔 마을을 상징하는 옥돔 형상의 조형물이 세워지고, 옛날 개마띠의 오른편에 건물을 지어 옥돔 역으로 명명하고 있다.

어느 겨울은 조기가 너무 많이 잡혀, 아버지가 조기를 가져오면 어머니는 내장을 정리하여 돌담 위에 말리고는 출구덕에 차곡차곡 저장해 넣고는 겨우내 조기구이와 조기 김치찌개를 먹었던 기억도 있다. 이에 비해 한치는 그리 많지가 않아 태흥 축항에는 한치 잡으러 다니는 배가 거의 없다. 난 어린 시절 한치를 거의 본 적이 없었다. 성인이 되고도 한참 후에 제주에서 나는 다리 짧은 오징어가 한치라는 것을 알고 난 후 한치물회를 처음 맛본다. 육지 관광객이 제주 한치에 익숙해질 때까지, 난 한치를 잘 몰랐고 먹어본 적도 없고 해서 사람들이 한치, 한치 할 때마다 오징어의 제주어가 한치라고 생각한 적도 있다.

대신에 옥돔과 조기는 세상에서 제일 많이 먹었는지 모른다. 다 같은 제주 바당이지만 교통이 발달 안 된 시기라 자기 마을에서 생산되는 생선을 제외하고는 그리 익숙하게 볼 기회가 없어서 그랬을 터이다.

옥돔이 나는 곳은 제주에서 몇 안 되었고, 폴개는 그래도 옥돔이 천지다. 옥돔은 제주에서도 정말 귀한 생선이었지만 우리 마을 폴개에서는 찬 바람이 불기 시작할 때부터 바당에 봄 아지랑이가 피어오를 때까지 넘쳐난다. 개마띠 아침은 늘 생선을 사고 파려는 사람들의 흥정 소리로 깨어난다. 그 흥정은 오랫동안 이어지지 못한다. 사려는 사람이 일방적으로 끝낼 때가 대부분이다.

물이 바짝 싸면 개마띠에서 물이 한 줄기가 흘러나오면서 관수짜리로 향한다.

그 물줄기 가운데에는 실타래처럼 아주 작게 부서지는 파래가 물줄기와 한 몸이 되어 기다란 자신의 자태를 흩날린다. 그 옆으로는 지금은 천연기념물처럼 보기 어려운 청각이 듬성듬성 파래를 호위하고 있었다.

조금 더 나가면 듬북(갈조류의 하나)이 단체로 음악 소리에 신나 에어로빅을 하는 여성들처럼 왕성하게 운동을 하고 있고 미역, 감태도 서로 자신들의 영토를 확장해 나가려고 씨앗 퍼뜨리기 경쟁을 하고 있다. 어디가 미역이고 어디가 감태인지 그야말로 바당 바닥이 보이질 않는다. 바당이 해조류 밀림이다.

초등학교 때는 관수짜리에서 맨드글락**행 수영하다가 물속에 잠수하고는 듬북으로 팬티처럼 둘러 물 밖으로 나오면서 타잔 흉내를 내곤 한다.

"아아————아."

이때 조심하지 않으면 성게 가시에 찔린다.

성게는 도처에 깔려 있다. 특히 관수짜리에서 물속으로 들어가고 나올 때 어김없이 발밑에는 성게가 있어 찔리기가 부지수다. 성게 밭이다. 특히 파도가 들어올 때 중심을 못 잡으면 성게 가시가 따끔한 맛을 보여준다. 성게 가시에 찔리면 피부에 들어가 성게의 꺾인 가시가 박히는데 이것을 빨리 뽑지 않으면 그 주위가 부어올라 많이 아프다. 여름에 손이나 발에 성게 가시가 한두 번 아니 열 번 박힌 적도 있다. 그렇게 해야만 바당에서 여름을 제대로 보낸 것이 된다.

그렇게 타잔이 맨몸으로 밀림에서 줄 타고 다니듯 우리는 물속에

....

** 옷을 하나도 입지 않은, 벌거벗은

타잔이 되어 듬북 미역 감태밭을 헤치며 어슬렁어슬렁 다닌다. 수영하면서 고기를 낚을 때, 작살로 고기 쏘려고 할 때, 듬북을 헤치면 느릿느릿한 고기, 쥐치나 풍언은 어김없이 있다. 그리고 논쟁이는 조금 빨리 지나간다.

듬북이나 미역이 어떤 물고기에게는 집이나 마찬가지이다. 그리고 물속에서 큰 돌을 뒤집거나 바위 아래를 살펴보면 어김없이 우럭 한 마리가 입을 아웃 아웃하고 있다.

듬북은 먹을 수 있는 갈조류는 아니고 모자반보다는 길이가 짧지만, 옆으로 부피는 크다. 그냥 바당풀(sea weed)의 한 종류이다.

감태는 미역과 비슷하지만 넓고 두께가 있다. 듬북이 바당 풀 1이면 감태는 바당 풀 2다. 바당에는 늘 바당풀 1, 2, 3, 4, 5, 6, 7, 8, 9, 10이 자유롭게 머리를 날린다. 그러면 그 속과 옆으로는 물고기 1, 2, 3, 4, 5, 6, 7, 8, 9, 10이 자유롭게 꼬리를 흔든다.

관수짜리에서 고동여, 그 근방에 해조류들이 많이 자란다. 물 반 해조류 반이 아니라 해조류가 물보다 많게 느껴지기도 한다. 관수짜리와 고동여 사이에서 우리는 고기를 낚았다. 근데 고기들이 낚시에 있는 미끼를 물고는 듬북 속으로 사라진다. 그러면 올라올 때 듬북에 감아져 한참을 힘쓰다 결국 고기는 털어져 나간다. 대부분 듬북이 많은 곳은 그냥 던지면 올라오는 코생이(놀래기의 일종)보다는 몸짓이 있고 입이 큰 고기, 우럭, 조우럭(우럭보다 조금 가늠), 심지어 붉바리 등의 서식지이다. 저 듬북을 다 확 베어버리고 싶다. 가끔 듬북은 우리들의 신경질적인 열여덟, 열여덟 노래를 들어야만 한다.

미역, 톳, 감태, 듬북은 갈조류의 주류를 이루며 고동여 자체를 감태와 미역으로 뒤덮고 있다. 해조류, 특히 갈조류가 많다는 것은 바닷속 생물들에게는 행복한 일이다. 건강한 먹이사슬이 형성되어, 즉 먹이가 많이 있기 때문이다.

갈조류는 특히 육상의 나무와 같이 탄소를 흡수하고 산소를 내보내는 건강한 환경을 조성하며 다양한 생물의 먹이가 되기도 한다. 특히 물고기들에게는 피난처와 서식처일 뿐만 아니라 알을 부화하는 산란처가 되기도 한다. 특히 전복과 오븐재기, 소라, 보말(보말고동) 등의 기본 먹이는 갈조류와 홍조류(우뭇가사리, 김 등)이다. 그리고 성게도 많다는 사실적 증명이다.

관수짜리와 고동여로 이어지는 애뻬리바당은 그야말로 다양한 갈조류와 해산물의 보고다.

바당 생명의 다양성을 알리는 교과서이다.

참고로 전복은 소라의 14배의 갈조류를 먹고 성게는 전복의 17배의 식사량을 자랑한다. 1980년대 중후반까지 어머니는 성게를 잡아서 나의 대학 등록금을 만들어 주셨다.

성게는 아주 건강하다. 성게는 옥돔, 미역, 소라와 함께 태흥리, 우리 마을의 자랑이자 4대 대표 해산물이다. 보통 음력 5~6월, 길어도 두 달을 꽉 채워 잡지는 못한다. 더워져 갈 때까지만 잡는다. 더워지면 성게는 알을 바위나 돌 사이에 싸버려 거의 빈 껍데기에 내장과 물만 남아있다.

당시 성게는 갈조류 등 먹이가 풍부하여 알이 튼튼하고 묵직하다. 큰 것은 성인 새끼손가락만큼 크고 탄력이 있다. 보통 해녀들은 하루

4~5시간 물속에 있으면서 성게알을 2kg 내외로 잡곤 했는데, 어머니는 항상 2kg이 넘었고 가장 많이 했던 때는 3kg도 보통이었다.

다른 해녀들은 성게를 잡으면서 오븐재기나 보말도 같이 잡았지만, 어머니는 큰 바위를 뒤집으면 성게와 보말 그리고 오븐재기들이 다닥다닥 붙어있는데도 오직 성게에만 집중한다. 표선에 사는 막내 이모도 바당에 가면 성게 철에는 성게만 잡는다. 막내 이모가 어머니에게 다른 것에 욕심내지 말고 성게만 잡으라고 확신을 가지고 당부한다. 자매는 그것이 가장 경제적 가치가 있음을 알고는 선택적 집중을 하는 것이다. 해산물 중 성게가 가장 비싸게 팔리기 때문이다.

사실 집에서 먹기 위해 보말을 잡을 수도 있지만, 그것을 갖고 오면 또 다른 일이 된다. 보말을 삶고 까기 위해서는 또 다른 시간이 들어간다. 우리 집은 그래서 그랬는지는 몰라도 보말을 그리 즐기지는 않는다. 사람들이 보말 칼국수가 그리 맛있다고 해서 나도 한번 시도해 보았는데. 뭐, 그거, 그다지 항상 그런 느낌이다.

사실 보말보다 더 맛있는 게 있는데, 그것은 매용기이다. 보말이 둥근 모양의 피라미드 집을 갖고 있다면 매용기는 울퉁불퉁한 껍데기로 약간 매운맛이 난다. 그 시절에는 내 입맛에 별로여서 먹어볼 생각조차 안 했는데, 최근에 해녀 삼촌이 준 매용기를 삶아 된장찌개를 끓이니, 맛이 제격이다.

사라져 가는 매용기가 진짜 바당의 맛, 제주의 맛을 알려준다.

지금은 보물 같은 맛이다. 사라져 가고 있어서 더욱 그 맛이 소중하게 느껴진다. 얼마 전 통영 시장에서 이 매용기를 보니 너무 반가웠다.

가끔 어머니는 성게를 채취하다 문어가 보이면 문어를 잡고, 돌을 뒤집어 플랑크톤이 먼지처럼 떠오르면 주위에 있는 작은 고기, 큰 고기들이 먹이를 먹기 위해 모여드는데 그때 작은 호미로 찍어 한 번에 두 마리 고기를 잡은 적도 있다. 그만큼 애삐리바당에는 다양한 물고기로 어머니의 물질 시야를 방해했다.

7월 날씨가 더워져 가면 성게가 알을 방사하여 안에는 물과 검은 내장만 남는다. 가끔 성게알이 들어있기도 하지만, 7월 초 날씨가 더운 시기에 성게를 잡고 물 밖으로 나오는 순간 알을 방사하는 경우가 허다하다. 어쩌면 이것은 성게, 생물의 본능인지도 모른다. 다른 세상으로 끌려왔음을 촉각으로 느끼고 자신들의 새끼를 낳으려는 어미의 본능이거나 아니면 자신도 모르게 다른 세상에 대한 스트레스로 알을 싸버리는지도 모른다.

이때 재빠르게 성게가 가득한 테왁 망사리를 에어컨이 나오는 해녀 공동 작업실로 옮기면 알을 채취할 때까지 방사하지는 않는다. 바다 생물이나 사람이나 무더운 여름에는 에어컨을 선호하나 보다. 일반적으로 여름 해수 온도는 대기 온도보다 높지가 않다.

바다 생물 중 성게는 생명력이 가장 강해 바다에서 마지막까지 살아남는다. 바다이 백화현상으로 죽어가도 성게는 듬성듬성 보인다. 심지어 해조류가 없으면 육지의 양배추를 던져 놓으면 그것까지 먹어 치운다. 바다 속에서 있는 것은 그들이 배부를 때까지 어떠한 것이든 무조건 뜯어 먹어 조진다. 먹을 것이 없으면 심지어 돌도 뜯어 먹는다. 돌에 붙어있는 이끼를 뜯어 먹는 것이다.

고향마을 바당은 축복받은 곳이다.

겡이들이 많이 있으니 이를 먹이로 하는 문어와 낙지도 많다.

관수짜리 옆에 작은 모래밭이 있는데 여기에는 겨울에 해삼들도 간간이 많이 나온다. 고동여 가기 전 한쪽에는 오븐재기 고향이다. 오븐재기는 물속 깊은 곳에 있지는 않다. 썰물 때 여(작은 바위섬)가 물 밖으로 드러나면 바위 사이나 아래에 다닥다닥 붙어있다. 그래서 작은 호미로 떼어내면 되는데, 깊숙이 박힌 것은 중간에 한꺼번에 떼어내려다 잘못하면 껍데기가 쉽게 부서진다.

그리고 성인 손바닥만 한 꽃게들도 많다. 그렇지만 그 큰 게에 손을 뻗어 잡는 사람들은 별로 없었다. 굳이 그것을 잡을 바에는 소라나 전복, 오븐재기를 잡지 뭐 하는 빠른 포기는 또 다른 빠른 선택으로 이어지게 한다.

마을에서는 음력 정월에는 톳을 채취하고 2월에는 미역을 생산한다.

톳은 마을 반별(대략 30여 가구)로 생산하고, 말리고, 수매할 때까지 같이 지킨다. 돌아가면서 2명이 밤늦게까지 보초 서기도 하고 자주 순찰을 다닌다. 생산에서 판매까지 공동 작업이다.

미역은 특정한 날 음력 2월 중순으로 정하여 생산하는데 이를 메역허지***라고 해 온 마을 사람들이 전부 다 바닷으로 나온다. 공동으로 씨를 뿌리거나 모종을 심는 것이 아니라 그냥 마을 바닷에 나는 미역을 특정한 날을 정해서 따내는 것이다. 신기하게도 거름 같은 어떠한 영양분을 바다에 주지 않아도 미역은 그냥 해마다 풍년을 넘어 마을

....

*** 미역 채취하는 날

에서 넘쳐날 정도로 많았다. 개인이 직접 채취해서 판매하기 때문에 마을의 모든 노동력이 집합한다. 남자들은 어머니나 할머니가 물속에 들어가 따온 미역을 지게로 날라 특정 장소에 말린다. 그러면 어떤 장사꾼이 수매해 가는데 나중에 육지로 나가기도 하고 일본으로 수출하기도 한다. 그렇게 미역이 큰돈이 되니 결석하는 학생들도 있었고, 그날 하루 초등학교가 미역 방학을 하기도 했다.

어린 시절 바당은 나에게 최고의 놀이터이자 학교이자 그리고 모든 것이 들어간 세상에서 제일 재미있는 곳이다.
그것이 바당이다.
바당은 우리의 생활 그 자체다.
아버지는 배를 타고, 어머니는 물질하고, 형과 나는 축항에서 수영하고 관수짜리에서 고기를 낚고 쏘고, 그리고 고동여에서 오븐재기와 소라를 잡는다. 그 바당은 거대하고 넓어서 어떠한 것을 하여도 - 수영하면서 실례를 한 적도 많지만 - 바당은 그렇게 나를, 우리를, 우리 마을을 받아준다.
나는 육지에서 가끔 마을 사람들이 목소리를 높이거나 다투는 것을 본 적이 있지만, 바당에서 사람들이 서로 싸우거나 얼굴 붉히는 행동을 하는 것을 본 적이 없다. 본인 성실의 문제로 여겨 다른 사람이 자기보다 큰 해산물을 잡으면 부러워했을지 모르지만 시기하지는 않는다. 자기도 그것보다 큰 것을 잡을 수 있다고 알고 있고 또한 그러한 것들이 바당에 늘 있어서 시간 문제라고 생각한다.
무엇인가를 하지 않고 바당에 큰 것을 바라는 것은 있을 수 없는 일임을 마을 사람들의 입에서 오래도록 내려온 성경 구절과도 같은 것이다.

　바당은 우리에게 공동생산으로 정을 이어가게 하고, 사람마다 생산의 크기를 그 사람의 노력에 따라 결정해 주는 공평함이 균등함을 제공하는 생활 교과서와 같은 곳이자 누구나 자연스럽게 세상의 이치를 이해하게 만드는 곳이기도 하다. 가끔은 성이 나서 마을 사람들을 바당 깊은 곳으로 데려가기도 하지만 마을 사람들에게는 늘 관대한 자비로움을 베푸는 삶의 터전이다.

　바당에는 모든 것이 풍부했고, 넘쳐났다.
　애뻐리바당에는, 마을 사람들 숫자를 다 합쳐도 한 점도 되지 않을 만큼 비교가 안 될 정도로 많은 생명이 살아있다. 생명의 다양성으로 넘쳐났다.
　바당은 마을에 있는 사람들을 자연이 생산하는 한 부분으로 여기지 않았을까?
　사람들 역시 바당에 욕심과 이기심을 버리지 않는다.
　자연, 바당과 생활이 조화로운 곳이다.
　지금 생각해 보면 빙하기 이후 적절한 온도에서 자연과 바당이 번성하면서 사람이 덤으로 있는 지구 홀로세의 한 표본이라 할 만큼 태흥 마을, 태흥 바당이 풍요롭고 평화롭게 쭉 이어져 온 것이다.
　적어도 1980년대 중반까지는.

메역*, 그 삶의 끈을 쥐어야만

폴개 마을 사람들에게 바당에서 나는 것 중 가장 소중한 것을 하나 꼽으라면 주저 없이 미역을 선택할 것이다.

애삐리에는 미역이 "과짝허게 민짝행 모수아나서(곳곳에 빽빽하게 나 있어서 무서웠다)", 어머니가 자주 하시던 말이다.

미역은 어려웠던 시절, 그 한 축 한 축이 모여 돈이 되어서 먹을 것, 보리쌀을 살 수 있는 집안의 가장 큰 경제의 바퀴이다.

그 옛날에는 미역을 따서 말린 다음 육지로 가져가 쌀과 소금으로 바꾸어왔다. 어렸을 적 어머니는 미역을 말려 어촌계를 통하여 판매했는데 일 년에 단일품종으로는 가장 큰돈이 되었다. 포항 앞바다로 원정 물질 가서도 미역을 따서 말리고, 말린 미역이 습기에 노출되어 상하지 않도록 이불로 싸서 방에 소중하게 보관했다.

미역은 온몸으로 한 시대를 살아가던 시절 그나마 어깨의 짐을 덜어드리고 보자기에 보리쌀과 옷을 싸준, 바당으로부터 놓칠 수 없는 삶의 끈이자 선물과도 같은 것이다.

겨울에서 봄철을 지나, 이른 여름까지 먹었던 음식이 미역이고 톳이다. 시원한 미역냉국은 우리 가족 모두가 좋아했다. 시큼한 빙초산

....

* 메역은 미역의 제주어. 개인적인 생각이지만 메역이란 어감은 미역보다 질긴 노동이 담긴, 삶이 들어간 언어이다.

과 신선한 생미역에 깨끗한 쪽파, 삼다수보다 맛있는 우리 집 수돗물의 콜라보는 5성급 호텔의 메인 셰프가 해주는 맛보다 나았다. 여름이면 미역냉국에 밥을 그릇째 화-악 말아 먹고는 바당으로 급하게 달려간다.

개마띠가, 관수짜리가, 애삐리가, 바당이 날 급하게 부른다.

우리나라 사람들이 언제부터 미역 등 해조류를 먹었을까?
 전 세계에서 미역 등 해조류를 전통적으로 먹었던 나라는 우리나라를 비롯해 일본과 대만(중국) 등 3개국밖에 되지 않는다. 우리나라와 일본이 주로 많이 먹는 편이다. 그중에서 가장 많이 먹는 해조류는 단연코 미역이다.

중국의 《초학기(初學記)》란 고서에 보면 우리나라에서 미역을 먹었던 기록이 처음 등장한다. 그 지역이 제주인지 육지인지는 확실하게 표기되어 있지 않지만, 지금으로부터 1,000년 전 고려 시대에 새끼를 낳은 남방큰돌고래가 새끼를 업고 썰물 때 돌에 붙어있는 미역을 따 먹는 것을 보고 사람들도 아기를 낳으면 미역을 먹였다는 기록이 전해진다.

각 나라와 지방마다 출산 후 그 지방에서 나는 음식으로 산모의 건강을 회복하게 했는데, 출산 후 미역국을 먹는 나라는 우리나라밖에 없다. 제주에서는 조금 형편이 나은 집은 솔래기(옥돔) 미역국, 그렇지 않으면 그냥 미역국, 메밀수제빗국(메밀수제비에 미역을 넣고 끓인 것) 등을 먹었는데 미역에는 철분, 칼슘, 요오드 성분이 많아 산모의 피를 맑게 하고 출산 후 상처를 빨리 아물게 한다. 또 한편으로는 모유 분비를 촉진한다고도 알려져 있다.

제주와 강원도 설화에 아기를 낳으면 삶과 죽음, 특히 아이의 생산을 담당하는 신인 삼신할머니에게 흰 쌀밥과 미역국, 정화수를 떠 놓고 감사함과 아이의 건강을 빌고 난 후에야 산모가 미역국을 먹었다고 전해진다. 그리고 생일에 미역국을 먹는 풍습도 어쩌면 삼신할머니(생명의 신)에 대한 감사와 자식의 건강을 염원하는 의식이 전해져 온 것이 아니었을까?

젊은 날 제주를 떠나 서울 생활을 하면서 먹었던 육지 미역국은 어머니의 미역국과는 많이 다르다. 어머니의 미역국은 생미역을 데치는 정도에 간장과 쪽파를 넣어 밋밋하게 끓인 것이었다. 생미역의 검붉은 빛깔이 열에 의해 선명한 초록색을 띠었지만 조금은 질긴 미역국이다.

그에 반해 서울이나 육지의 미역국은 마른미역을 불려서 소고기나 관자를 넣고 오랫동안 푹 끓인 것으로 미역이 실타래처럼 부서진다. 이는 아마도 미역의 신선도 차이 때문이 아니었을까 하는 생각이 든다. 육지나 서울에서 구입하는 미역은 주로 말리고 저장한 것이다 보니 약간 하얀 곰팡이 같은 것들이 피어있을 때도 있어 이를 잘 해소해서 먹으려다 보니 오래 끓였다. 한마디로 재료의 신선도가 만든 조리 방법의 차이다.

제주 여성들은 늘 바빴다. 요리 시간을 줄이기 위해 데치는 정도의 수준에서 미역국을 만들었다. 사실 난 오래 푹 끓인 미역국이 맛있다. 요즈음 집에서 자주 먹는 돼지고기를 넣은 된장 미역국도 푹 더 끓여서 육지 식으로 먹게 된다.

제주 바당에는 미역을 포함하여 다양한 해조류가 있었다.

파래, 청각 등의 녹조류 67종, 미역, 감태, 모자반, 톳 등 갈조류 82종 그리고 우뭇가사리 등의 홍조류 261종, 총 410여 종이 터를 잡고 산다. 이중 우리가 먹을 수 있는 것은 20여 종밖에 되지 않는다.

여전히 나의 몸은 해조류에 즉각 반응한다. 육류를 먹었을 때보다는 생선을 먹었을 때 소화가 잘되고 몸이 가벼운 것 같다. 특히 해조류인 미역이나 톳, 몸 등을 먹었을 때는 소화와 장에 특히 좋다는 것을 다음날 확연하게 느끼게 된다.

해조류는 알칼리성 식품으로 단백질, 당질, 비타민, 무기질 등을 많이 함유하고 있는데 이는 피를 맑게 해주고 활성산소를 억제하는 데 많은 도움을 준다. 또한, 식이섬유가 풍부하여 변비를 예방하고 건강한 체중을 유지하는 데 좋으며 각종 성인병 예방에 도움이 된다고 알려져 있다.

건강한 바당에서 나는 해조류가 사람의 몸에 좋다는 것은 틀림없는 사실이다. 최근 유럽에서도 말린 해조류를 먹는다고 한다. 해조류 하나하나에 이름이 붙어있는 우리나라와 달리 영어권에서는 각자 이름을 붙이기보다 총칭해서 해조류를 바다 잡초(sea weed)라고 표현하는 것만 보아도 서양 사람들은 먹을 수 없는 바다의 잡풀로 인식해 온 것이 아닌가 하는 생각이 든다.

제주의 미역은 또 다른 화폐이기도 했다.

메역허지에 풀빵 장수가 오면 방금 딴 미역은 풀빵 몇 개로 바꿀 수 있었다. 메역허지 풀빵을 먹는 것은 멋진 슈트와 드레스를 입고 프랑스의 멋진 레스토랑의 푸아그라 요리를 먹는 것만큼이나 행복한 일이다. 이 풀빵을 먹을 수 있는 날이 일 년에 두 번 있었는데 학교 운동회날과 메역허지였다. 그리고 푸아그라보다 더 맛있는 위대한 풀빵을 살 수 있는 것은 미역이다.

동네 순정이 어머니는 순정이가 놀러 다니고 제멋대로 살아도 개의치 않았다. 근데 순정이는 미역을 할 때는 집으로 돌아와서 미역을 해 놓고는 다시 집을 나갔다. 순정이 어머니는 순정이를 낳고 나서 얼마 되지 않고 신랑이 서귀포에 갔다가 교통사고를 당해 죽었다. 순정이 어머니는 신랑 장례를 치르고 다음 날 메역허지에 나타나 미역을 땄다.

미역은 살아갈 수 있는, 세상의 끈을 쥐고 앞으로 나갈 수 있는 유일한 방법이나 마찬가지이다. 순정이는 어머니가 살아왔던 방법이 싫지만, 순정이 어머니는 미역을 따는 것이 세상을 살 수 있는 길이라고 여겼다. 어느 순간 순정이는 결혼해서 신랑이랑 시장에서 미역 등 각종 건어물 장사를 하며 잘 살아간다.

그 미역이 늘 거기에,
관수짜리에, 고동여에, 애삐리에
과짝허게 민짝허다.
미역이 있는 것이 자연이고 바당이다.
바당에는 미역이 있다.
아침이 가면 저녁이 오고 밤이 된다는 세상의 이치처럼 당연한 명제였던
미역은 우리 바당의 당연함이다.
미역이 없는 바당은 상상할 수도 없다.

듬북광 감태랑

 옛날 제주 사람들에게 있어 미역과 듬북*은 생활과 농사의 시작이었는지 모른다. 마을 사람들이 자주 했던 말 중에 이런 말이 있다.
 "메역이랑 듬북이랑 조물아사 살아 지주게(미역과 듬북을 따야만 살 수 있다)."
 제주의 척박한 자연환경에서 살아가려는 생존에 대한 의지가 가득 들어가 있는 말이다. 미역을 따서 보리쌀을 사고, 먹지는 못하는 듬북을 따서 밭에 거름을 주어야 농사가 잘되어 이듬해 다시 보리밥을 먹을 수가 있다.
 미역과 듬북은 바당 어디든 항상 풍년이다.

 '듬북조문'이란 말이 있다. 이른 봄, 바당에서 공동으로 혹은 몇 사람이 듬북을 따서 같이 나눈다는 의미이다. 보리를 파종한 후 듬북을 밭에 뿌리면 보리가 튼튼하게 자란다. 보리싹이 나오기 시작하면 초등학생이던 우리는 학교에서 단체로 보리밟기를 나간다. 더 튼튼하게 자라라고. 우리는 고무신을 신고 파랗게 10cm 정도 올라온 보리를 밟고 비비면서 멜싹하게** 만들어 버린다. 그냥 밟으면 되지만 그것도 친구들과 일종의 우정 내기, 즐거움의 강도를 최대로 끌어올린

....

* 갈조류의 일종. 감태보다 잎이 작으며, 뽀글뽀글한 작고 둥근 잎이 있음.

** 납작하게. 평평하게 허물어지는

다. 화학비료가 없던 시절, 듬북과 감태 등 갈조류는 밭작물에는 땅을 살찌우는 돗통(돼지우리)의 돗거름과 함께 사람들이 줄 수 있는 최고의 먹이이자 영양분이다.

듬북조문이 언제부터 시작되었는지에 대한 정확한 기록은 없다. 마을 사람들에게 오랫동안 이어져 온 전통 농사 방법이라고 할 수 있다. 듬북거름이 일본에서 왔는지 아니면 전해졌는지 알 수는 없지만, 옛날부터 조상 대대로 스스로 터득한 농법이 아니었을까? 아무튼, 일본에도 듬북거름으로 농사를 짓는다.

바당에서 건지고 딴 듬북을 그냥 밭에다 뿌리기도 하지만 말린 다음 덮은 상태로 눌(가리)을 만들어서 저장했다가 봄이 되면 밭에 뿌리기도 했다. 소량의 바닷물(염분)이 작물과 토양에 오히려 좋은 영향을 끼쳤던 것은 아닐까? 비가 자주 오고 빗물이 금방 땅속으로 사라지는 제주의 토양이라 문제가 되지는 않았을 것이다. 해남 고구마 농장에도 정기적으로 바닷물을 뿌리는 곳도 있는데 이는 병충해를 방지하고 토지를 건강하게 만든다.

듬북은 그냥 바당 잡풀일 수도 있지만, 마을 사람들에게 바당과 육지를 이어주는 생명줄 같은 것이다. 듬북이 있어야만 봄에 보리, 가을에 조가 누렇게 잘 익는다. 비료나 퇴비를 많이 사용하지 못하는 시절, 농사를 짓는 사람들은 누구나 듬북 욕심이 있었다. 욕심이라기보다는 의지에 가까웠다. 바당에는 듬북이 많고 그 듬북은 제주의 보리와 조를 누렇게 물들이고 살찌웠다. 그 보리밥과 조밥을 먹고 다시 사람들은 바당에 간다.

우도는 지금까지 본 섬인 제주 연안보다 바당이 살아있다.

몇 해 전 우도에 가서 해녀 삼촌들을 만난 적이 있다. 이곳의 모자반은 성인의 키보다 더 크게 자란다고 자랑을 한다. 20~30년 전만 해도 봄이 되면 이곳의 모자반은 자랄 만큼 다 자라면 자연스럽게 떨어져 나가 바당 위에 둥둥 떠 오른다. 다른 한쪽에는 듬북도 둥둥 떠서 엉켜 한 무더기씩 수영한다. 이를 '멀래 듬북'이라고 하는데, 이것이 보이면 하던 일을 멈추고 바당으로 들어가 걷어와서는 밭에 뿌린다. 멀래는 제주에서 들이나 산에 있는 머루를 가리킨다. 멀래가 마치 풀 위에서 둥둥 떠서 열매가 맺히는데 이를 비유한 말이다. 또 모자반을 북한에서는 듬북이라고 부른다. 듬북과 모자반을 잘 관찰하면 듬북은 모자반보다 길이가 짧은 대신 조금 억세고 잎이 넓은 편이다. 아마도 어머니가 같을 것이다.

태흥리 바당에는 그렇게 큰 모자반은 없었다. 대신 듬북 밭은 장난이 아니다. 듬북은 감태와 함께 태풍이 불거나 파도가 세지면 뭍으로 쏟아져 밀려들어 왔다. 밭의 영양분이 들어오는 것이었다. 바당이 주는 밭을 위한 선물이다. 육지에서 깨끗한 산물을 주어 바당을 살찌우게 하니 이에 보답하는 것이다. 산물과 바닷물의 상호 호혜작용이다.

애삐리, 고동여 물이 쌀 때면 그 작은 여가 온통 감태밭이다. 그 주위의 감태도 지금의 밀감나무보다 더 빽빽하게 들어차 있다. 물 밖에 있는 것은 검붉은 빛으로 햇빛에 드러누워 있고, 물속에 있는 것은 마치 날개를 펴고 큰 둥그런 은행나무처럼 춤을 추고 있다. 육지에서 비바람이 몰아쳐 나무들이 흐느적거리면 바닷물 속에서는 감태들도 흐느적거린다. 돌구멍에 뿌리를 내린 일부는 나무처럼 휘어져 뽑힌

채 물 밖으로 밀려 나온다.

 초등학교 6학년쯤 태풍이 지난 뒤 바당에서 고기를 줍다가 축항 안쪽을 바라보니 온통 감태로 덮여있다. 축항 산물을 뒤덮고 애삐리로 가는 길 곳곳에 감태가 쌓여있다. 태풍이 가져다준 흡족한 자연 비료인 셈이다.
 바당이라는 자연이 육지라는 또 다른 자연을 성장시키는 힘을 주고 있다. 태풍, 큰 자연현상이 사람들에게 해를 끼치는 것이 아니라 휴식을 주고 또 다른 생산품을 무료로 제공해 준다. 그 후 며칠간 마을 사람들은 감태를 말리고 눌을 만드느라 분주해지기 시작한다.
 육지에서는 다른 용도로 판매하기도 하고 먹기도 한다던데 우리 마을에서는 감태를 먹지 않는다. 제주의 감태는 억세고 딱딱하며 떫은맛이 강했는데 육지의 감태와 종류가 좀 다르다. 그래도 감태가 올라오면 누구 할 것 없이 바당으로 내려가 감태를 져내고 말렸다. 먼저 발견하고 져내는 사람이 임자다.
 태풍 때 감태를 수확해 내기도 하고 4월에 이틀 정도의 감태허지(감태조문)가 있었는데 메역허지만큼 많은 사람이 모이지는 않아도 필요한 집은 나와 감태를 수확한다.
 어머니는 감태가 올라오면 또 다른 자식인 밭을 배 불리려고 아침을 거르고 물에 들어 6번이나 감태를 따고 뭍에 오른다. 형이 그것을 져다 나르고 말렸는데 둘 다 너무 힘이 들어 허기져서 바위 위에 주저앉아 거친 숨을 몰아쉰다. 감태는 미역보다 단단하고 거칠어서 무게가 더 나간다. 덩달아 그들의 숨도 거칠어진다. 말린 감태는 육지 사람들이 전부 다 사 간다. 개인이 수확한 경우에는 거름으로 뿌리고 마을에서 공동으로 생산하고 말린 것은 주로 판매를 위한 것이다.

최근에는 감태 구하기가 하늘의 별 따기다.
천연화장품 원료 등으로 쓰이면서 그 쓰임새가 아주 유용하다. 서울에 사는 지인이 감태를 구해 달라고 여러 번 부탁한 일이 있었지만, 그 청을 들어줄 수 없었다. 바다환경지킴이 활동하는 3년 동안 딱 한 번 감태가 밀려온 적이 있었다. 그것도 아주 조금.
일제 강점기 감태의 요오드 성분은 폭탄의 원료로 사용되었다. 러일 전쟁 발발로 폭탄이 많이 필요했던 일본은 성산포 오조리에 감태 공장을 건설한다. 그곳에서 추출된 감태의 요오드 성분은 일본으로 보내진다. 나중에야 값을 쳐주었지만, 초기에 그들은 마을에 품삯을 주지 않고 강제로 감태를 채취해 오라고 시키고 할당량에 미치지 못하면 매타작을 일삼았다. 그럴수록 사람들은 감태를 따지 않는다. 그것이 필요한 것은 자기네, 일본이다. 그래서 나중에는 돈을 주면서 살 수밖에 없다.
여름이 되기 전에 포자를 퍼트린 감태는 어느 정도 성장하면 작은 나무와 같다. 태풍이 부는 시기에 많이 올라오면 이를 모아서 거름으로 만드는데 어느 순간부터 일본에서 감태가 필요하다고 하니 앞다투어 바당으로 들어가 감태를 채취하여 감태 공장에 판다. 바당의 감태가 일본 군대를 강하게 만든다.
결과적으로 제주의 여인들이 일본을 위해 폭탄을 만들었지만 실제로 그들은 알 리가 없다. 일본 놈들이 사 간다고 하니, 지금까지 밭에 거름으로만 쓰던 감태의 새로운 등장은 해녀들의 노동을 더욱 바쁘게 만든다.

아이러니하게 일본의 제국주의가 해녀들의 경제에 큰 도움이 되었다. 심지어 그 돈으로 자식을 육지 또는 일본으로 유학을 보낸 이도 있다.

해녀의 아들들은 새로운 큰 세상에서 새로운 문명과 물질을 접한다. 환경이 그래서 그런지 몰라도 제주의 아이들은 요망졌다***. 바당에서 감태랑 메역 조물멍****, 어머니가 숨을 참으면서 번 돈으로 공부를 하니 그 돈의 귀함을 알아서 공부도 잘해야만 한다. 부모들은 학교 근처에도 가보지 않은 문맹이라 성산포에서 감태를 판 후 전표를 받아도 그게 무엇인지 알 수가 없었다. 그런 문맹의 서러움으로 집안에 누구 하나 그 전표라도 제대로 읽었으면 하는 바람으로 자식들을 공부시켰다. 그래서 더 고른 배를 안고 감태를 땄다.

유학 후 제주 해녀의 아들들이 일본이나 육지에 눌러앉아 있는 경우는 드물었고 대부분 고향으로 돌아온다. 당시 육지에서, 일본에서는, 세계적으로 사회주의 이념이 태동하던 시기라 그 새로운 세상에서 새로운 이념이 세상의 이치인 것처럼 자연스럽게 받아들이고 집안으로 고향으로 돌아온다.

제주로 돌아온 어떤 아들들은 마을에서 야학을 만들어 주민들에게 공부를 가르친다. 어머니도 당시 초등학교에 다니는 것보다 친구들과 야학에 다니는 것이 재미있었다. 이 야학이 제주 사회와 경제에 조금은 눈을 뜨게 하였고 더 나아가 공정하지 않은 제도와 불평등의

....

*** 빠릿빠릿하고 똑똑하다

**** 물속에서 감태와 미역을 따서

신분에 대한 의식으로 이어진다.

일본이 태평양 전쟁에 패한 후, 해방을 맞고 제주는 일본 등 각지에서 많은 사람이 고향으로 돌아오면서, 경제는 활기가 넘치고 사회는 공평하고 정의로운 줄 알았다. 그런데 미군정의 공출과 해방 후에도 일제식 경찰의 폭정과 부조리한 사회, 불평등이 원인이 되어 불만과 저항으로 '4.3 항쟁'이 일어난다. 어쩌면 이 '4.3 항쟁'은 감태가 바당에 과짝하게 민짝행(해서), 감태처럼 물 밖으로 나오고자 했던 제주 사람들의 의지가 아니었는지 모른다.

바당의 감태는 그렇게 땅을 배 불리고

사람들의 배와 머리, 가슴까지 채워준다.

정작 '4.3 항쟁' 이후에 제주에 처음으로 화학비료가 들어왔지만, 비료 자체가 워낙 비싸 쓸 엄두를 못 낸 사람들은 2000년도 전후까지 여전히 듬북조문, 감태조문을 하면서 삶의 끈을 바당에서 밭으로 이어왔다.

솔락, 솔락

하루는 먼 곳에서 손님이 오셨는데 어머니가 말린 생선 배 안쪽에 참기름 한 방울을 떨어뜨린 후 아궁이 짚 불씨에 은은하게 구워 손님에게 내어주는 것을 보고서야 무슨 맛인지 궁금해졌다. 그냥 먹으라고 했다면 먹지 않았을 텐데 무엇인가 진귀하고 특별한 때에만 먹을 수 있는 생선 같아 호기심이 인 것이다. 그렇게 잿불에 은은하게 구워내었던 생선이 솔래기, 옥돔이다. 귀한 손님에게 대접하는 음식. 지금도 최고의 생선이지만 그 당시에도 옥돔은 아주 귀한 생선이 끝판왕이다.

옥돔은 제주를 대표하는 생선이기도 하지만, 생선의 대표 개념이라고 할 수 있다. 오직 옥돔에게만 생선이란 표현을 썼는데, 제주 사람이 생선을 구해오라는 것은 옥돔을 사서 오라는 말이다. 옥돔을 제외한 다른 어종에 대해서는 그 어종의 이름을 부른다.
  옥돔은 제사나 명절 때 제수로 제일 먼저 장만한다. 제사상에 올라간 다른 생선은 약간 검은 느낌이 있는데 솔래기는 내장을 정리하고 말려서도 그 자태가 우아하게 빛이 난다.
  태흥리, 우리 마을은 원래부터 솔래기의 본고장이다. 우리 마을 멀리 있는 바당에 넓은 뻘밭, 솔래기 서식지가 있다. 우리는 옥돔을 솔래기라고 불렀는데 지역에 따라 솔라니, 솔나리, 옥도미, 옥돔 등 여러 가지 이름으로 불린다. 유럽에서는 말의 머리를 닮았다고 해서

붉은 말의 머리(red horsehead)라 불리고, 일본에서는 빨간 단맛이 나는 돔이라고 해서 아까아마다이(アカアマダイ)라고 한다. 또 타일의 아름다운 빛을 보여준다고 해서 'japones tilefish'라는 영어 이름도 있다.

사실 옥돔은 먼바당에서 산다. 지금은 포구에서 5~10분의 거리를 기관 배로 쉽게 접근하지만, 그 옛날에는 목선에 돛대를 올려 네 사람이 번갈아 노를 저어가며 옥돔 낚으러 바당 끝으로 나간다. 컴퍼스로 위치를 잡고 바람을 타며 그 서식지, 바닷속 갯벌을 찾아간다. 제대로 찾은 날은 옥돔이 엄청 많이 올라오고 그렇지 않은 날은 잡어들이 많다. 옥돔은 보통 수심 200미터 깊은 바당의 뻘에서 서식하며 다른 물고기와 조금 다른 품격(?)이 있다. 그물이 아닌 주낙으로 잡아 겉면에 상처가 거의 없다. 모양 자체만으로도 이쁘고 흠이 없어 우아한 느낌이다.

어떻게 우리 마을에서는 오래전부터 이 생선 이름을 솔래기라고 했을까? 조류가 흐르는 곳에 주낙을 깊은 곳에 내려놓고 입질을 기다리는데, 조류로 인하여 입질이 세게 다가오지 않고 아주 미약하게 '솔락' '솔락' 하게 다가와 초집중하지 않으면 그 느낌을 알 수가 없다. 그 입질 솔락, 솔락이 조금 강하면 솔랙, 솔랙하게 들리면서 솔래기가 되었다고 한다. 어미 기는 보통 어떤 숨 쉬는 생물을 칭할 때 붙인다. 얼마나 귀한 생선이었으면 그 입질하는 소리의 느낌만으로 이름이 붙여졌단 말인가?

옥돔의 제철은 겨울이다. 여름에는 살이 무르고 수분이 많아 솔래기 특유의 단맛이 덜하고 연하다. 그 때문인지 보통 찬바람이 나는 10월에 시작해서 3월 초까지 봄기운이 퍼질 때까지 잡는다. 하지만 지금은 금어기(산란기) 8월 한 달만 빼고 사시사철 조업을 한다. 옥돔은 보통 6월에서 9월 사이가 산란기로 알려져 있는데 이때는 보통 수심 70~100m 사이의 바위틈과 모래, 자갈 사이에 알을 낳기 위해 이동해 올라온다. 산란기를 제외하고는 이동이 그리 많지 않고 뻘에 자기 집을 짓고 몸을 숨긴 채 머리만 내놓고 혈거생활(穴居生活)을 하는 독특한 습성을 가지고 있다.

이 이쁜 고기가 살아있는 자태를 본 적이 없다. 주낙을 건져 올리고 빨리 죽어 버리는 것은 아마도 수압과 산소의 차이, 환경이 많이 다르기 때문일 것이다. 죽으면 더 단단하게 느껴지는 것은 원래 겨울에 살이 단단하고 지방이 적으며 단백질과 미네랄이 풍부해서 그렇고, 맛도 담백하고 달아 어린이나 임산부에게 특히 좋다.

아버지가 옥돔을 가져오시면 어머니는 중간 정도 크기의 것들은 내장을 정리하여 손님이 오시면 구워드릴 용으로 돌담 위에 널어 말리고 가장 큰 것으로 죽을 끓이셨다.

TV 〈한국인의 밥상〉에 고향마을, 옥돔죽과 구이가 전파를 탄 적이 있다. 특히 옥돔은 해풍에 수분이 10% 정도 남게 말려 약한 불에 은은하게 구워야 살(단백질)이 부서지지 않고 약간 쫀득하게 제대로 맛과 식감을 느낄 수가 있다. 지금은 옥돔을 잡고는 수분이 없어지기도 전에 냉동해서 팬 위에서 강한 불에서 기름에 빨리 튀기다 보면 살이 다 부서지면서 제맛이 사라진다. 물론 편리한 냉동 방법이 있다 보니 대량으로 보관 판매가 가능해졌다. 이는 육지 사람들이 들어와서 어쩌면 상술이 많이 가미된, 물기가 많은 채로 냉동해서 무게를 늘리려고 하던 의도가 지금의 보편적인 옥돔 보관, 유통 방법이 되었다.

　옥돔의 내장은 참으로 담백하고 고소하다. 우아한 생선의 품격은 내장에서도 그 맛으로 품격이 고스란히 이어진다. 생선이 크면 클수록 맛도 좋다. 단맛이 있는 겨울 제주 무와 함께 끓이면 그 맛이 배가 된다. 내장이 없는 옥돔 뭇국도 최고의 맛이지만, 내장을 그대로 넣어 끓이면 고소한 내장의 맛이, 음식의 진미 중의 하나로 오랫동안 기억에 남을 것이다.

　밭농사를 거의 끝내고 물질하지 않은 시기, 겨울이 되면 마을 여인들은 대부분 헝클어진 주낙을 정리하고 미끼 끼는 일을 시작한다. 정오 무렵 배가 개마띠에 들어와 주낙 상자를 내리면 볕이 잘 드는 집 마당에 앉아 한 상자에 70~80개 정도의 낚싯바늘과 헝클어진 줄을 풀고 미끼를 끼운 다음 상자 표면에 가지런하게 걸쳐둔다. 옥돔의 미끼는 문어를 가장 많이 선호했는데 오징어와 꽁치 등을 사용하기도 했다. 보통 상자당 1시간 정도 걸려 5상자 정도 하는데 손이 빠른 사람은 10상자까지 한다.

　선원들은 새로 친 주낙을 배에 옮긴 후 다음 날 새벽이 되면 다시 바다으로 나간다. 주낙을 바다에 뿌리고 나면 처음 뿌린 곳부터 차례로 걷기 시작하는 데 보통 뿌린 후 30~40분 후가 되면 주낙이 올려진다. 주낙 걷기가 끝난 솔래기 배들은 보통 정오 때 포구로 돌아온다. 당일바리*다.

　옥돔을 잡는 최적의 조건은 서식지에 맞게 주낙을 잘 던지는 것뿐

....

*　그날 가서 잡아 온 생선

만 아니라 환경적으로 조류와 17도 내외의 해수 온도가 이루어져야 한다. 15년 전만 해도 보통 100개의 낚시에 30마리 정도는 평균적으로 올라왔다고 하는데 어느 순간부터 덜 잡히고 씨알도 갈수록 줄어들고 있다. 1980년대 3,000톤에 육박하던 어획량이 2018년 이후에는 900~1,100톤으로 어획량이 급감하고 있다. 언제부터인가 사시사철 옥돔을 잡고 있으니 성장할 시간이 없는 것이다.

수심이 깊을수록 바당의 수온은 큰 변동이 없다.
어느 순간부터 위쪽의 수온은 높아져 간다. 그러면서 아래쪽 물이 여전히 차가우면 위와 아래의 바닷물이 물과 기름처럼 잘 섞이지 않는 현상이 나타난다. 이를 '혼합 약화'라고 한다. 이렇게 되면 바다 생물의 먹이인 플랑크톤이 제대로 성장할 수 없다. 바닷물이 섞이지 않으면 플랑크톤이 필요로 하는 영양분이 잘 공급되지 않기 때문이다. 플랑크톤을 먹이로 하는 새우, 게, 고둥, 갯지렁이 조개류 등과 작은 어류, 오징어 등 옥돔이 좋아하는 먹이들이 영향을 받아 그 숫자들이 줄어들면서 옥돔의 개체 수도 많이 줄어들고 있다. 지속적인 해수 온도 상승이 이들의 생존에 영향을 미치게 된다.

해수 온도의 상승은 바닷속의 산소가 줄어드는 원인이 되기도 한다. 산소가 줄어드는 것은 바다 생물에게는 거의 재앙 수준이다. 해조류 등에서 산소를 배출하기도 하지만 바닷물 자체에 녹아있던 산소가 줄어들면 어류는 산소 부족으로 생존의 위기에 처한다. 갈수록 개체 수와 어획량이 줄어드는 것은 남획만이 그 원인은 아닐 것이다. 해수 온도의 상승과 기후변화, 연안 오염 등으로 옥돔의 먹이가 살 수 있는 환경이 조성되지 않는 등의 문제도 비껴갈 수 없다.

해가 갈수록 솔래기의 생산량이 줄어들고 있다.

우리 마을에서 꼬리를 흔들면 안녕이라며, 더 깊은 물 속으로 사라져 가고 있다.

조금 시간이 지난 후 개마띠로 내려가는 곳에 옥돔 마을 조형물만이 그 이전에 옥돔이 많이 생산되었다는 것을 알려주지 않을까?

마을로 옥돔 구이와 뭇국 등 생선의 이쁜 맛을 보기 위해 찾아오는 식객들은 옥돔 조형물 옆에서 사진을 찍으며 맛을 상상하는 것으로 만족할 수밖에 없는 시간이 다가올지도 모른다.

조형물은 자린고비보다 100배 이상 커서 그나마 다행이다.

여전히 바당은

어머니의 숨비소리는 집 마당에서까지 크게 들리는 듯하며 바당의 자연 시계인 개마띠와 관수짜리는 그대로 여전히 나에게 바당 내음과 함께 시간을 알려주며 바당으로 어서 오라고 손짓한다.
  태풍이 부는 날, 바당은 그 크기 마냥 나를 자신의 곁으로 가깝게 부른다.
  어머니 몰래 그렇게 포구로 달려가면 엄청난 파도와 바람이 비와 함께 나를 맞아준다. 참으로 장엄하고 통쾌하다.
  청소년기로 접어들면서 나의 눈과 발걸음은 제주를 떠나 더 큰 세상으로 향하지만, 마음은 늘 밧줄로 포구 한쪽에 묶여있다.
  그렇게 매번 세찬 비와, 바람, 태풍, 절(파도)은 나의 심장을 뒤흔들어 놓는다. 난 그런 격정적인 바당이 좋다. 바당으로부터, 자연으로부터 호연지기가 내 가슴으로 들어와 나의 가슴을 격정적으로 파도치게 만든다.

  대학생이 되어 방학이 되면 형, 아버지와 함께 배를 타고 고기를 잡으러 나간다. 바당은 여전히 그곳에 있었다.
  개마띠가 나를 부르고, 관수짜리에 나의 시선이 멈추고, 애뻬리와 봉안이가 나를 다독여 준다. 바당은 여전히 나에게 말을 걸어오고 몸에는 영양분을 주고 머리에는 자각과 지성으로 채워 놓는다.
  조용한 아침 배를 타고 멀리 나갈 때는 자유로움과 저 대양의 이상을 찾아 나가는 항해자와 같은 마음으로, 비바람이 몰아칠 때는 자연과 맞선 두려움에 겸손함은 절로 커져만 간다.

고기를 싣고 무사히 포구로 돌아올 때는 노동에 대한 만족감과 안전에 대한 고마움으로 가슴이 벅차오른다. 그 바당은 그대로 풍요로웠고, 우리에게는 늘 정직하고 관대하였다.

한번은 배가 뒤 집힐 정도로 부시리를 많이 잡았다.

바당에서 그물에 많은 부시리가 걸려 올라올 때는 기쁨뿐이었는데, 어느 순간부터 이 부시리의 무게로, 불균형으로 배가 가라앉지 않을까 하는 걱정이 생긴다. 부시리가 얼마나 많았는지 그물에서 떼어내지도 못한 채, 배 양쪽으로 걸쳐 놓은 상태로, 일부는 그물과 고기가 물에 걸친 채로 개마띠로 돌아와 아침도 거르고 부시리를 떼고 정리한다. 개마띠로 돌아오고 배가 가라앉지 않은 안도감에, 우리는 이제는 게을러도 된다는 여유에 털썩 주저앉는다. 살면서 실제로 고기떼가 그렇게 많은 것은 처음이었다. 마을을 돌며 집집마다 2마리씩 나누어 준다. 우리에게 관대한 바당이 마을에도 관대해져 간다.

때로는 밤에 관수짜리 근처에 그물을 치고 돌을 매달아 내리치기를 한다. 잠자는 고기를 깨워 그물에 걸리게 하는 전통적인 어로 방식이다. 그 방식은 늘 적중한다. 갑작스럽게 방향 감각을 잃은 고기들은 그물로 돌진한다. 당기는 그물에는 고기 반, 성게 반이다. 성게가 많이 올라오면 우리는 모두 분주해진다. 장화 신은 발로 성게를 밟고 비비고 그물에서 떼어낸다. 그렇지 않으면 그물에 몇 겹 더 감긴 성게를 떼어내기 위해 더 많은 시간을 투자해야 한다.

한참 동안 성게를 떼어내는 발은 트위스트 춤을 추고 손으로는 마깨(방망이)로 모수아(부수어) 버린다. 왜 이리 성게가 많지? 성게는 밤에 날아다닌다. 불빛도 없는 바닷물 속에서 수많은 작은 우주선이 되어 정해진 항로도 없이 자기만의 방식으로 날아다닌다.

그물을 놓으러 개마띠로 나오면 봉안이 바당 넘어 저녁노을이 지친 하루를 조용히 내려놓는다. 바당이 붉은색으로 물들어 가면 우리는 내일의 희망을 그 노을 위쪽에 놓는다.

다음 날 아침, 그물을 걷으러 가면 긴장감과 기대감으로 묘한 흥분이 그 위에 포개져 있다. 하얗고 넓은 것이 물속에 보이면 "온다" "온다"를 외친다. 아주 큰 황돔 두 마리다. 농어와 돌돔도 사열의 대열에 참가하여 어부의 눈을 번뜩이게 한다. 감성돔은 지느러미와 비늘이 찬란하게 은빛으로 빛난다. 로마 검투사의 근육처럼 강한 느낌이다.

항상 하얗게 보이는 것이 좋은 것만은 아니다. 한번은 여덟 개 정도 하얀 것이 보여 뭐지, 뭐지 호기심들이 그물에 떨어지는데 아차 그것은 갈매기들이다. 그물에 걸린 고기를 보고 달려들다가 그렇게 먹이와 함께 그물에 갇혀버린 것이다. 남의 것을 탐하려면 자신의 생명을 걸어야 한다. 하지만 하늘을 나는 새가 물속으로 돌진하여 그물로 인해 죽음을 맞이하게 된 것에 조금은 미안한 마음이 들지만 "그 고기는 우리 거야 인마!"

축항이나 개마띠에서 시간을 보내는 일이 뜸해지더니 어느 순간 축항에는 아이들이 사라져 간다. 문명의 시간이 **빨라져** 신기하고 다른 놀이가 나타나면서 바당에서 노는 시간이, 자연과 함께하는 시간이 줄어든다.

마을 아이들이 바당에서 보이지 않기 시작한다. 나의 어린 시절은 갯것이가 전부였는데 1980년대 초중반의 애들은 갯것이가 전부는 아니다. 아니 호끔(조금)도 아니다.

뻘인지 마당인지 구분이 명확하지 않던 화명이 삼촌 집 앞 도로가 어느새 시멘트 도로로 깔끔하게 포장된다. 왕겡이들은 더 이상 육지 경계선 위로 올라오지 못하고 뻘에서 진지를 사수하고 있다. 축항으로 가는 길은 시멘트로 포장이 되어 평평하고 조금 현대화된 도로에 어부들의 발길이 빨라진다.

도일이 삼촌은 어촌계장 일과 더불어서 트럭을 몰고 다닌다. 초등학교 시절 포구 앞 큰 바위 위에서 고기를 낚던 곳까지 이제는 시멘트로 평평하게 만들어 놓아서 바당을 바라보게, 배를 맞이하기 좋게 만들었다.

또 축항 옆에는 어선들이 기름을 넣을 수 있는 시설과 생선을 작업할 수 있는 창고 같은 건물도 들어선다. 고기를 잡는 마을 사람들에게 편리함이 되어주는 문명이, 편리함이 들어서 있다.

고깃배들이 예전보다 더 늘어난 것은 아니다.

밀감 농사를 하면서 바당에서 일하는 것을 포기하는 사람이 많이 생기고 서귀포나 제주시로 이사 가는 사람들도 종종 생겨난다. 고깃배의 수는 변함이 없었지만, 개마띠로 직접 생선을 사려는 사람들도 줄어든다. 주변에 마트들이 하나둘 생겨나고 다양한 식재료가 다가오면서 바당 중심의 생활패턴이 조금씩 변화하기 시작한다.

자연 그대로의 벌거숭이 돌길, 바위와 갯벌에도 조금씩 시멘트가 묻혀가면서 마을 포구가 현대화된 편리함의 옷을 입어가고 있는데 반대로 그 편리함 위에서 생활과 놀이가 현저하게 줄어들고 있다.

 1980년대 초중반쯤부터 어업에 종사하는 마을 사람의 수는 줄고 공동으로 생산하고 판매했던 톳과 특정한 날을 정하여 수확하던 미역도 해녀들만 채취하는 것으로 바뀌어 간다. 새로운 삶, 감귤 농사, 관광지로 인한 생활의 변화가 바당에서 비린내를 흡입하는 시간을 줄어들게 만든다.

폴개는 시멘트 속으로 묻혀간다.
마을 바당의 삶도 자연스럽게 그 속으로 묻혀간다.
드문드문 제주의 고향마을에 올 때마다
축항과 포구가 시멘트로 과도하게 더 넓어져 가고
나의 자연 시계 관수짜리도 해상 분해되어 사라지고,
뺄밭이 축구장으로 변하는 것을 보게 된다.
그 넓어진 포구 위에는 어느 순간 선글라스를 낀 세련된 낯선 차량이 한두 대 서 있다.

2장

더 이상
푸르지 않은
비명

자본이 물고기를 기른다

제주에 양어장이 처음 등장한 곳은 1960년대 성산포 오조리이다.

정부의 지원(박정희 국가재건위원장)과 2,500여 명 마을 주민의 피와 땀으로 조성된 이곳은 마을 사람들에게는 잘살 수 있다는 희망을 품게 해준 곳이기도 하다. 어쩌면 우리나라 새마을 운동의 시작은 경상북도 청도 마을보다도 훨씬 전 성산포에서 실질적으로 일어난 것이다.

우럭, 뱀장어, 갯숭어 등을 거의 자연에서 키웠는데 결과적으로는 성공하지 못했다. 그 당시 참숭어 대신 갯숭어를 양식했는데 이 갯숭어는 비린내가 심해 회로 먹지 못한다. 하지만 이 오조리 양어장은 거의 친환경으로 건설되고 양어장 안쪽에서는 용천수가 솟아나 정작 양어장보다는 그 일대가 철새 도래지로 더 유명해진다. 겨울이 되면 천연기념물인 황새, 고니, 물수리, 저어새, 노랑부리저어새, 흑기러기, 원앙 등 다양한 철새들이 이곳에서 겨울을 보낸다.

1980년대 후반 태흥리 봉안이 앞 바당에도 표선과 거의 같은 시기에 양어장이 건설된다. 성산 양어장처럼 마을 자연 양어장이 아니고 육지 사람이, 자본을 가진 개인 인공 양어장이다.

마을의 소득증진이 명분이었지만 결과적으로는 마을이 소득증진이 아니라 자본의 소득증진이 되어버리는 시초가 된다. 이 양어장이 어민과 해녀들에게 직접적인 피해를 얼마나 줄지, 환경적으로 얼마나 큰 영향을 미칠지는 그 누구도 생각하지 못하고 예상은 더욱더 없었다.

행정도 마을에서도 거의 처음 벌어지는 사업이다.

더욱이 마을 주민들의 동의를 얻어서 사업을 시행하는 것이 아니라 행정의 일방적인 결정으로 불모지 같은 곳의 양어장 건설을 허가한다. 행정이 앞장선다. 왕래가 없는 불모지 땅이라 마을 사람들의 관심을 받지 못해 소수의 의지로 당연하게, 쉽게 허용되고 설치된 것이다.

이 양어장은 마을 주민들이 직접 운영하는 오조리 양어장의 천연 흙과 돌 그리고 수문을 사용하는 친환경적인 구조와 다르게 시멘트로 인공수조를 만들고 바닷물을 끌어들이는 시스템으로 마을이 아닌 자본의 이익을 위해 광어를 키우고 항생제와 질소 어분이 함유된, 그리고 화학세제(?) 물을 자연스럽게 아무런 여과 장치도 없이 바당으로 돌려보내는 그런 방식이다.

이후 제주도 양어장들도 대부분 바닷물을 끌어들이거나 염지하수를 사용하였는데, 이러한 양어장은 지방 행정의 지원 아래 제주 도내의 자연과 환경에 득보다는 해를 주는 신성불가침의 영역으로 자리잡으며 자본의 욕심을 채우며 제주도 연안을 뒤덮어 간다.

봉안이와 애삐리는 당시 마을에서 조금 떨어진 바닷가로 사람들의 접근이 쉬운 곳은 아니다. 가시덤불, 정확하게 말하면 연안의 곶자왈 같은 곳으로 쓸모없는 땅이라고 여겨졌던 곳이다.

그 시절, 그런 곳에 양어장이 들어선다는 것은 막연하게 마을에 보탬이 되지 않을까 하는 기대감을 행정에서는 홍보하지만 정작 마을에서는 양어장과 관련된 사람 말고는 대부분 무관심으로 큰 호응은 없었다.

이 양어장을 시작으로 우리 마을에는 전분 공장이 있던 자리와 애삐리바당에 3개의 양어장이 더 들어오게 된다. 전분 공장 양어장은 없어졌지만, 봉안이와 애삐리 양어장은 지금도 거대한 몸집을 자연 위에 뉜 채로 자신이 씻겨낸 물질들을 바당으로 토해내고 있다.

물론 그 이전에도 고구마 찌꺼기들을 바당으로 흘려보낸 전분 공장의 사례가 있긴 했지만, 양어장은 제주에서 자본이 자신들의 이익을 위해 자연을, 바당을 건드리며 지금까지 여전히 어떠한 제재나 제한도 받지 않은 최초의 사례이다.

전분 공장은 1970년대 중 후반을 기점으로 고구마밭이 밀감 과수원으로 변하면서 자연스럽게 가동을 멈추게 된다. 1980년대 후반, 가동을 멈춘 전분 공장 주위에 양어장이 우후죽순처럼 제주 전역에서 개인뿐만 아니라 기업이 운영하는 방식으로 제주 연안을 흉물스럽게 뒤덮어 나간다.

1980년 중후반대만 해도 바당은 괜찮았다.

해수면도 해수 온도의 상승은 거의 문제가 못 된다. 언급도 없다. 바당 주위에 시멘트 도로들이 포장되어 가고 있었지만 그래도 바당은 여전히 자연이 있는, 생활이 있는 바당이다.

양어장이 들어선 기점으로부터 제주 바당은 아프지 않았을까 하는 생각이 든다. 관광객들이 밀어닥치자 그들의 입을 즐겁게 하려고 자연에서 잡는 어업에서 대량으로 기르는 형태로, 사시사철 살아있는 생선을 생산하는 공장이 되어버린 것이다.

양어장 공장에서는 질소 성분이 많이 들어간 어분과 수조를 청소하기 위해 화학적 주방용 세제와 포르말린들을 지속적으로 사용하고 그대로 바당으로 흘려보냈을 것이다.

시간이 지나감에 따라 양어장의 배출수가 내려간 바당 주위에는 피부병에 걸린 것처럼 이상한 흔적들이 나타나게 된다. 그 공장이 여과되지 않은 화학물질을 그대로 바당으로 내보내면서 양어장 배출수 주위의 바당이 아프기 시작한다. 그리고 그 영역이 넓혀져 간다.

바당은 어느 한순간에 절도 있게 "나 죽는다" 하며 푹 쓰러지지는 않는다. 서서히 서서히 우리도 모르는 사이에 그것이 바당으로 인식되고 실제로 많이 아프고, 그러면서 다시 아프고, 사람들은 또다시 그것이 레알 바당이라고 인식하고 정의하고 다시 더, 더, 아파 가고 어느 순간, 우리가 이래도 되나 할 정도로 심각한 상태를 마주하게 되는 것이다.

그것이 사람들이, 제주가 바당을, 자연을 대해는 태도이자 방식이다.

바당, 자연은 그것을 스스로 복구할 자정 능력을 갖고 있는데 이를 바당의 복원력이라고 한다. 해양학자들은 임계점(Tipping Point)이라고도 하는데, 이 복원력이 효과를 발휘하기 위해서는, 바당이 스스로 정화하고 치유하는 데는 하나의 조건이 있다. 그 주위가 천연 자연으로 둘러싸여 있어야 하고, 그리고 대략 4년이라는 시간도 필요하다. 그러면 바당은 다시 원시적인 천연 바당으로 돌아갈 수 있다. 자연이 자연을, 바당이 바당을 만드는 것이다.

거대한 바당에 양어장은 한 점도 될 수가 없을 것이다. 그러나 양어장들이 해안선을 뒤덮어 가면서 한 점이 두 점이 되고 열 점이 되고, 결국에는 그것들이 선으로 이어지고 그 선 속에서 지속적으로 줄기차게 정화처리가 안 된 물을 바당으로 흘려보내면 그 주위 바당은 지속적으로 영향을 받게 마련이다. 그러면서 어느 순간 제주 둘레는 해안도로로 빙 둘러 제주를 인공으로 감아버린다.

 양어장은, 자본은, 관광객들 입의 즐거움은, 행정은,

 바당이 원래 자신의 천연 바당으로 돌아가고자 하는 의지를 완전히 꺾어놓아 버린다.

 자본으로 무장한 양어장은 행정 코치의 주문과 보호 아래 무방비 바당에 일방적인 잔 펀치를 퍼붓기 시작한다.

바당 위로 행정이, 사라진 겡이왓

갯벌은 자연 그 자체이다.
자연이 숨을 쉬는 곳이다.
바닷물과 육지의 완충지대로서 수많은 생태계의 근원이자 생물 다양성이 시작되는 곳이기도 하다.
갯벌은 대기 중의 탄소를 흡수하고 산소를 다시 내뱉어 준다. 특히 갯벌에 자라는 식물들은 일반 식물들보다 산소를 더 많이 생산해 낸다.
그래서 갯벌은 우리의 환경을 유지하고 지탱하게 하는 힘이 있다. 티를 내지 않고 옆에서 말없이 묵묵히 도와주는 그런 친구와 같다고나 할까!

폴개는 왕겡이들의 서식지이자 놀이터이다.
마을 사람들은 썰물과 밀물에 따라 노면이 젖은 상태와 마른 상태로 번갈아 자주 변하니 뻘에서 무엇을 생산하고 키우는 것이 아니라서, 갯벌은 쓸모없는 땅쯤으로 여기지 않나 하는 생각이다. 특히 아랫동네는 축항에 갈 때 들물이 되면 빙 둘러서 가야 했기 때문에 이 폴개, 겡이왓을 조금 불편하게 생각할 수도 있다.

우리나라 산업화 시대를 거쳐온 아버지, 삼촌 세대들은 어느 순간부터 이 갯벌을 잘만 이용하면 마을에 편리함과 이익을 가져다줄 것이라 여기게 된다. 더욱이 1982년도에 제주시 탑동을 매립하고 시민체육공원과 공연장 등 시민들의 편의시설과 상업시설들이 들어서자 마을 사람들에게도 무엇인가 해야 한다는 책임감 같은 것들이 나타나기 시작한다. 우리도 중학교 시절 대규모 갯벌 등의 간척 사업을 통해 국토를 확장하고 이용하는 것이 무슨 대단한 기술 개발인양, 근대화의 시초인 것처럼 교과서에서 배운 적이 있다.

개발할 수 있는 힘과 능력을 부러워했던 시절이다.

사람들은 그러한 개발이 우리 인류 문명에 크게 이바지하는 것이라고 믿고 개발 과정을 통해 더 부유하고 편리한 세상으로 가는 것이 행정의 힘을 넘어서 우리 민족, 국가의 자긍심으로 여겨지는 시기다.

겡이왓을 시멘트로 포장하면서 환경적으로 그리고 바당 생물에 안 좋다는 것을 이야기한 사람은 없다. 그것은 현대 문명이 시멘트를 사정없이 휘두르면서 겡이왓을 링의 코너로 몰아가서 완전히 고립시켜 주저앉을 상황으로 만든다는 것을 의미한다.

자연과 환경에 대한 개념이 정리가 안 되어있던 시기이기도 하지만, 마을 주민 다수가 개발과 발전, 문명을 통해 편리하고 이익을 얻으면 자연과 환경을 조금 뒤로 한들 무슨 상관이겠는가? 하는 것이 암묵적으로 집단적인 동의다.

나도 한때 1990년대 중반 철인 삼종 경기를 준비하면서 고향 바닷가에 자주 갔다. 포구 밖으로 수영하고 돌아오면서 겡이왓에 축구장이 들어온 걸 보고는 '아 여기 참으로 잘 들어왔다'고 생각하게 된다.

마을 사람들도 축구장 시설이 없었던 태흥리에 축구장이 있어 사람들이 쉽게 다른 곳에 안 가도 축구회를 만들 수 있어서 정말로 좋은 시설을 만들었다고 인정한다. 공유수면을 메워서 마을 사람들 누구나 사용하는 공유면적으로, 태흥 체육공원으로 탄생하였다. 이러한 개발에 반대한 마을 사람은 한 사람도 없다. 꼿꼿하고 강한 찬성 목소리가 빽빽하게 줄지어져 있었다.

한편으로 나는 뛰는 것을 좋아해서 그 축구장을 둘러서 트랙이 있었으면 더 좋았을 거란 아쉬움도 있다.

가끔 고향마을에 가보면 그 축구장은 항상 붐빈다. 물론 마을 사람들도 있지만, 전투경찰, 심지어 타지 어린이들도 와서 축구를 한다. 마을 사람들에게 건강과 즐거움의 가치를 공유하는 것이, 자연의 공터란 개념으로 와 닿는다.

십여 년이 흐르고 난 뒤 그 축구장 시설을 사용하는 횟수가 점점 줄어들고 이제는 거의 그냥 바당과 해안도로 사이에 있는 장식품, 그냥 경계선으로 남아있다.

지금에 와서 보면, 결과론적이기는 하지만, 그러한 공공의 목적과 마을 사람들의 건강증진을 위한다 해도 그냥 폴개, 갱이왓으로 놔두었으면 실제로 갯벌 그 자체의 효용 가치는 우리 삶에 100년, 200년, 아니 영원할 정도로 우리가 자연에 머무를 기회를 주었을 것이다.

갈수록 그 가치가 커진다. 그게 자연의 힘이다.

작은 갯벌이지만 그것은 생명의 다양성이 출발하는 시작점이다. 그 갯벌 속에는 우리가 알 수 없는 생명들이 건강하게 자란다. 그 작은 생명들은 더 큰 생명들을 유지하게 만든다. 육지로부터 바당의 건강함이 시작된다. 그 육지의 건강함이 바당의 건강함이다.

사람들은 20년 앞을 내다보지도 못하고 자꾸 우를 범한다. 물론 나도 그중에 한 사람이다. 그게 의식적이든 무의식적이든 상관없이 그렇다. 그러면서 자연은, 바당은 사람들의 실수로 그리고 행정의 편리함, 소득 증대, 고용 창출의 변명으로 아프고 죽어간다. 우리는 소중한 것을 잃고 나서 그것의 진정한 가치를 깨닫는다.

다시 원래의 상태로 되돌리기 위해 더 많은 시간과 비용 소요되는 것을 뒤늦게 알고, 일부는 반성하기도 한다. 그럴 수 있어, 그렇게라도 다시 돌리면 다행이다. 그렇지 않고 결국에는 그 책임에서 모두가 회피하고 도망가려고만 한다. 행정은 예산이 집행되고 나버리면 다시 처음으로 가는 것은 거의 불가능하다. 그것은 자신의 행위, 행정을 부정하는 것이기 때문이다.

우리 모두는 바당을 방관적 입장에서 바라보고 자신들에게 편리하게 수용한다. 공공의 즐거움과 이익을 모두가 공정하게 취한다는 가치로 인해, 우리가 이 작은 갯벌을 메운다고 해서 바당에 그리 부정적인 영향이 있을까?

그 누구도 심각하게 생각해 본 적이 없다. 암묵적으로 공공의 가치가 자연, 환경의 가치보다 우선한다고, 그리고 우리 모두가 찬성하면 그럴 권리가 있다고 스스로 모두가 합리화한다. 그것이 국가 예산과 관련되어 있으면 더욱 그렇다. 그래서 너무 쉽게 공유수면 매립을 결정한다. 단기적으로 마을을 위하는 사업이 될 수는 있지만, 장기적으로 지구를 위협하는 요소가 된다는 것을 그 누구도 알지도 못했을뿐더러 그 누구도 바당 생명의 다양성을 언급하지 않는다.

개발과 발전의 가치가 우리가 추구하는 세상, 우리의 능력이 되는 세상에 모두들 서 있다. 나 역시 그렇게 배우고 그러한 국가가 좋은 국가인 줄 알고 있다. 헌법에 나와 있는 "국토를 보존하고"의 개념은 "국토를 개발하고"의 개념으로 해석하고 받아들이는 것이다.

 이러한 바당의 작은 면적이지만 서로 모이면, 공유수면 매립은 미래에 심각하게 해수 온도를 증가시키고 해수면의 높이는 커다란 원인이 된다는 것을 우리는 몰랐다. 결국에는 모두가 이를 방관하거나 무시하면서 우리와는 상관없다는 것이 공유수면 매립이다.

 태흥리 우리 마을도 그렇게 1980년대 중반 폴개 공유수면을 매립하고 그나마 영업시설을 만들지 않고 마을 사람들을 위한 인조 축구장과 옥돔 위판장을 건립한 것이 다행이기는 하지만, 주위로 시멘트로, 화학성분으로 갯벌을, 자연을 편리함을 위해서 덮어버린 것은 지구 입장에서는 커다란 유감이다.

 자연에 시멘트 천지다. 얼마 후에 해안도로 건설과 맞물려 폴개는 시멘트 바닥으로 영원히 묻혀버린다. 왕겡이들은 집을 잃고 어디론가 고난의 행군을 했던가? 작은 검은 겡이들도 이제는 거의 사라졌다. 우리 눈으로 확인되는 서식지의 붕괴, 종의 소멸이다.

 시멘트는 우리에게 편리함을 제공할지 모르나 바당에는 산소를 공급하는 길, 공간을 완전히 덮어버리는 결과를 줄 뿐만 아니라 자연이 무기질, 미네랄 대신에 화학적 성분을 바당에 제공하게 된다. 바당의 숨통을 서서히 사람들의 편리함으로 조여가는 것이다.

 구좌에서 바다환경지킴이 활동을 하고 있을 때 어느 교수 부부가 내가 해양 정화활동 하는 것을 보고는 신기하게 바라보다가 말을 건적이 있다.

"제주도 사람들은 참으로 멍청한 것 같습니다."

"왜요?"

"아니 해안에 해안도로를 건설하면서 시멘트를 바르더니만 마을마다 포구는 시멘트로 왜 그렇게 크게 만들었는지, 이 시멘트 성분은 바다의 해양 생물에는 치명적이며 이 화학성분은 100년이 지나도 없어지지 않는다"라고 개탄한다.

제주 해안도로 건설의 시초는 1983년 3월, 지금의 공항 북쪽인 용담로이다. 1984년 제주에서 처음으로 대규모 체육행사인 소년체전이 열리는데, 여기에 당시 전두환 대통령이 참석한다고 상공에서 한 번 보고, 대통령이 달리면서 그의 마음을 얻고자 제주 행정이 보여주기 식으로 급작스럽게 만든 것이 해안도로이다.

지금은 상상도(?) 할 수 없지만, 당시는 칼날처럼 서슬 퍼런 시기라 대통령이 참석하면 뭐라도 이벤트를 해야 하는, 그래야 행정이 살 수 있는 그런 군사독재 시절이라, 제주에서는 해안도로와 함께 또 다른 이벤트, 대통령이 참석하는 개회식 준비에 제주도 초중고 1만여 명이 참석해야만 했고 5,000명이 동원된 대규모 카드섹션을 준비한다. 그 카드섹션에는 대통령 얼굴, 봉황, 한라산을 배경으로 대통령 인물이 포함되었다. 한 달이 넘는 동안 학생들은 오전 수업만 하고 기계적으로 연습한다. 북한의 아리랑 매스게임과 뭐가 다르랴! 거기서 거기, 오십보백보다. 지난 문재인 대통령이 북한을 방문했을 때 북한 어린이 매스게임, 집단체조를 TV에서 본 적이 있는데 어린애들 동작이 기계처럼 이루어지는 것을 보고 불편을 넘어 슬펐다.

이 용담 해안도로는 갯것이 어영마을 45채 집을 철거하고 소년체

전 한 달 전에 완공된다. 나도 이후에 제주시에 있으면서 밤에 이 해안도로를 가보았는데 횟집으로 불야성을 이루었던 기억이 있다. 이 해안도로는 그 당시 관광객들과 제주 사람들에게 반응이 아주 좋아 1989년도 제주 행정은 231km 해안도로 건설 계획을 수립하고 2000년도 중반까지 일부 노선을 제외하고 154km로 완공된다.

계획 초기에는 공유수면을 매립하지 않고 자연과 환경을 훼손하지 않은 쪽으로 되어있었으나 엄청난 보상금액을 제주도에서 감당할 수가 없었고 시기 등을 고려하여 해안도로가 바당으로 그 영역이 대폭 침범하여 건설된다. 그때는 바당과 자연의 환경 가치가 덜했던 시기라 반대의 목소리가 전체적으로 약했지만 지금도 중문의 한 구간은 해안도로가 없는데 친구 녀석과 형제들이 목숨 걸고 반대를 해 마을과 해안을 지켜냈다.

해안도로는 제주 관광에 많은 기여를 하지만 다른 한편으로 해안도로를 건설하면서 해안 경관을 파괴하고 조간대를 없애버림으로써 생물 다양성을 위협하고, 자연 생태계가 서서히 소멸하는 바당과 환경에는 그야말로 최악에 영향을 미치는 셈이다.

우리의 생활과 함께 있었던 토속 신앙인 신당이 사라지고, 산물이 묻히고, 돌과 바위로 이루어진 갬성이 가득한 전통 포구가 없어지면서 마을 붕괴 등 제주의 삶이, 생활이 시멘트 속으로 묻히는 결과가 되어버린다.

자연과 바당 그리고 제주 정서와 문화에게는 글자 그대로 해악 도로인 셈이다. 제주에서 해안도로 건설은 관광 가치가 삶의 가치를 우선하는 합리화의 시발점이다. 해안도로 건설과 함께 포구 현대화 사업은 제주 연안을 시멘트로 덧칠해 나간다.

그 당시 개마띠와 축항은 모두 자연으로 이루어져 생활이 묻어나는 곳으로 아마도 지금 태흥2리 포구는 어린 시절 개마띠와 축항과 비교할 때 20배 정도 커졌다.

어업에 종사하는 사람은 예나 지금이나 별반 차이가 없다.

개마띠가 사라졌다.

마을, 제주 생활 보물이 사라졌다.

그렇게 많은 시멘트 문명으로 바다 성이 쌓아진 것이다.

그리고 바당 쪽으로 더 전진하여 더 넓은 시멘트 도로도 3곳으로 늘어난다. 이러한 과도한 무분별한 포구가 이 시점을 기반으로 하여 제주도 내 대부분 돌로 이루어진 자연 개마띠가 시멘트 포구로 바뀌어 나간다.

국가가 마을 주민들, 어업에 종사하는 사람들의 편의를 위해 크게 발전한 것은 부인할 수 없는 사실이지만 다른 한편으로는 그 많은 시멘트가 모여서 바당을 집단으로 린치를 가하고 있는 것과 마찬가지다. 그래서 바당은 쉽게 킹받고 있는 것이 아닐까 하는 생각이 들기도 한다.

일단 시멘트가 바당에 들어서면 그 주위에는 해조류가 없다.

풀이 자라질 않는다.

풀이 없다는 것은 플랑크톤이 없는 것이다.

그러면 기본적으로 바다 생물이 자랄 수 있는 여건이 사라지는 것이다.

아무리 우리가 상식이 없어도 조금만 관심을 가지면, 항구에 가서 항구 벽면을 자세히 보면 그 주위에 해조류가 없다는 것을 알 수가 있다. 사람들, 인공의 화학물질들이 바당에 상주해 있으면 자연은, 바당은 스스로 자리를 피한다.

지자체나 국가에서는 어업인들의 직업 활동과 일반인들의 교통과 물류 운송을 위해 항구를 건설하지 않을 수는 없다. 그런데 그것이 마치 우리가 바당을 과도하게 침범하며 만들지 않았나 하는 생각이 들면서 너무 편리함만을 위한 화학물질 가득한 재료를 사용하는 것보다 가능한 친환경 재료를 썼으면 좋았겠다는 생각이 떠나질 않는다.

TV 프로그램 중 〈테마 여행 세계를 간다〉가 있는데 어느 핀란드 어촌 마을이 소개된 적이 있다. 난 그 어촌을 보면서 놀라움으로 입을 다물지 못할 만큼 감탄사들이 나왔다. 물론 그 핀란드 어촌도 그 옛날만큼은 아니지만, 여전히 많은 고기들이 잡힌다. 특히 대구가 주 어종이다. 지금까지도 많은 대구가 잡히는 것에는 그만한 이유가 있다.

물론 이것은 나의 시각으로 바라본 것이다. 그 마을은 시멘트, 아스팔트가 없는 자연 흙으로 비포장도로이고 포구도 아주 조그마한 곳으로 시멘트를 전혀 사용하지 않은 나무로 간단하게 정박할 수 있는 구조이다. 그리고 무엇보다도 마을 사람들이 정부의 겨울철 5개월 금어기(날씨 여건)를 정해 배를 출항하지 않는다. 그리고 어업 중에 대구를 일정량 잡으면 어업을 멈춘다. 그리고 배 위에서 대구 머리와 내장을 분리하여 그것을 다시 바당으로 돌려보내 준다. 그러면 다른 바당 생물, 이를테면 게 등의 먹이로 주는 것이다. 어부들이 정부와 함께 적극적으로 생태계를 보호하고, 그리고 사람들의 삶이 자연을,

바당을 해치지 않으려는 노력이 이루어진다.
　주민들이 자연과 함께, 바당과 함께하며 서로 나누고 있다.
　스스로 어부들이 바당을 배려하지 않으면, 보호하지 않으면 그들은 더 나은 생업과 내일을 가져올 수가 없다. 그들의 인식이다.
　자연과 바당 그 자체와 함께하는 것이 풍요로운 내일이 된다는 것이다.

　제주에서 해안도로 건설과 포구의 현대화 사업은 어민들의 삶을, 공간을 바당 쪽으로 넓히는 계기를 가져오기보다는 누구나 쉽게 바당에 접근하게 만든, 관광으로써 더 큰 역할을 하게 된다.
　바당의 대중화가 아니라 바다의 대중화에 큰 기여를 하게 되는 것이다. 직업적으로 바당에 종사하는 사람들을 위한 배려가 아니라 대다수 관광객을 위한 배려로, 드라이브 코스로 아니면 접근이 쉬운 방파제 낚시로 어업인과 관광객의 바당 접근 차이를 완전히 없애버린 결과가 된다. 제주도 전 지역이 편의함이 정차한 쉬운 낚시 포인트가 되어버렸다.
　관광객들의 즐거움이 어부의 삶보다 어떤 곳은 우선한다. 마을 사람들, 고기 잡는 사람들만의 생활 공간이 없어진다. 그러면서 바당은 점점 더 대중들에게 관광을 위한 자리로 그 역할이 커지게 된다.
　바다의 대중화, 바당 문화보다 바다 문화의 등장은 제주의 전통적인 삶을 저 뒤편에 두고 관광의 삶으로 향하는 그런 방향으로 제주 마을이 서서히 변하게 되는 것이다.
　제주 바당은 관광의 의미가 가미된 제주 바다로 서서히 변해가면서, 바다 소비가 커지면서, 새로운 시대를 맞는다. 그 바당의 의미는 점점 렌터카가 달리는 반대 방향으로 희미해지면서 멀어져만 간다.

　나의 놀이와 생활의 자연 고향 개마띠가 언제부터인가 갬성이 가득한 추억의 불빛들로 켜져 있다. 그 그림은 이제는 제주의 어떤 관광상품도 대신할 수가 없을 정도로 제주의 가치와 삶의 위안을 줄 것이지만 마음속에서만 배롱배롱* 꺼지지 않고 빛나고 있다.

....
＊ 희미하지만 선명하게

새로운 길옆 똥물이 우뚝

"언제부터 바당이 아프고 죽기 시작했을까?"란 질문을 누가 내게 던진다면 나는 주저 없이 말할 수 있다. 사람들의 하수, 똥오줌이 바당으로 대량으로, 체계적으로, 지속적으로 들어가면서부터이다. 정화처리를 해서 배출하든 그러지 못하든 사람들의 오폐수가 하수종말처리장을 통해 바당으로 계속해서 많은 양을 배출하면서 그 주위 바당부터 아프기 시작하였고, 시간이 갈수록 그 주의 바당은 어떤 생물도 살 수 없는 민둥바당으로 변해가고 있다.

그럼, 그 옛날 제주 사람들은 똥오줌을 안 쌌을까? 당연히 쌌다.
그것들이 자연으로 돌려 보내지고 어떠한 것들은 자연 위에서 또 다른 자연을 잉태하는 데 자연스럽게 사용된다. 아마존 밀림이나 아프리카 대륙에서 동물의 똥오줌으로 인해 오염되었다는 이야기를 들어본 적이 있는가?
결코, 그런 일은 없다. 결국에는 자연으로 돌아가는 것이다.
아마도 그것은 스스로 순환하는 자연의 구조가 아닐까?
제주도 마찬가지다. 그 옛날 제주에는 돗통이 있다. 제주도 재래식 돗통은 우리 안에서 돼지를 키우는 화장실이다.
이 톳통은 기본적으로 어려운 환경 속에서 할머니, 어머니들의 절약을 통해 세상을 잘 살아가는 방법이기도 하다. 그들에게 돗통은 적금, 예금과 같은 은행의 기능도 있다. 잔밥으로, 똥으로, 사람들이 먹을 수 없는 음식으로 돼지를 기르고 생산하며 가계에 큰 보탬이 되는 것이다.

우리가 생활하는 모든 것을 하나도 쓸모없이 버리지도 않고 모아서 그것이 작은 경제가 되는 것을 보여준다.

또한, 돗통은 환경오염 측면에서도 엄청난 긍정적인 역할을 한다. 사람과 돼지의 똥오줌이 하수로 전혀 바당이나 냇가로 흘러 들어가지 않았고, 돗통에 짚을 넣어, 시간이 조금 지나면 돗거름으로 생산된다. 일종의 사람과 돼지가 만들어 낸 자연퇴비다. 이 돗거름은 무기 질소가 다량으로 함유하여 밭농사나 과수 농사에 아주 좋다.

조금은 다른 이야기일 수도 있지만, 미국 버몬트란 마을에는 지금 오줌 순환(peecycling), 오줌 농법이 이루어지고 있다. 실제로 고대 로마나 중국에서도 이 농법이 있었다는 기록이 있다. 버몬트 마을에서는 한 여성이 마을 250가구의 오줌을 수거하여 80도의 열에서 90초 동안 저온 살균하여 식물에 뿌리면 오줌을 흡입한 토양에서 자란 케일, 시금치 등이 그냥 토양보다 2배 이상 생산량이 많아졌다.

환경학자들은 사람의 똥오줌이 직접적으로 바당이나 강 등 물로 들어가는 것보다 토양으로 들어가는 것이 덜 오염화가 되고 작물에 좋다고 말한다. 우리나라 육지에서도 옛날 사랑채 밖에 오줌통을 두어서 그 오줌을 밭에 뿌렸다. 이러한 것은 서양에서든 동양에서든 모두 자연으로 향하는 선순환이다.

현대 문명은 사람들이 더 깨끗하게, 편하게 살기 위해, 더 좋은 환경을 만들기 위해 사람들의 똥오줌을 포함한 하수를 정화처리 하고는 강물이나 바당으로 당연하게 보내기 시작한다. 아무리 화학 처리를 한다고 해도 화학물질을 배출하는 것이다. 만약 더 정화되지 않고 내보냈다면 과도한 질소, 인 성분들을 결국에는 바당으로, 강으로 흘러 내보내 부영양화를 일으키게 만든다.

어느 순간 제주 관광산업이 커지면서 사람들이 엄청나게 몰려오기 시작한다. 자연스럽게 사람들의 잔재와 흔적들이 여기저기 남겨지고 누군가는 그것들을 책임져야 하고, 어느 마을에서는 그러한 처리 시설이 들어서야 한다.

고향 마을 태흥리는 제주도에서 어쩌면 공항이나 항구에서 가장 접근이 어려운 마을 중 하나다. 관광지가 없는 곳이기도 하고, 관광 혜택을 직접적으로 얻는 곳은 더더욱 아니다. 그저 농업과 어업에 종사하며 살아가는 마을 사람들의 얼굴이 서로에만 익숙한 전형적인 제주의 작은 해안마을 중의 하나다. 그런 마을에 어느 순간 하수종말처리장이 들어온다.

내가 기억하기로는 마을 사람들은 그것이 오면 바당에 어떠한 변화가 있는지, 그리고 환경오염이 정확하게 우리 삶에 어떠한 영향을 미치는지 알 수 없었던 시기였다. 하수종말처리장이 들어서는 곳은 마을에서 2~3km 떨어진 사람들 왕래가 전혀 없는 애삐리바당 위쪽이다.

청기와 지붕을 하고 마을회관보다도 크게 신식 건물로 양어장 바로 옆에 나란히 들어서서 지금은 바당으로 어느 물줄기가 강한지 양어장과 인공물 뿜어내기 경쟁을 하고 있다.

마을 사람들은 힘이 없는, 국가의 정책에 무조건 순종하고 순응하는 사람들이라서, 그 흔히 하는 이야기로 정말로 착한 사람들이다.

제주가 4.3을 겪으면서 조직적으로 저항하면 그 결과가 어떤지를 일찍이 경험해 보아서 그저 행정의 요구나 힘 앞이면 거의 무조건 고개를 숙이는 경향이 있다.

　시간이 지나서 많은 사람이 관광으로 혜택을 보고 자신의 이익을 쌓아가지만, 마을 사람들은 그 이익을 쌓아가는 사람들을 위해 그리고 힘센 행정을 위해 조용하게 체계적으로 순한, 착한 도우미 역할을 지금도 충실하게 하고 있다.

　그러는 사이 태흥리 삶의 터전인 바당에 자신이 싼 똥이 아닌 수많은 사람이 싼 똥물이 2009년 이 하수종말처리장 완공 후 바당으로 조직적·지속적으로 덮어갔다. 시간이 조금 더 지난 2010년도 중반부터 애삐리바당이 조금씩 변화하기 시작하는 것을 어머니를 포함한 해녀들이 제일 먼저 인식하게 된다. 물론 애삐리바당도 그전부터 해수 온도가 보통 수준으로 꾸준하게 지속적으로 상승한다.

　애삐리바당은 깨끗하고 미네랄이 풍부한 산물, 용천수를 마시다가 그것이 말라버리자, 대신에 사람들이 싼 똥물을 하루에 1만 6,000톤을 폭풍 흡입하고 있다. 정화처리 되었다고는 하지만, 솔직히 말하면 정화처리가 정직하게 되었는지는 그 누구도 알 수가 없다.

　애삐리바당은 이를 지속적으로 마시고 배탈 설사, 위 트러블이 자주 일어났다. 지금은 거의 위암 말기 수준이다. 이 처리장은 제주도 내 8대 대형 하수처리장 중의 하나로 제주 연안에는 크고 작은 하수처리장이 34여 개소가 분주히 돌아가며 바당으로 똥물을 흘려보낸다.

　마을 사람들은 하수종말처리장과 양어장이 들어선 이후에 바당이 심하게 아프기 시작했고 미역, 톳 등 해조류들이 제주도 내에서 제일 먼저, 급격하게 사라지기 시작했다고 대동소이하게 말한다. 애쁘리바당은 제주도 내 연안에서 가장 많이 아픈 바당, 죽어가는 바당이 되었고 결과적으로 지금은 백화현상으로 풀이 없는 바당으로 하얗게 변해버렸다.

사실 정화처리된 하수의 배출수라고 해도 나는 완전히 깨끗한 물은 아니라고 생각한다. 그것이 일반 산물과 같이 깨끗하고 맑은 물이라면 해조류와 바당 생물이 사라지지는 않을 것이다. 겡이들도 사라지지 않을 것이고 그 많던 미역, 톳, 감태, 듬북 등도 여전히 그 예전의 애쁘리바당에서처럼 과짝하게 민짝행 너풀거리고 있을 것이다.

행정이나 언론에서 바당에서 모든 해조류 생물이 사라져 가는 원인이 해수 온도 상승, 기후변화와 백화현상 때문이라고 한다. 물론 어느 정도는 맞는 이야기다. 그러면 제주도 연안 모든 바당이 공평하게 균등하게 같은 시기에 어디를 가든 해조류와 바당 생물이 백화현상으로 사라져야 한다.

근데 실상은 그렇지가 않다. 일반 사람들도 조금만 관심을 가지면 하수종말처리장 인근의 바당하고 그 시설이 없는 바당이 너무나 많이 다르다는 것을 알 수 있을 것이다. 이러한 현상을 매일 보고 직접 피부로 느끼는 해녀들은 하수처리장이 뿜어내는 양만큼의 탄식을 매일 쏟아내고 있다.

최근 제주시 동부하수처리장 증설을 두고 나이 드신 월정리 해녀들이 뙤약볕에 죽음을 무릅쓰고 반대하는 것은 무엇 때문일까? 그분들의 삶이, 생활이 없어지는 것이다. 행정은 법대로, 물환경보전법대로 정화처리된 배출수를 내보내고 있으며, 인터넷을 통해 그 자료를 공개한다고 한다. 하지만, 왜 하수종말처리장 시설이 들어선 바당 인근이 유독 심하게 아파서 지금 이 지경까지 왔을까? 그 기준대로, 법대로 했다면 왜 해조류와 온갖 바당 생물들이 어느 순간부터 사라질 수가 있겠는가. 그럼, 그 기준이 법이 그렇게 했다는 것인데, 법을 만드는 사람은 완전 문맹이란 말인가? 공무원들의 형식적인 일 처리인가 아니면 자연을 배려하지 않은, 자연이 죽어도 좋다는 물환경보전법의 문제인가? 그것도 아니면 지방행정의 조직적인 게으름의 문제란 말인가? 아니면 또 다른 누군가는 여기서도 이권을 챙겨왔던 것은 아닐까?

애뻐리바당은 여전히 똥물로 넘쳐나고 있다.

내가 만난 어느 제주 해양수산 연구원은 그 하수 처리된 배출수를 조간대(연안에서 4km) 밖으로 배출해야 그나마, 우리의 삶과 가장 영향이 큰 조간대가 덜 피해를 본다고 한다. 그러나 실상은 1km 내외로 모든 배출수가 방류되고 있다.

그것은 예산, 돈과 관련되어서 그렇다. 물리적으로 조간대 밖으로 설치하려면 많은 경제적인 비용이 든다. 지금의 시스템과 같이 연안 1km 밖으로 배출수가 나가면 연안에 정화처리된 물을 방류한다고 해도 그 물이 바로 대양으로 나가 희석되는 것이 아니라 연안을 거의 20여 일 왔다 갔다 하다 대양으로 나가기도 하고 다시 연안으로 몰려들어 오기도 한다. 하수 펌프장에서 나온 오폐수의 슬러지가 연안 바위에 붙어있는 것이 다 그런 이유이기도 하다.

마을 사람들이 애뻐리바당이 아프고 죽어가고 있음을 알고 있어도 합법적인 행정의 힘으로 여전히 똥물은 지치지 않고 바당으로 흘러

들어간다.

바당은 여전히 너무 지치고 아픈 상태로
어쩔 수 없이 갈 곳 없는 똥물을 계속 받아내고 있다.
그러면서 바당 속은 하얗게, 시간이 지나면서 더 하얗게 타들어 가고
바당이 생산해 내는 것은 검은 먼지로 주위를 다 덮어나가고 있다.
제주 행정은 어느 순간부터 바당에 풀이 없어지자
마을에 발전기금 명목(?)으로 보상금을 지급하고 있다.
행정 스스로가 '바당을 죽인 범인은 나다'라고 자백하는 것같이 들린다.

해조류의 행방불명

 2000년 들어 제주 관광객은 400만을 돌파하고 이후 한 번도 그 이하로 내려가지 않고 꾸준하게 증가하여 2013년 관광객 천만 시대를 연다.
 해녀들과 어촌계장, 그리고 바당에 종사하는 사람들의 말을 종합해 보면, 물론 그전부터 제주 바당에 조금은 변화가 있었지만, 외형적으로는 이때까지만 해도 두드러진 변화가 나타나지는 않았다. 관광객의 증가와 함께 해산물에 대한 소비량도 증가함에 따라 어업 자본화가 이루어지면서 대량생산을 할 수 있는 양어장에 더욱 의존하면서 관광객의 수요와 욕구를 충족해 나간다.
 1980년대 중후반을 기점으로 설치된 하수종말처리장 확대와 양어장, 2000년도 전후로 건설된 해안도로 등에서 발생하는 꾸준한 화학물질, 그리고 중산간 개발이 시작됨에 따라 도로 건설과 그에 따른 각종 오폐수 유입 등 조간대를 서서히 오염시키고 있었다. 해수 온도도 지난 백 년 동안의 평균보다 1990~2010년도에 이르는 20년 동안이 본격적으로 빠르게 상승하기 시작한다. 그러면서 대양과 원양보다는 조간대가 사람들의 군집에 직접적인 영향을 받는다.

 조간대(intertidal zone, 潮間帶)는 만조 때의 해안선과 간조 때의 해안선 사이의 부분을 말하며, 그 옛적부터 제주 사람들에게는 생활과 놀이가 있었던 우리의 삶이 녹아든 곳이다. 보통 연안에서 바당 쪽으로 4km까지를 말한다. 제주는 섬이지만 한라산을 기반으로, 지역에 작물 재배도 좀 다르고 먹는 것도 삶의 방식도 조금씩 다르다. 심지어는 서로 인접해 있어도 해안과 중산간 마을과는 세상을 살아가는 모습이 어지간히 다르다.

그런데 제주 사람들이 바다, 특히 조간대를 두고 이루어지는 삶은 제주의 어디를 가든, 동서남북 다 같았다. 그래서 진정 제주의 삶과 문화의 근원이자 근간은 바다, 즉 조간대에서 시작되었다고 해도 과언이 아니다. 즉 바다 생물의 근원이 조간대라고 하면 제주 사람들의 삶의 시작도 조간대이다.

이 조간대는 해양 생물 먹이사슬의 기반이 되는 풀, 해조류가 아주 풍부한 곳이다. 해조류가 많다 보니 이를 먹는 조개류, 갑각류, 고등류, 연체류, 식물, 어류 등 여러 각종 생물이 풍부한 곳이다. 그야말로 생명의 다양성이 모이고, 숨 쉬는 집합소이며 덕분에 그동안 제주 사람들이 살아가는 데 좋은 여건을 조성해 주었다. 한편으로 간척이나 개발을 위한 파괴, 그리고 육상으로부터 화학물질과 오염물질이 밀려오면 그야말로 바다 생물뿐만 아니라 사람들의 삶에 아주 부정적으로 영향을 받기 쉬운 곳이기도 하다.

1980년대 초중반 우리 3남매는 제주시에 함께 자취하면서 대학교, 고등학교를 다닌다.

어머니는 태흥 바다에서 채취한 미역을 가지고 제주시 오일장에 와서 판다. 태흥리 돌미역은 부드럽고 길어서 시장에 나오자마자 다 팔린다. 제주시에는 남쪽 바다에서 자란, 태흥리와 표선 사이 미역이 특히 좋다고 많이 알려졌다. 여기의 바당은 모래사장이 없고 전부 현무암, 바위 대다. 어머니는 생미역을 팔고 옷과 기타 생활용품을 사우리가 자취하는 곳으로 와서 주고는 그날 다시 태흥리로 내려간다.

우리에게는, 가족에게는 정말로 고마운 미역이다. 그 미역이 태흥리 작은 마을에서 제주시로, 내일로, 더 넓은 세상으로 삶을 연결하고 지탱해 주고 있다. 이 미역은 조간대의 대표 해조류 중의 하나다.

언제부터 우리의 삶을 미래로 연결해 준 고마운 애삐리바당, 조간대가 죽기 시작했을까? 미역, 톳, 그리고 감태, 듬북 등 애삐리바당의 주축을 이루던 풀들, 갈조류가 사라지는 것을 마을 사람들은 언제부터 인지하기 시작했을까?

어머니, 아버지와 마을 해녀들의 이야기를 종합해 보면 대략 그 시기는 지금으로부터 15년 전부터라고 한다. 바당이 해마다 하얗게 변화면서(백화현상) 풀들이 조금씩 사라지기 시작하는 것이다. 어느 한순간에 태흥 바당의 해수 온도가 오르고, 어느 한순간에 오염물질들이 바당으로 흘러가서 해조류에게 영향을 미치지는 않았을 것이다. 특히 제주 해안은 현무암으로 이루어져 있는데, 현무암 구멍이 해조류 포자가 성장하고 뿌리를 내리기에는 아주 안성맞춤이다.

이밖에 해조류는 다른 해양 생물과 부착성 저서동물의 서식 기지 역할을 함으로써 산호와 더불어 해양생태계 생명의 다양성을 유지하고 넓히는 데 아주 큰 역할을 한다고 할 수 있다. 바당 생명의 실질적인 시작은 해조류라고 해도 무방하다.

마을 사람들은 처음에는 미역, 감태, 모자반 같은 해조류는 밀감과 같이 해갈이 현상은 보통 있는 것으로 1년 주기로 자라고 채취하면 그다음 한 해는 조금 줄어들 수 있다고 생각했다. 바당에서 이런 풀의 해갈이는 자연스러운 현상이라고 여겨왔다. 근데 해조류가 없어지는 면적이 갈수록 넓어지고 2015년 전후로는 해조류들이 거의 사라지고 바당이 하얗게 변했다.

바당 해갈이가 완전히 사라졌다.

해조류는 여름이 지나면서 포자가 퍼지고 늦가을부터 겨울철에 잘 자라기 시작하는데, 겨울철 풍랑이 많으면 성장 초기에 견디지 못하고 죽어 나가기도 한다. 해조류가 급격하게 감소하는 요인은 기후변화에 따른 수온 상승이 제일 크다. 특히 겨울철 기온 상승이 두드러진다. 거기에 겨울철 풍랑도 해조류 급감에 한몫한다. 그리고 육상에서 사람들이 사용한 오염물도 바당으로 무자비하게 무방비로 흘러들어간다.

조간대에서 해조류가 성장하는 데 어느 순간부터 최악의 상황이 된다. 한국해양과학기술원 제주연구소의 2020년 발표 자료에 따르면 최근 36년간 제주도 해역의 겨울철 수온이 3.6도나 상승했다고 분석했다. 바닷물 1도 상승이 해양생태계에 미치는 영향은 기온으로 따지면 거의 10도에 해당한다는 것일 수도 있는 상태로 바다 환경생태계 안에서는 엄청난 변화를 맞는다. 특히, 겨울철 수온은 최근 10년간 2.5도 이상 상승하면서 제주도 주변 바당은 산호의 서식 조건(겨울철 수온 18℃ 이상) 안에 들게 되었다.

실제로 겨울철 수온 18도 등온선은 지난 40년 동안 남해와 동중국해에서 50~100km나 북상한다. 이 과정에서 감태 등 해조류는 사라지고, 제주도 남부는 산호 서식 공간으로 자리 잡았고 경 산호초가 형성되기 시작한다. 감태나 미역 등은 낮은 수온에서 잘 자라는데,

겨울에도 수온이 15도 아래로 떨어지지 않는 탓에 제주 연안에서는 더는 자랄 수 없게 되는 것이다.

석회조류가 자라면서 바위에 탄산염 성분이 쌓인 탓에 포자가 바위에 붙지 못하는 것도 미역이나 감태가 사라지는 원인이 되기도 한다. 이 석회조류가 발생하는 원인은 수온 상승도 한몫을 하지만 연안 오염, 화학물질들이 계속해서 바다로 유입된 것이 더 큰 원인이 될 수 있다고 해양과학자들은 말한다.

해녀들의 말에 따르면 바다의 풀, 해조류가 사라지게 되면 제일 먼저 전복이 사라지고 그다음에는 보말, 소라, 성게 등이 차례로 해조류를 먹이로 하는 해양 저서생물들이 행방불명된다.

행방불명되어도 신고를 받아주는 곳이 없다.

미역, 감태 등에 자라던 그곳에는 산호들이 상대적으로 자리를 잡게 된다.

산호 중에서도 상대적으로 낮은 수온에서 자라는 큰수지맨드라미는 한반도 남해안에서도 자랄 수 있게 됐고, 거품돌산호는 제주도 북쪽 해안(비양도 근처)에서도 볼 수 있다.

어느 순간부터 제주의 남동쪽 고향 마을 태흥리 해녀들은 바다에 들어가기가 무섭다고 한다. 바다에 미역이나 감태가 풍성하게 자라던 그곳에 한 번도 보지 못한 이상한 구멍이 숭숭 뚫린 듯한 동그라미가 조금 있는데 들어갈 때마다 그 동그라미들이 연결되어 나가는 마치 괴물처럼 거대한 군락을 이루어 감태와 미역이 있었던 바다을 다 뒤덮어 가고 있다. 모래 말미잘의 공격이다.

지금은 바다 속 생태계를 완전히 위협하고 혼란 상태로 내몰아 버린다. 그 옛날 바닷 속 생태계, 건강한 바다이 폐허가 되어 흔적도 없이 사라진다.

요샛말로 고향마을 해녀들은 완전 멘붕이다. 이 모래 말미잘은 감태와 미역과의 영토 전쟁에서 승리해 기세등등하게 차츰차츰 태흥과 신흥 바당을 다 뒤덮고, 앞으로도 인근 바당으로 계속 전진하고 있다.

지금으로서는 방어선이 무너지고 다시 세워질 뭐 그런 기대도 전혀 없다. 5년이 지나면 제주 남쪽 바다을 다 뒤덮지 않을까 하는 걱정이 그 면적만큼이나 넓어지고 있다.

내가 처음 바다환경지킴이를 시작한 2021년 2월, 구좌읍은 우도를 제외한 제주도 다른 어느 바당보다 더 살아있다. 고향 바당은 10년 전부터 하얗게 변해 미역, 톳이 완전히 사라졌는데 구좌는 그래도 톳이 살아남아 있다. 특히 내가 자주 들러본 동복리 일부와 김녕 일부 지역은 그래도 삶이, 해녀의 숨비소리가 선명하게 하늘로 올라간다. 휘-이----!

특히 동복리 해녀 탈의장 앞 소여 바당 주변에는 이른 봄에 썰물이 되면 톳이 자태가 치렁치렁하게 드러난다. 그런데 한 해가 지나면 뭍으로 가까웠던 곳에 톳이 나는 공간이 줄어들고 그다음 해는 더욱더 줄어 썰물이 되어도 톳을 볼 수가 없었다.

제주도 어디도 해조류의 사라짐에 예외가 되는 곳은 없다. 모두 시기의 문제일 뿐이었다.

내가 보고 경험한, 제주에서 가장 깨끗한, 살아있는 바다은 김녕 가스코지 앞 바다이다. 거기는 해안도로로부터 200~300m를 자연이 바당을 막아주고, 고향마을 태흥리 바당처럼 양어장도 없고, 하수종말처리장, 그리고 중산간에서 내려오는 조직적으로 인간들이 사용한 흔적, 물도 들어가는 구조가 아니다.

김녕 해녀들과 마을 사람들이 양어장, 하수종말처리장 건설을 몇 날 며칠을 머리에 띠를 두르고, 마음을 이어서 싸워 지켜낸 곳이다. 자랑스럽게 해녀 한 분이 이야기한다.

"우리가 싸왕 이겨시니. 경허난 이추룩 바당도 살아이시니게(우리가 싸워서 이겼다. 그러니 이렇게 바당도 살아있다)."

그들은 자신의 삶을, 생활을 지켜낸 것 이상으로 보물을 지켜냈다.

한 가지 안타까운 것은 시간이 갈수록 그 주변에 공간이 있어서 관광객들이 차박이나 야영을 하고 난 후 음식물 쓰레기와 각종 쓰레기 – 플라스틱 페트병, 심지어 옷들도 버리고 떠나버린다. 마을과 조금 떨어져 있어서 눈에 안 보이니 그렇게 쉽게 자연과 바당에 자기 마음대로 쉬고 놀고는 지저분한 흔적만 남겨 놓고 떠나버린다. 공식적으로 호텔이나 펜션에 똥오줌을 남기고 떠나버리는 것보다 은밀히 바당에 자신의 다 닳은 흔적을 남겨두는 것이 바당에게는 더 킹받는 일이다.

살기 위해서, 삶을 이어가기 위해 자연과 바당을 지키는 사람 따로 있고 놀고 즐기기 위해 자연과 바당을 함부로 하는 사람들이 따로 있다.

난 그곳이 깨끗하게 지켜지기를 희망한다. 자연, 바당이 자연, 바당을 스스로 지킨다는 것을 사람들이, 관광객들이 인식할 수 있는 제주도의 몇 안 되는 장소이다. 그래서 그곳을 조심스럽게 걸으면서, 머무르면서 그런 마음을 느껴 다른 곳에서도 제주의 자연과 바당에

다가갔으면 한다. 일명 마을 사람들을 제외하고는 사람들이 들어올 수 없는 자연 관광지, 자연이 숨 쉬고 자라는 곳을 보는 곳으로 했으면 좋겠다. 시간이 오래 지나도 가스코지 앞바당이 자연스럽게 자연과 함께, 사람의 시설과 멀리하면서 숨 쉬었으면 좋겠다.

물론 개인적인 경험과 생각이 될 수도 있지만, 제주에서 가장 많이 아픈 바당, 제일 죽어가는 바당, 백화현상이 가장 심한 바당은 아마도 고향 태흥리 애쀠리바당일 것이다.

앞에서 언급한 바와 같이 해조류가 사라지는 것을 단순하게 기온 상승, 해수 온도의 상승만으로 설명하기에는 부족하다. 그런데 태흥 바당은 다른 바당에는 없는 하수종말처리장, 양어장, 해안도로, 그리고 중산간에서 내려오는 오폐수가 직접적으로 바당으로 흘러 들어가는 구조로 되어있다. 애쀠리바당은 바당이 아플 수 있는 모든 구조, 인공물의 콜라보를 받아주는 곳이 되면서, 해조류가 제주 연안에서 가장 먼저 사라지면서 제주의 어느 바당보다 바당 죽음 선두에 서 있다.

바당이 아파서 죽어가면 제일 먼저 사라지는 것이 해조류이다.

그다음에는 해조류에 서식하는 생물과 물고기들이다.

바당은 그 죽음의 신호를 애쀠리를 통해서 우리에게 알려주고 있다. 그동안 해마다 서서히 끊임없이 신호를 보내주어도 그 말을 들어줄 사람이 없다.

마을 사람들의 아쉬움과 안타까움만 커져 간다.

행정은 어디에나 일어날 수 있는 백화현상으로 치부하고 이제는 기후 온난화, 기후변화로 그 원인을 돌린다.

바당만이 외롭게 모든 것을 떠안고 혼자 아파하면서 하루하루 버티어 오다가 어느 순간부터 자신을 포기해 버리는 것이다.

2010년대 초와 비교해 2020년대 초 제주에서 생산된 톳, 모자반, 미역의 전국 생산량은 95% 이상 줄어들고 우뭇가사리도 90% 가까이 줄어들었다.

시간이 좀 더 지나면 아니 내일이 될 수도 있다.

제주 바당의 해조류는 소멸이란 단어를 써도 전혀 이상하지 않을 것 같다.

어느 박물관에서 보거나 사람들의 입을 통해서 제주의 해조류가 다음 세대에 전해질 것이다.

돌 뜯어먹으면서

　제주 바당이 해조류가 하나도 없이 죽어가면서 바닷물 속 바닥이 하얗게 변화하는 현상을 일반적으로 우리는 갯녹음(백화현상)이라고 한다.
　'갯'은 '갯것이(갯가)'의 준말로 일반적으로 옅은 바당, 바닷가를 말하고, '녹음'은 해조류가 죽어가거나 유실되는 현상을 말하는 순수한 우리말 표현이다.
　해안의 과도한 개발과 오염 등으로 연안 암반에 사는 미역, 감태, 모자반 등 직립형 대형 해조류가 사라지고 무절 석회조류*가 암반을 뒤덮어 분홍색이나 흰색으로 보이는 현상이다. 무절 석회조류가 살아있을 때는 분홍색을 띠지만 죽었을 때는 흰색으로 보인다고 해서 '백화현상'이라고도 부른다.
　연안 해안 생물의 먹이, 산란장, 은신처인 해조류 군집이 사라지면 대부분 해양 생물들이 살 수 없어 자취를 감추기에 우리는 이를 '바다 사막화 현상'이라고 부르기도 한다.

　2007년 국립과학수산 사업 보고서에 따르면 물론 그 전부터 진행되어 오기는 했을 것이지만, 이 백화현상이 관측되어 기록으로 남은 것은 1998년 제주도 남부지역이 처음이다.

....
* 탄산칼슘 등이 많은 석회조류 중 가지가 없는 종류

제주 바당은 동해보다 수심이 낮고 암반이 많아 물이 가두어진 지역도 많다. 이는 해수 온도가 올라갈 수 있는 여지가 많고 특히 육상으로부터 오염물질이 유입되면 그만큼 쉽게 영향을 받는다.

백화현상은 제주바당에서만 나타나는 현상은 아니고 지금은 전 세계적으로 관측되고 있는데, 직접적인 원인은 해수 온도 상승이 가장 크다. 여러 관련 단체와 해양 연구가들은 제주의 백화현상은 육지의 남해, 동해의 주요인과 달리 제주 연안의 복합적인 요소를 갖고 있다고 한다.

육상 양식장 배출수, 하수종말처리장의 과부하와 같은 직접적인 요인 외에 연안 환경에 대한 복합적인 환경 스트레스 요인, 즉 과다한 비료 사용(7~8월 월동채소 파종기)과 맞물린 여름철 폭우로 인한 연안 해수 수질 변화, 일부 지역의 밀집된 축사, 총질소량이 높은 용출수, 해안도로, 항만 및 방파제 건설로 인한 끝없는 시멘트와 아스팔트 성분의 유입과 연안 난개발 및 해수 유동 변화 등 인간에 의한 해양 스트레스 레벨이 높아져 가고 있다.

제주에 관광객들이 많이 증가하고 더 증가시키려는 행정과 자본의 욕심을 결국은 제주 바당이 다 떠안은 결과가, 백화현상이다. 아이러니하지만, 마을마다 길이 포장되고 하수도 정비사업이 되고 중산간에 하천 정비사업을 하고 나서 이러한 현상은 더욱 심화된다.

제주 토양은 현무암질이다. 이는 물을 잘 흡수하고 모든 물을 지하수로 연결된다. 마을의 하수도 정비와 하천의 정비사업은 비가 오면 자연적으로 땅속으로 스며드는 물이 이제는 밭과 과수원이 각종 농약 성분과 사람들이 쓰고 난 온갖 흔적과 찌꺼기 국물이 조직적이고 체계적으로 바당으로 더 흘러가게 만든 것이다. 어떻게 보면 사람들의 작은 편리함들이, 문명들이 모여서, 우리들의 살아가는 모습이 바당을 아프게 하는 것이다.

제주 연안 전 지역은 갯녹음 현상이 심각하다.
아직도 자연만, 바당의 곶자왈 같은 곳은 그나마 나은데 사람들의 잔재와 찌꺼기가 있는, 하수종말철장, 양어장, 해안도로, 중산간의 오폐수 유입 하수관 등이 있는 바당은 그러한 시설들이 없는 바당보다 눈에 보일 만큼 심각하다. 이제는 키 큰 해조류가 사라지니 키 작은 산호말류, 홍조류가 포자를 번식해 암반을 가득 채우고, 그나마 남아있던 키 큰 해조류는 뿌리내릴 공간을 찾지 못해 완전히 사라졌다. 산호말류조차도 키 큰 해조류가 없으니, 햇볕과 풍랑에 그대로 노출되어 죽어버려 하얗게 암반을 덮어버린다.
악순환의 고리가 계속되고 있다. 게다가 제주도 남쪽의 서귀포에서 성산 지역은 기후변화에 따른 수온 상승과 대마 난류의 영향을 직접 받다 보니 갯녹음은 더욱 심각한 상황이다.

사실 난 내 삶이 바빠서 제주 바당, 고향마을 애삐리바당이 어떻게 변하고 있는지 알지도 못했고 그리 관심이 없었다. 내가 하고 싶은 일, 보고 싶은 것, 가고 싶은 곳을 추구하면서 제주가 아파하는 부분을 크게 간과하고 있었다.
어느 9년 전 봄날이다. 바당이 거의 다 죽어간다는 어머니의 말을 듣고는 애삐리바당에 갔다. 바당에 해조류가 없는 것을 확인하고는 어머니와 이야기하던 와중에 어머니가 말씀하셨다.
"골앙 뭐 허느니게? 느도 잘 알지 암암시냐. 애삐리는 감태랑 메역으로 과작허게 민짝해낭 어떤 때민 막 모수아나 신디. 이제는 풀 호나도 어성 허옇게 되부러져게. 게난 귀들도 먹을 거 어성으네 뭐 먹엄신디 알아지 크냐? 하도 먹을 거 어시낭 돌트덩 먹어멍 살암서. 경허난 귀 깡보민 알이 거멍허게 되부러쩌게! 경허곡 이상한 똥냄새지 뭔 추첩헌 냄새가 막나!

(말해서 무엇 하겠느냐? 너도 잘 알고 있을 것이다. 애삐리바당은 감태와 미역을 빽빽하게 도처에 널려 있어서 어떤 때에는 그것이 너무 무서웠는데, 지금은 풀이 하나도 없어서 바당이 하얗게 변했다. 그러니 성게들이 먹을 것이 없어서 무엇을 먹는지 알고 있니? 하도 먹을 것이 없어서 돌을 뜯어서 먹고살고 있다. 그러니 성게를 까서 보면 알이 검게 변해 있다! 그러면서 이상한 하수도 냄새인지 뭔 더러운 냄새가 심하게 난다!)"

성게알은 노랗고 탄력이 있었다. 근데 지금의 애삐리 성게는 먹을 것이 없어서 돌이나 돌에 붙은 이끼를 뜯어 먹다 보니 성게알이 검게 변했다는 어머니의 말을 듣고는 바당이 도대체 어떻게 저렇게 비참하게 변할 수 있는지 한동안 놀라움으로 어안이 벙벙했다.

한평생 바당을 붙잡고 삶을 지탱해 오신 어머니가 어느 순간 자신의 전부인 바당을 포기해야만 하는 이야기를 듣고는 커다란 충격이 내 머리를 쿵 때려 며칠을 내 몸과 마음을 경악으로 주저앉혀 버린다.

내 인생사에서 가장 큰 충격이다.

이삼일 지난 후 다시 애삐리바당으로 갔다. 애삐리 위에는 하수종말처리장과 양어장이 해안도로의 보호를 받으면서 바당의 주인이 된 것처럼 거만하고 오만하게 저 애삐리 먼바당을 바라보고 있다. 그동안 태흥리 바당은 모두 시멘트로 덮여있었다. 개마띠는 왜 그렇게 큰 포구가 되었는지, 울퉁불퉁한 개마띠 주위는 시멘트 운동장으로, 겡이왓은 체육공원으로, 해안도로는 태흥리 앞바당을 빙 둘러 애삐리 신흥리까지 이어지고 있다. 엄청난 문명의 혜택들이 위풍당당 바당에 놓여있다.

그런 와중에 애삐리바당, 고동여는 외롭게 혼자서 파도를 맞고 있다. 그 옛날 풍부함을 넘어서 제주 바당의 축복, 축제를 말해 주던 고동여는 이제는 파도와 부딪치면서 너무 초라하게 하얀 포말만 생산해 내고 있다.

그 주위를 보니 풀 한 포기, 아니 풀 하나도 없이 그렇게 파도의 포말만큼이나 하얗게 변해 있었고 어떤 곳은 바위와 돌들이 짙은 분홍색 빛을 띠면서 다른 세상에 와 있는 듯한 느낌을 주었다.

성게는 듬성듬성, 왠지 바당에서 초라한 퇴장처럼 보인다. 그 옛날 선홍빛으로 찬란하게 건강하게 빛나는 성게는 이상하게 뭍으로 많이 올라와, 고여 있는 물 웅덩이 근처까지 올라와 있다. 바당에 풀이 없어지니 이들도 난민들의 행군처럼 너무 지쳐서 며칠을 굶고 방향 감각을 잃고 무작정 발길을 뭍으로 향하는 것처럼 느껴진다. 성게를 한두 개 잡아 돌로 까보니 알이 하나도 없이 검은 물만 쏟아져 나오면서 어두운 하수도 냄새를 토해낸다.

애삐리를 보고 집으로 돌아오면서 길고 크나큰 방파제에서 낚시하는 무리를 찾아가 보니 그들은 습관적으로 낚싯대를 올리고 내릴 뿐 잡은 고기는 없다. 어릴 적 한두 시간에 몇십 마리 아니 백 마리 이상을 낚았던 곳인데, 방파제 위에서 바라본 바당 속도 마찬가지이다. 바당은 풀 하나 없이 그저 작은 물결만 치고 있다. 애삐리바당은 이제 사람들에 의해 문명의 편리함과 자본의 이기심으로 더 큰 그림만을 남겨 놓고, 그 속의 삶들은 바닷속 풀들이 사라지면서 아주 천천히, 조용하게 퇴장한다.

실제로 내 눈으로 바당의 죽음을 확인하고 마음이 불편한 상태에서 몇 달을 보내다가, 아들과 함께 제주 시내에 있는 고깃집에 갔다. 아들이 소개해 준 곳은 꽤 단가가 있는 곳이다. 그래서 그런지 몰라도 성게알이 반찬들과 함께 올라왔는데, 어머니 이야기처럼 반 정도는 검은색으로 변해 있었다. 전부 다 변한 것은 아니고 아주 짙은 두툼한 성게알이 아니고 흐물흐물한 노란색에서 검은색으로 변해가는 그런 성게알이다. 어머니의 그 이야기가 마음 한구석에 늘 자리 잡고 있어서 아픈 태흥 바당이 토해낸 눈물과 같아서 먹을 수가 없다.

왠지 그 눈물이 우리의 마음을 병들게 할 것 같아서 바라볼 수도 없다. 그래서 그것을 조용히 치워 달라고 부탁하고 나서 우리의 무거운 식사가 시작되었다.

아버지는 어촌계장과 수협 이사를 오랫동안 하셔서 마을과 서귀포, 제주 시내 해산물 생산에 대해서 나이가 있지마는 거의 다 알고 있다. 아버지는 성게 가격이 우리 마을에서 생산된 것이 제일 저렴하다고 한다. 우도에서 잡힌 성게가 제일 비싸고, 그다음은 구좌이고, 태흥리는 그다음 다음이라고 한다. 우도에 비해 kg당 2만 원 싸다고 한다. 그것은 바당이 살아있는 순위였다.

우리 초등학교 시절에 운동회에서 달리기로 등수를 정하듯이 바당에도 매해 자연스럽게 신선한 성게알 운동회가 열리는 것이다. 가만히 그 운동회를 들여다보니, 요새 초등학교 학생 수가 적어지면서 운동회에 달리기 시합이 사라지듯이 제주도 해산물 운동회도 곧 사라질지 모른다는 생각이 든다.

바당이 죽어가고, 그 속에 삶들이 사라져 가고, 열심히 달리던 해녀들도 이제는 운동장 바닥에 주저앉아 서로 지쳐 있는 자신들을 발견하고는 포기하듯이 삶의 바통을 스스로 내려놓고 있다.

애삐리바당은 파랗게 눈부시게 보여도 그 속에 삶들은 파랗지 않다.

바당 속이 하얗게 변해가듯 해녀들의 마음에도 백화현상이 들어앉아서 바당 속과 같이 하얗게 하얗게 타들어 간다.

어느 해녀의 말처럼

"이제는 태왁 노왕 조추게(이제는 태왁을 놓아야 좋을 것만 같다)."

바당에 풀도 없고 소라도 없고, 삶도 없고….

죽어가는 바당이 토해내는 하얀 울음만이 파도의 하얀 포말과 함께 허기진 성게가 외롭게 뭍으로 기어오르고 있다.

산호들의 서바이벌 전쟁

2025년 1월 유럽연합의 코페르니쿠스 기후변화관측국(C3S)뿐만 아니라 올해 3월 스위스 제네바에 있는 세계기상기구도 산업혁명 이전 대비 세계의 평균 기온은 1.5도를 넘었다고 발표했다.

지난 175년 관측 역사상 가장 높은 수치로 세계기상기구는 "2015년부터 2024년이 관측 이래 가장 뜨거운 10년이었고, 2024년에 그 기록을 경신했다"고 밝혔다.

제주는 지난 60년간 대기 온도가 거의 2도 상승했다.

이는 전 세계가 산업혁명 이전 대비 1.5도도 놀라운 수치지만 제주의 평균기온은 그야말로 브레이크 없는 가파른 상승이다.

제주 주변 해역 온도는 40년간 2.2도 올랐는데, 특히 겨울철 해수 온도는 40년간 거의 4도가 올랐다. 40년간 4도는 바다 환경에는 너무 가혹하다. 바다 식물과 생물이 버티어 낼 수 있는 정도는 아니다. 한번 올라간 해수 온도는 여간해서 내려오지 않는다. 제주 바당은 아열대로 들어섰고 열대 생물들이 많이 들어와서 착생하여 살아가고 있다.

연구기관에 따라 온도의 차이는 조금 있지만 제주의 대기 온도와 해수 온도가 최근 10년간은 특히 가파르게 상승하고 있고, 매해 기록 경신이다. 이 속도는 우리나라의 평균기온 상승 속도보다 훨씬 빠르다. 앞으로 온실가스를 줄이지 못하면 상승 속도가 멈추지 않을 것이라는 데 대부분 연구기관은 의견에 여지가 없다.

2024년은 제주지방기상청의 기상관측이 시작된 이래 가장 높은 연평균 기온을 기록했다. 2024년 제주도의 연평균 기온은 평년(16.1도)보다 1.7도 높은 17.8도였다. 특히 9월 평균기온은 평년보다 4도 높은 27.4도로 마찬가지로 역대 1위 월평균 기온을 보였다. 이는 가장 무더운 시기인 8월 평년 기온(27.5도)과 비슷한 수준이다.

여름철 고온이 9월까지 이어지면서 연간 폭염 일수는 평년(3.9일)보다 5.5배 많은 21.3일, 연간 열대야 일수도 평년(25.2일)보다 2.5배 많은 63.5일로 기상관측 이래 가장 긴 폭염·열대야 일수를 기록했다.

제주 바당은 우리나라 다른 바다보다 훨씬 뜨겁다. 국립수산과학원에 따르면 2024년 우리나라 바다 연평균 표층 수온은 18.74도인데, 이는 2023년도 가장 뜨거운 바다, 평균 18.09도보다 높고 지난 1968년 이래 57년간 최고의 기록이다. 이는 우리나라의 평균인데 제주, 특히 서귀포 인근은 20.3도를 넘었다. 2010년 전후, 제주 바당의 표층 수온은 8월 대략 24℃ 전후였는데, 최근 10년의 제주 바당 수온 변화는 비정상적으로 급격하다.

2024년 제주 바다는 심각한 고수온 현상으로 무려 63일간 표층 수온이 28도 이상을 유지했다. 서귀포 범섬 인근은 8월 평균 30도를 넘었다. 제주 남쪽 바당은 기상학적으로 이미 아열대 해역(수온 18도 이상이 연간 6개월 이상)이다. 2024년 수치로는 아열대를 넘어 거의 열대 바당이다.

2023년은 2022년보다 더웠고 2024년은 또다시 모든 기록을 바꾸어 놓았다. 이제는 걱정스럽게도 해마다 기록 경신은 자명하다.

  산호는 바당에서 참으로 중요하다.
  언뜻 보기에는 식물같이 보이지만 동물이다. 산호는 바닷속 해조류와 더불어 바다 생물의 다양성이 기반이 된다. 전 세계적으로 7,500여 종이 있으며 우리나라 바다에서는 170여 종, 그중에 120종 이상이 제주 연안에서 자란다.
  연산호는 '부드러운 산호'로서 영어로 'soft coral'이다. 제주 바당의 대표적인 산호 중에 연산호류(바다맨드라미류)는 분홍바다맨드라미, 큰수지맨드라미, 밤수지맨드라미, 자색수지맨드라미, 가시수지맨드라미, 부채산호류는 빨강별총산호, 둥근컵산호, 꽃총산호 등을 꼽을 수 있다.
  열대·아열대 아시아 태평양 지역의 주요 산호 군락지가 돌산호 중심의 '경산호(hard coral)'인 데 반해 서귀포 문섬과 범섬 등 제주 남부 해역은 경산호보다 연산호 군락지가 뛰어나며 국제적으로 희귀하다.
  연산호는 제주도 해양생태계 보전을 위한 깃대종이라 할 수 있다. 어릴 적 태흥리 개마띠에서 그물에 걸려 올라온 연산호는 그 자체만으로 굉장히 이뻐서 집으로 갖고 가서 물로 깨끗이 씻고 방 한쪽에 장식으로 나누곤 했다.
  연산호란 부드러운 겉면과 유연한 줄기 구조를 갖춘 산호를 통틀어 말한다. 제주 남부 연안의 연산호 군락을 구성하는 산호충류는 무척추동물로 바다의 꽃이라 불린다. 특히, 연산호류는 육상의 맨드라미를 닮았으며 부드러운 동물체로 수축·이완 상태에 따라 크기 변화가 심하다. 연산호 군락지에는 돌산호류, 각산호류, 해양류 등의 다양한 산호류가 다양한 형상으로 어울려 서식하고 있다.

제주 남부 해역, 특히 서귀포 섶섬, 문섬, 범섬 등 서귀포 해역과 형제섬 일대의 송악산 해역은 2004년에 천연기념물 제442호 제주 연안 연산호 군락으로 지정된 곳이다. 문화재청은 연산호의 가치에 대해서 "특히 송악산 및 서귀포 해역은 세계적으로도 희귀한 연산호 군락의 자연 상태를 전형적으로 잘 보여주는 특징적인 곳으로 분포상 학술적인 가치가 매우 높다"라고 설명한다. 즉, 제주바당은 일반적으로 연산호 군락지가 풍부하게 관찰되며 열대, 아열대 지역에서 산호초를 구성하는 일부 경산호와 공존하는 양상이었다.

그러나 2020년 전후를 기점으로 열대·아열대 경산호 생태계가 급속히 확산하면서, 서식지 경쟁에서 우위를 점하는 경향을 보여주고 있다. 아열대 산호 종류인 빛단풍돌산호, 거품돌산호 등 돌산호류가 상당히 빠르게 제주 남쪽 바당에서 확산되고 있다. 그중 그물코돌산호는 제주 바닷속 생태계가 얼마나 아열대화됐는지 가늠해 볼 수 있는 지표종이다.

국립수산과학원 제주수산연구소에 따르면 주위 바당이 따뜻해지자 2014년 6.6cm의 그물코돌산호는 추운 겨울에도 죽지 않고 계속 자라 10년이 되자 30cm가 훨씬 넘게 잘 자란다 기록하고 있다.

매년 수온이 상승하는 5월경(평균 수온 17℃ 이상) 서서히 성장하기 시작, 수온이 26℃에 달하는 고수온 기인 8월에 성장 속도가 더욱 빨라지는 것이다. 그물코돌산호는 2010년 전후 제주 남부 해역에서 일부 확인되었는데, 10년이 지난 지금은 제주도 전 연안에 확산, 분포하여 살아가고 있다.

그뿐만 아니라, 이러한 돌산호는 포자 방출 시 연산호와 달리 일회성이 아니라 5~8월 사이에 틈틈이 자주 방출하는 모습이 확인되었다. 어마어마하게 빠른 속도로 성장하고 확산되고 있다는 뜻이다.

아열대 돌산호류가 빠르게 북상하면서 제주바당에 원래 서식했던 연산호류의 서식지를 대신 차지하고 있다. 그물코돌산호가 연산호를 주변으로 밀어내고 있다.

좀 더 넓게 보자면 돌산호, 연산호 등 산호충류의 북방한계선이 점차 북상하고 있다. 제주 북부의 북촌과 함덕의 수심 깊은 곳까지 연산호 군락이 대규모로 확인되고, 산란과 번식을 통한 서식지의 지리적 이동이 나타나는 것이다. 그물코돌산호는 원래, 대만, 필리핀, 호주 등 아열대 바다에서나 볼 수 있었는데 지금은 제주 전역에서 자리를 빠르게 자리를 잡아가고 있다.

이런 아열대수종인 그물코돌산호가 자라면 해조류들이 사라진다. 다시 말하면 제주의 바당 숲이 사라지고 있다는 것이다. 실제로 미역, 감태, 모자반 등 해조류들은 겨울철 해수 온도가 15도 이하에서 잘 자라고 여름인 6~8월 해수 온도가 27도가 넘어가기 시작하면 해조류 자체에 커다란 변화가 나타나면서 튼튼하지 못한 것은 죽고 29도가 되면 녹아서 사라진다. 그물코돌산호는 여전히 29도에서도 문제없이 잘 자란다.

2024년 8월, 9월은 제주 바당, 특히 서귀포 인근, 특히 연산호 군락지의 바당은 아주 뜨거웠다. 거의 참사 수준이다. 연산호는 마치 얼어있다 녹아내리듯이 아래로 쳐지면서 바위에서 떨어져 죽거나, 가루처럼 부서지면서 처절하게 죽어 나갔다. 그 모양만으로도 가히 끔찍하다.

경산호인 빛단풍돌산호도 뜨거운 바당을 견디지 못해 하얗게 변하다가 생을 마감한다. 물론 서귀포 바당의 참사는 적도 바다에 올라온 해류가 너무 뜨거워진 원인으로 앞으로 올해, 내년에도 이렇게 해수 온도가 상승하면 연산호, 경산호 모두에게 환경적으로 제주 바당에서 생존하기가 어렵다는 것을 말해 주고 있다. 그만큼 해수 온도는 혁명적으로 오르고 있다.

서귀포 문섬 앞 바당의 최저수온은 보통 2월 말이나 3월 초에 최저로 내려가는데 25년, 30년 전에는 13도까지도 내려간 적이 많았는데 지금은 17도 밑으로 내려가지를 않는다. 그래서 해조류들이 살 수 없는 환경이 된 것이다. 모자반은 겨울철 15도 이하에서 일주일에 보통 30cm 이상 자란다. 지금은 모자반이 4~5cm도 자라지 못한다. 그저 바위에 붙어만 있어도 바당 생물에게 고마운 시간이다.

바당이 변하는 것은 시간이 변하는 것이다.

역으로 시간이 너무 빨리 변해서 그 속에 살아가는 생물도 변화하고 진화할 수 있는 시간과 여유를 주어야 생물 다양성이 유지된다. 지금 제주 바당은 생물들이 변화에 적응할 수도 없을 정도로 빠르게 변화하고 있다.

보통 산호가 들어서면 새로운 생명의 다양성이 들어선다. 그런데 제주 바당의 변화는 새로운 생명의 다양성을 몰고 오는 것이 아니라 오직 물의 변화, 시간의 변화에, 사람의 때 국물에 살아남을 수 있는 강한 종들만이 이주해 오는 것이다. 생명이 다양성을 보장하는 것이 아니라 생명의 희소성을 약속하는 바당으로 변하고 있는 듯하다.

연산호가 군락이 점차 북상하면서 그 근거지로 살았던 생물들도 제주를 떠나고 있다. 제주의 관광객과 행정이 이들의 북상에 바람을 넣어주고 있다. 그 북상의 속도는 앞으로 더 빨라질 것이다.

이대로 가다 보면 제주 바당 전체가 북상할 것이다.

남은 바당에 우리는 적응해 나가야 하지만 굳이 적응할 필요가 없어질지도 모른다. 바당에 생물 희소성으로 우리가 알고 있는 생물이 다 떠나, 새로 적응하는 시간이나 가치보다 그냥 바당을 포기해 그림으로만 볼 확률이 높아져만 가고 있다.

어느 해녀가 초점을 잃은 시선으로 바당을 보며 이야기한다.

"영 바당이 똣똣허게 익어가민 누게가 왕 살아게, 나도 안 살아 짐 직해여(이렇게 바다가 따듯하게 익어가면 누가 와서 살까? 나도 안 살 것 같다)."

구멍갈파래의 공습

나의 어린 시절에는 구멍갈파래가 없다.
파래라고 하면 으레 실타래처럼 가느다란 것이 내가 알고 있는 파래이다. 마을 사람들은 개마띠 깨끗한 산물이 흐르는 옆에서 파래를 채취해서 먹는다. 어느 때부터인가 바당에 구멍갈파래들이 즐비하게 자라고, 어느 해에는 구좌읍 마을 포구 하나를 전부 뒤덮고 있다. 이는 구좌읍 어느 포구만의 문제가 아니라 제주도 전역으로 확산되고 있다.

구멍갈파래는 녹조류의 하나로 식물체의 기부는 물결 모양으로 꾸불꾸불하게 휘었지만 위로 갈수록 넓게 펼쳐진다. 성숙했을 때 보통 5센티미터 크며 수 미터까지 자란다. 육상에 올라온 구멍갈파래는 햇빛을 받아서 하얗게 말라죽은 것 같이 보이지만 그 속을 헤집어 들여다보면 여전히 녹색이 그대로 있고 엄청난 악취를 풍기는데, 죽은 것은 아니고 바닷물이 들어오면 다시 잎 면이 녹색으로 변한다.
바다환경지킴이 활동을 하면서 자세히 지켜보니 이전에는 여름이 다가오면서 나타나기 시작했는데 이제는 3월경부터 나타나 11월까지 거의 일 년에 반 이상이 구멍갈파래 천지다. 심한 곳은 사시사철 상주해 있다.
해안도로를 따라다니다 보면 특히 양어장 배출수 주변이나 인공적으로 물을 차단하여 인공연못을 만든 곳이면 어김없이 구멍갈파래들의 고향이 되어버린다. 특히 여름이 다가오면 해수가 고여 있거나 막혀 있는 곳에만 나타나는 것이 아니라 뻥 뚫린 전망 좋은 해수욕장 모래사장을 전부 다 뒤덮은 것도 이제는 구멍갈파래의 수영 루틴이 되고 있다.

김녕이나 월정 해수욕장의 구멍갈파래를 치울 때면 어김없이 관광객이 다가와서 "이거 미역인가요?"라고 묻는 경우들이 있다.

구멍갈파래는 기후 온난화, 기후변화와 연안 오염의 산물이다. 당연히 육지 사람들은 모를 수 있다. 어쩌면 한국의 보통적인 삶인지도 모른다는 생각이 든다. 가끔 난 그들의 삶을 부러워해 본 적이 있다. 바당의 변화를 모르면 바당을 덜 걱정하게 된다.

사실 구멍갈파래는, 꼭 그것뿐만은 아니지만, 제주가 2000년대 초 국제자유도시를 표방하고 나서부터 제주 연안에 생기기 시작한다. 처음에는 그렇게 심하지 않았다. 눈에 띄게 심해진 것은 2010년도 중반부터. 제주 연안은 3월부터 8월 사이가 초록색으로 덮여간다. 2014년부터 제주도에서 수거하기 시작하였는데, 2014년에는 1,912톤을, 2023년에는 8,300톤을 수거하였다. 이것은 어디까지 수거일 뿐 아마 전체 발생량의 3분에 1도 안 될 것이다.

성산 신양해변과 구좌 종달리 해변의 파래는 이제는 거의 일 년 내내 상주해 있어 마을 사람들이 계속 치우다가 모든 장비와 마음을 놓아버린 상태이다. 신양해변의 구조를 자세히 보면 양어장 배출수가 끊임없이 나오고, 포구와 해안도로의 시멘트에 둘러싸여 가두어진 바닷물의 온도가 계속 상승해 파래가 발생하는 것을 눈으로 확인할 수 있다.

이 밖에 내가 지켜보고 바라본 장소의 구멍갈파래 창궐은 모두 대동소이하다. 제주도가, 행정이 아열대 종을 결과적으로 수입한 것이나 마찬가지다. 관광이 우선인 제주가 해안도로를 뚫고 그 그림을 관광객들에게 보여주고 싶은 욕심에 인공물로 자연의 구조를 바꾸고, 다른 자본의 욕심들이 더해지니, 기존 생물은 변화된 환경에 사라지고 구멍갈파래가 연안의 대장이 된 것이다. 사람과 차량은 바당과 가까워지면 질수록 자연은 저 멀리 도망가 버린다.

구멍갈파래는 우점*에서 단일종으로 폭발적으로 번성한다.
이는 생태계 자체가 건강하지 못하고 아픈 것이라 볼 수 있다. 구멍갈파래가 발생하면 인근에는 어떠한 해조류도 살 수 없다. 이 갈파래 자체로는 유해 성분은 없으나 바당의 염 양분, 특히 질산염을 다 빨아들여 흡수하는데 엄청 빨라서 다른 해조류가 성장할 기회를 제공하지 않는다. 그리고 이 구멍갈파래를 먹고 서식하는 생물들은 극히 제한적이고 사람들에게 별로 도움이 되지를 않는다. 이들이 대 번성하면서 건강한 먹이사슬의 서식 환경이 자연스럽게 파괴된다. 그래서 해마다 제주도 전 지역으로 영역을 확장하고 있다. 이렇게 되면 좋은 생물들은 사라지고 안 좋은 생물들 소수 종, 환경에 맞는 생물들만 남게 된다.

유감스럽게도 그 옛날 감태와 듬북은 밭작물에 좋은 거름이 되었는데, 지금 농사를 짓는 사람들은 관심도 없다. 지금은 좋은 대체 비료가 많다. 바당에서나 육상에서나 구멍갈파래는 거의 쓸모가 없는

....

* dominance: 어느 한 지역에서 주류를 이루는 것

녹조류일 뿐이다. 여러 연구기관이 이 녹조류에 달려들어 그 효용성을 현미경으로 들여다보지만, 아직 거의 '0'이다.

구멍갈파래가 해안가를 뒤덮을 만큼 급증하는 원인에 대해 제주보건환경연구원은 "담수에서 유입되는 질산성 질소와 주변 양식장에서 유입되는 인(p) 성분이 영양물질로 작용하기 때문"이라고 밝힌 바 있다. 또한, 제주보건환경연구원은 "구멍갈파래가 해안에 퇴적되고 부패하면서 모래층에 침투된 영양염류는 다시 바다로 유입되는 재공급 과정을 거친다. 이 영양염류는 구멍갈파래에 직접적으로 흡수되면서 성장을 가속화하여 악순환이 반복된다"라고 한다.

제주 해안가에 구멍갈파래가 급증하는 악순환을 막으려면 양식장 배출수, 생활 오폐수 등 주요 육상 오염원에 대한 관리와 규제가 필요하다. 특히 양식장이 집중된 제주 동서 해안가에 구멍갈파래 급증 현상이 나타나는 것에 주목해야 한다.

현재 제주에는 400여 개의 육상 양식장이 설치, 운영 중이다. 해안선 총길이가 약 254km인 제주에 평균 500m마다 1개소의 양식장이 분포되어 있다. 1996년 117개소, 2001년 242개소, 2017년 말 464개소로 급증하였으며 제주 양식장에서 현재 국내 광어(넙치) 소비량의 약 60%를 생산하고 있다. 제주 양식장 대부분은 지질 구조상 기저 지하수가 분포된 동서부 해안지역에 집중되어 있다. 사료 찌꺼기와 물고기의 대사 활동으로 인한 유기물과 질소 부산물이 섞인 양식장 배출수는 바당으로 바로 유입되어 연안 수질이 오염된다.

그렇다. 양어장 배출수는 암모니아 성분이 많이 포함된 질소가 많이 함유되어 있어서 연안에서 부영양화를 일으키는 대표적인 원인으로 알려져 있다. 그렇게 바닷물이 썩고 온도가 올라가면서 구멍갈파래가 발생하는 것이다.

어떻게 보면 제주 연안의 부영양화는 국제자유도시를 표방한 2000년대 이후부터 개발 고속도로를 달려오면서 조금씩 문제화되기 시작했다고 볼 수 있다. 정작 무엇이 국제자유도시인지 모르겠지만 제주에서는 그동안 잘 볼 수 없었던, 아열대 나라에서나 잘 자라는 구멍갈파래가 제주 국제자유도시라서 무비자라서 들어온 것은 아닌지 모르겠다. 언제부터인가 제주 바당은 녹색의 점령자, 폭군이 지배하는 세상이 되어버렸다.

우리나라 정치인들은 참 선견지명이 뛰어나다. 국제자유도시, 무비자 지역을 표방하니 수많은 사람들, 북반구(선진국) 사람들보다는 남반구(개발도상국) 사람들이 살기 위해 찾아오게 만들더니만 이제는 바당으로 온갖 식물과 생물들도 비자 없이 들어온다.

그래도 사람은 한 달이라는 기간이라도 있지, 바당 생물은 영구적으로 제주 바당에 살러 들어온다. 그것도 남반구 사람들과 똑같이 남반구 생물들이 비자 없이, 검색대를 그냥 통과한다. 아열대 구멍갈파래가 들어오더니 이제는 온갖 산호와 색깔을 칠한 고기들까지. 그러면서 토종 해조류와 생물들이 그들에게 자신의 공간을 내주고 새로운 영역을 찾아 사라져 간다.

물론 이렇게 급격하게 바당의 환경이 변하는 것이 우리 제주 바당만의 일은 아니다. 세계 곳곳에서 일어나고 있는데, 얼마 전에 TV를 통해 튀르키예의 최대 휴양지 예니카프 항구를 중심으로 마르마라 해안에 이상한 해조류가 점액질을 방출하면서 하얀 점액질로 뒤덮인 것을 본 기억이 있다.

현지 해양학자는 기후변화로 1.5~2도 해수 온도가 상승하면서 과도한 질소와 인이 함유된 오염물질과 부영양화 원인 물질이 들어오자 연안에 이상한 플랑크톤이 발생한 것이라고 했다. 연안의 오염원은 플랑크톤을 키우는 양분이 되는데, 이들이 소멸할 때는 엄청난 산소를 소비한다. 그 결과 해양에는 산소가 고갈되어 생명이 살 수 없는 지경에 이르게 된다. 이름하여 '죽음의 바다(dead zone)'가 된다는 것이다. 바닷물 속에 산소가 줄어들고 있는 것은 바다 생물에게는 재앙이다. 남의 일이 아니다.

이미 제주 바당도 일부는 죽음의 바다 경계의 초기에 들어가지 않았을까? 제주 바당에서 탄소를 흡수하고 산소를 배출했던 해조류들이 전부 사라지고 산소의 공급원이었던 작은 뻘들도 공유수면을 개발하면서 시멘트로 다 뒤덮여 갔다. 갈수록 제주 바당 수온은 높아져 가고 있는데 이는 바닷물 속에 녹아있는 산소마저 없애고 있다.

자연보호 국제 연맹(IUCN)에 따르면 전 세계에서 해양 생물이 살 수 없는 죽음의 바다가 1960년대에는 약 45곳이었는데, 기후 위기와 함께 인류의 개발과 바다로 오염원들을 배출함에 따라 2022년 700여 곳으로 늘어났는데, 실제로는 관측되지 않은 곳이 많아 이보다 많은 바다가 죽음의 바다로 변했을 것이다.

해양 생명이 살 수 없는 바당에는 결국 사람도 생존이 어려울 것이다.

자연, 바당이 없는 제주는 상상할 수도 없다.

구멍갈파래가 제주도 해안 전역을 뒤덮어 가고 있는 것은 자연의 조용한 경고인데, 모두들 이것을 해수 온도의 상승으로 인한 아열대종으로만 여기는 것 같다. 바당은 어느 순간 구멍갈파래 이상으로 어떤 형태로든 제주에게 더 큰 경고를 보내지 않을까?

한순간에 우리는 죽음의 바다를 목격하게 될지도 모른다.

김녕에서 월정 해안가를 걷다 지나다 보면 정말 신기한 장면을 목격했다.

거기는 양어장 배출수 나오는 곳과는 조금 떨어져 있다. 바닷물이 자연, 바위와 풀에 둘러싸여 있는 곳에서는 그냥 자연, 깨끗한 바닷물이 고여 있었고 바로 50m 옆 해안도로와 시멘트가 포장된 바당에는 구멍갈파래가 많이 창궐해 있었다. 자연이 자연을 막으면 그것도 자연이 되지만, 인공물이 자연을 막으면 자연은 아파하고 신음하고 있다는 것을 우리에게 보여주고 있다.

자연은 자연스러울 때가 최고의 자연이다. 어느 순간부터 사람에게 자연은 최고의 고급 품목이 되고 있는데, 그것은 자연에게도 마찬가지란 생각이 든다.

자연에도 바당에도 자연이 최고의 품목이다.

그런데 자연은, 바당은 스스로 자연을 구매할 수 없다. 우리가 깨끗한 자연, 바당을 만들어서 자연, 바당에 돌려주면 자연은 우리에게 신선한 더 많은 산소를 뿜어내는 자연을, 바당은 안전한 더 많은 해산물을 돌려줄 것이다. 좋은 그림과 휴식도 함께.

물론 지극히 개인적인 생각일 수도 있다.

우리가 바당에 자연을 부여하지 않으면 우려스러운 것은 앞으로 지금의 환경에서 제주의 대기 온도와 해수 온도가 더 올라가 버리면 이 쓸모없는, 악취 나는 구멍갈파래마저 전부 다 녹여버리지 않을까?

그래서 제주에는 지금 거의 사라진 전통 해조류뿐만 아니라 정체불명의 구멍갈파래 등도 완전히 사라지는, 그야말로 해조류 없는 민둥 바당이 되지 않을까 하는 두려움이 있다.

해조류가 없는 민 바당이 오기 전에 악취 나는 효용가치가 없는 구멍갈파래, 이 녹조류도 지금 있다는 것도 고마운, 그래서 바당을 더욱 소중하게 생각해야 한다고 바당이 우리에게 경고하는 것은 아닐까?

민둥 바당이란 단어만 들어도 끔찍하다.

자연은 스스로 백화현상을 만들지는 않는다

최근 20년간 제주 바당은 엄청난 변화를 겪고 있다.

이 기간 제주가 변한 것이 있다면 제주를 찾는 관광객이 1,000만을 넘었고, 인구 유입으로 도로는 넓어지고, 차량들은 정체되고, 건물들이 지어지고, 비행기가 하늘에서 줄 서고, 제주 자체가 구석구석까지 소비 즐거움의 배경으로 자연과 바당이 뒤에 서 있다.

지금은 해마다 1,400만 대 관광객이 제주를 방문한다. 관광은 굴뚝 없는 산업이지만 언제부터인가 오버투어리즘으로 굴뚝 산업보다 더 많은 부작용과 부정적인 영향을 주변 환경과 주민들에게 돌려주고 있다.

이탈리아 피렌체는 지금 원래 살고 있던 사람보다 경제활동을 위해 찾아온 사람들이 지역주민을 대체하고, 원주민들은 관광객 그만 오라고 피켓을 드는 일까지 벌어지고 있다. 그 목소리를 들어주지 않자 사람에 지쳐서 스스로 떠난다는 BBC 환경 리포트를 읽은 기억이 있다.

제주도 마찬가지이다.

준비가 안 된 상태에서 갑자기 밀어닥친 관광객으로 제주의 자연, 환경, 바당이 모든 것을 다 받아내야 하는 상황으로 몰리자 어떤 사람들은, 어떤 자본은 주머니가 채워져 가지만 자연과 바당은 아플 수밖에 없는 구조에서 사람들에 의해서 서서히 고립되어 가고 있는 것처럼 보인다. 특히 바당의 상태는 4기 말 암 환자같이 스스로 버틸 수 없는 상황이다. 그 심각성과 위태로움은 오직 그 바당의 축복과 자연을 경험한 사람들만이 알고 있다.

그런데 그들의 목소리는 점점 늙어가면서 탄식만이 서로에게 메아리친다. 제주를 즐기고자 하는 목소리만 강해지면서 그들은 온갖 방법으로 어떻게 제주를 즐길 것인가에 강한 연대감과 동질감을 만들어 가면서 거침없이 젊고 강하게 세상으로 퍼져간다. 제주의 행정과 언론, 심지어 제주에서 경제를 이용하는 사람들도 모두 젊고 강한 목소리를 쫓고 찾아가고 있다.

제주의 늙은 목소리에 조금이라도 힘을 실어주는 사람들은 육지에서 제주의 자연과 바당이 좋아 제주의 삶을 이어가고 싶어 제주로 이주해 온 사람들이다. 그러나 그들 역시 목소리가 늙어버려 젊고 강한 목소리에 묻혀버린다.

젊은 목소리를 따라가고픈 제주 행정은 지금 제주 연안에서 벌어지는 제주의 삶, 문화와 정서를 무너뜨리는 심각한 백화현상(갯녹음 현상)에 대하여 방관자적 태도를 취하고 있는 듯하다. 그저 바당의 백화현상으로 모두가 죽어버렸다. 이렇게 되어버린 원인은 기후 온난화, 기후변화로 인한 것이라는 선택적 합리화를 하고 있을 뿐이다.

바당에서 삶을 이어가는 해녀들이나 어부들은 그 심각성이나 바당의 아픔을 누구보다 더 실감하는데, 제주의 언론이나 행정은 그저 기후 온난화 현상으로 치부하고 넘어가 버린다. 그것은 제주를 향한 젊은 목소리에 동조하는 것이라고 생각한다.

행정은 지속적인 현상을 인지하는 데도 제일 마지막이고, 그것을 인정하는 데도 주저하며, 있는 그대로 바라보지도 듣지도 못하고 젊은 목소리에만 귀를 열고 그들의 숫자와의 관계성만을 고려하고자 한다. 인정하는 자체만으로도 행정은 큰일을 했다고 생각하고, 그 원인과 원인을 치료해 가는 데는 인정하는 시간만큼 또 주저한다.

　제주 행정은 자연과 바당의 아픔이 덜 알려졌으면 하는 마음이었는지도 모른다. 아니면 애초부터 그런 개념도 없었을지도 모른다. 있었으면 관광객이 많이 찾는다고 해서 똥물이 바당에 넘쳐나지도 않았을 것이고 쓰레기를 처리하지 못해 오름이 되는 것을 방치하지도 않았을 것이다.

　어느 순간부터는 모든 원인은 사람들의 무분별한 행위의 결과에 대하여 행정은 그 이상의 오류와 게으름으로 스스로 돌아보는 데는 주저하고, 인정하기 쉬운, 책임을 돌리기 부담이 없는 기후 온난화, 기후변화를 주범으로 만들어 가고 있다. 그 주범에 대해서는 받아들일 수밖에 없는 선택적 합리화로 어쩔 수 없는 것으로 여기자, 그 주범은 더욱더 힘을 받고 스스로 더 커지면서 최고의 힘을 가진 괴물이 되어간다.

　다른 한편으로는 자본을 위해, 자본 때문에 행정이 스스로 지금까지 머뭇거리면서 그들의 눈치를 본 것이 아닐까 하는 생각이 든 적도 많다.

　제주 연안에는 지금 400여 개의 육상 양어장이 성업하고 있다. 2022년 제주 행정에 이 양어장 배출수에 대하여 성분 분석을 하는지, 그리고 하면 얼마 만에 하는지, 성분 분석 위반으로 행정처분을 받은 곳은 얼마나 되는지, 제주가 아파하는 부분에 대하여 행정은 어떠한 노력을 지금까지 하는지 제주 행정에 정보공개를 청구했다.

정보공개 청구의 결과는, 행정이 바당을 대하고 관리하는 형태는 놀라우면서 실망스럽다. 행정은 육상 양어장에 대하여 2년마다 한 번씩 정기 수질 검사를 하는데, 그 날짜는 미리 알려져 있고 거의 형식적인 검사로 관리한다. 보여주기 위한 그야말로 전형적인 관료적인, 공무원식 정기 검사다. 수질 검사라기보다는 탁도 측정 검사라고 해도 무방하다. 매해 위반 업장은 전체 양어장 중 2012년부터 2021년까지 총 16개소이다. 일 년에 한두 곳이 보통이고 2014년은 3개소, 2015, 2017년은 0개소다.

제주의 행정 행위는 양어장 주변에는 거의 문제가 없다고 말해 주는데, 이런 결과면 양어장 주변의 바당은 썩은 냄새로 진동하지 말아야 한다. 그런데 해녀를 포함한 마을 사람들, 심지어 관광객들도 양어장 주변에서 벌어지는 일을 보고는 정말 심각하다고 이구동성으로 이야기한다.

정말 지금까지 법대로 잘했는지도 의문이다. 사실 물관리법이 있기는 하지만 양어장을 규제하고 오염물질을 확인하고 행정 처분해야 하는 실질적인 법 규정 자체가 없다. 지방 조례나 규범도 없다. 제주 행정은 지금까지 기르는 어업을 육성한다는 명목으로 양어장을 지원하는 데만 전력을 쏟아부어 왔을 뿐이다. 요즈음 들어(2024년부터) 많은 사람과 환경 단체가 양어장 문제를 언급하자 이제야 조례를 제정하여 배출수 관리를 한다 안 한다 말이 들리고 있다.

행정은 자신들이 허가를 준 부분에 대하여 그것으로 인하여 자연과 바당에 최악의 조건을 제공하는 원인을 인지하는 데도 꼴찌이고, 그 원인을 처방하는 데도 꼴찌보다 더 뒤처져 있다. 가끔은 솔직하게 지방세를 낸 것이 아깝다는 생각이 든 적이 많다.

  2022년 12월 바다환경지킴이 활동을 하던 중 마을 하수 펌프장으로 하수가 흘러나와 인근 바닷가를 하얗게 덮은 것(하수 슬러지 추정)을 보고는 국민신문고를 통하여 원인 규명을 해달라고 민원을 넣었다. 상하수도 본부 담당 공무원에게 구두로 부연 설명을 다시 하고 성실하게 조사해 줄 것을 요청했다.
  여기에 이렇게 발생한 것이 한 번도 아니고 적어도 일 년에 20~30회 발생했다고 내가 본 것을 있는 그대로 알려주었다. 그러자 담당 공무원은 관련 기관과 전문가들과 함께 조사한 다음 알려주겠다는 내용을 회신했다. 그러나 지금까지 민원을 제기한 당사자인 내게 어떤 결과도 통보해 주지 않고 언론플레이를 하면서 백화현상이라고 단정지어 버렸다.
  하얀 하수 찌꺼기, 슬러지 추정이 발생된 지점은 항상 바닷물이 잠기는 곳이 아니라 만조에만 잠기는 곳이다. 백화현상은 바닷물 속에서 진행되는 것인데 참으로 어이가 없다. 담당 공무원들이 개념이 없다고 느껴졌다.
  나는 두 눈으로 정확하게 본 것을 있는 그대로 하나의 입으로 이야기했는데, 관련 공무원들은 나보다 백 개의 눈들과 수십 개의 입을 갖고 있었다. 그것이 현실의 차이를 만들 수 있다는 것을 실망스럽게 받아들일 수밖에 없지만 그렇다고 내가 본 것을, 나의 가치를 취소하고 싶은 생각은 전혀 없다.
  제주 행정이 말하고 있는 것처럼 제주바당에서 일어나고 있는 대부분 현상은 백화현상과 관련이 있다. 틀린 이야기는 아니다. 나도 그렇게 받아들이고 있다. 제주 연안에서 발생하는 백화현상은 사람들이 살아가는 행위가 주연이고 행정이 조연이다.

바당에서 삶을 함께하는 해녀들은 바당이 자신들보다 빨리 늙어간다며, 누군가의 물리적인 힘에 해녀 생활을 하는 날도 얼마 남지 않았을 것 같은 체념과 원인을 제공한 양어장, 하수종말처리장 시설에 대한 원망이 클 수밖에 없을 것이다. 그러나 또 물때가 되면 그녀들은 어김없이 바당으로 향한다. 설사 내일 물질을 못 한다 해도 오늘 바당에 가서 무엇을 잡을 수 있을 것 같은 기대감으로, 삶의 루틴으로, 자신의 삶에 대한 의무감으로, 그리고 여전히 가족을 위한 책임감으로 관광객들이 주차한 렌터카 사이를 지나 바당으로 향한다.

그들에게 있어 바당이 죽어가는 백화현상은 어쩌면 해야만 하는, 평생 해온 물질을 여기서 어쩔 수 없이 자신의 의지와 상관없이 끝낼 수 있다는 체념도 조금씩은 있는 것 같다. 그래서 스스로 그 힘든 세월을 중단하고픈 마음도 조금씩 내비치지만, 그래도 죽어가는 바당에 대한 실망에 비하면 아주 작은 부분이다.

겨울철 바당에 쓰레기가 많이 올라오면, 바당에 종사하지 않는 마을 사람들과 관광객들은 대부분 지나쳐 버리지만, 해녀들은 나와 함께 걱정해 주고, 바위에서는 걷기도 힘든 몸 상태지만 그 많은 쓰레기를 함께 치우겠다고 추운 날씨에 팔을 걷어붙이려고 한다.

그것이 그들의 진짜 마음이다. 바당을 사랑하고 자신의 일상을 지키고 싶은 마음, 적어도 자신의 힘이 다하여, 물질을 할 수 없는 순간까지 그들은 바당과 함께하는 동반자적인 마음을 갖고 있다. 제주에서 그녀들만큼 바당을 사랑하고 운명 공동체적인 삶을 살아가는 사람들은 없다.

  바당을 향하는 젊은 목소리의 즐거움에 귀를 여는 것도 중요하지만, 바당을 바라보는 또 다른 마을의 늙은 목소리의 삶, 일상에 한 번쯤 집중해 보는 것도 꼭 필요하다. 그래야 후에 더더욱 젊은 목소리들이 제대로 바당을 바라보고 경험하고 즐길 수 있다.
  지금 행정이 목청 높이는 백화현상의 목소리는 관광을 위한 자신들의 관료적인 노력, 책임이라고 스스로 치부하지만, 그것은 앞으로 젊은 목소리를 줄어들게 만드는 일종의 안일한 자신들의 게으름이지 않을까 하는 생각이 든다.

3장 / 부서진 바당,
생명의 경계에서

누군가의 많음으로 누군가는 닳아지고

왜 해수 온도가 올라갈까?

대기 온도가 올라가서 그렇다. 바당은 지구 대기 열의 90~95%를 흡수한다고 알려져 있다.

그럼 누가 대기 온도를 올리는 것일까?

탄소다. 결국은 사람이다.

사람들이 많이 모이고 살아가기 위해서 그럴 수밖에 없다고 스스로를 합리화한다. 언제부터인가 제주는 관광으로 사람들이 와야 제주가 살 수 있다고 모든 행정과 관련 사람들이 사람들을 끌어모으는 데 열을 올리고 있다.

제주도에는 화석연료를 사용하는 2차 산업은 거의 없다. 다시 말해 온실가스를 유발하는 공장이나 산업은 없다. 그래서 제주 행정은 일찍이 청정 제주라고 사람들을 현혹해 왔다. 교통수단 중 가장 많은 온실가스를 방출하는 것은 무엇일까? 비행기다. 항공기는 기후 온난화의 전체 3.5%를 기여한다. 같은 거리를 운송할 때 자동차보다 많게는 80배, 열차나 선박보다 7배가 넘는 온실가스를 배출한다고 어느 보고를 읽은 기억이 있다.

제주도 관광객 이용 수단은 단연 항공편이 절대적이다. 항공편이 많아지고 차량 교통량이 많아진 것이 제주의 대기 온도를 올리는 여러 가지 원인 중에 가장 큰 부분을 차지하고 있지 않을까? 이 작은 제주에 2000년 400만 관광객이 다녀간 후 20년이 지난 2023년에는 1,370만 명이 다녀갔다. 엄청난 관광객의 증가이다. 코로나19 이전에는 1,500만 명, 1,600만 명이다.

2021년 프랑스에서는 기후변화에 대응하기 위해 고속철도로 2시간 30분 이내 이동이 가능한 국내선 항공 노선을 폐지하기로 했다. 물론 제주는 섬이라는 환경을 고려한다고 해도 시사하는 바가 크다.

탄소로 인해 매년 평균기온이 올라가는 것은 대체로 북반구가 남반구보다 더 빠르다. 그러면 우리나라도 위도가 높은 육지가 평균기온이 더 빨리 올라가야 하는데, 그보다 위도가 낮은 제주가 대기 온도와 해수 온도가 우리나라 평균보다 더 빠르게 오르는 이유를 무엇으로 설명할 수 있을까?

자연과 바당이 살아있었던 20년 전에도, 그리고 그 오래전에는 자연과 바당과 함께 제주는 무리 없이 잘 살아가고 있었다. 그 누구도 배가 고파서, 못 살겠다고 목소리를 높인 사람은 없었다.

제주 사람들은 그 척박한 자연환경 속에서도 다들 잘 살아왔다.

관광을 위해 이주해 온 사람들이 그리고 더 큰 자본을 운용하는 사람들이 더 큰 자본을 만들기 위해, 행정은 더 큰 행정 권력을 쥐기 위해, 그 사람들의 표가 많아서 더 많은 표를 위해서 그런 사람들과 자본 편에 서 있으려고 하다 보니 여전히 더 많은 사람들을 제주로 끌어들이려 하고 있다.

어쩌면 그것이 대기 온도를 높이는 모든 원인이 되어버린 것이 아닐까?

2023년 유럽 이탈리아 로마, 그리스 아테네의 7월 초에 37.8도가 넘는 기록적인 온도가 나타났다. 로마는 작년 관광객이 1,400만 명을 넘었다. 아테네도 비슷하다. 제주는 2023년 불쾌지수를 나타내는 열대야가 35일이 넘었다. 2024년 6월 초부터 그리스 아테네는 40도가 넘어 신전 등 일부 관광지를 오후 시간에 닫고 있다.

　2024년 제주도 열대야는 63.5일, 폭염 일수도 21.3일로 기상관측 이래 최고로 뜨거운 여름이다. 제주도 내에서 제주 시내가 뜨거움에서는 압도적이다. 사람들이 많은 도시효과가 추가되어서 그렇다. 제주의 열대야는 도시도 아니면서 우리나라의 도시들보다 길다. 서양을 좋아하다 보니 그들과 같이 보조를 맞추면서 제주도 서구화가 먼저 되는 건가?

　공장들이 화석연료를 뿜어내는 곳보다, 사람들이 많이 모이는 곳에 대기 온도가 더 높다. 사람들이 많이 모여들어 살면서 도로 등의 복사열, 주택의 냉난방, 자동차, 비행기 등을 통하여 대기 온도가 올라가는 것을 도시효과라고 한다. 제주의 기온 상승이 이산화탄소를 내뿜는 공장 없이도 공장이 있는 지역보다, 그리고 숲이 없는 지역보다 더 많이 올라가는 것은 사람들이 많이 모이고, 살아가는 방식 때문이라고 할 수밖에는 없다.

　제주 행정은 제주를 청정지역이라고 자주 광고한다. 사람들이 여름에 잠들기 가장 어려운 지역이 청정지역이란 말인가? 나는 기꺼이 거기에 동의할 생각은 없다.

　공항이 있는 도두동은 제주에서 고향 마을 바당과 함께 바당이 많이 죽은 곳 중 하나가 아닐까?

물론 도두동에는 하수종말처리장도 있다. 2023년 7월 썰물 때 도두동 해안을 지나면서 관찰했을 때 도두바당은 알 수 없는 피부병에 걸린 것처럼 하얗게 변했다. 구멍갈파래와 함께, 풀이 없는 붉은 돌과 함께 만성 피부병을 드러내고 있었다.

우와, 놀랍다. 어떻게 바당이 저렇게 변할까?

어린 시절엔 한 번도 보지 못했던 무서운 색깔이다. 그 그림이 제주도 다른 인근 연안으로 보이기 시작한다.

과연 저 바당에 사는 생물들은 어떠한 것일까? 저런 바당에서 자란 생물을 먹은 사람들도 저 바당의 피부병처럼 자신들도 심하게 앓지 않을까? 혼자 중얼거린 적이 있다.

대부분 제주 사람들은 실제로 백화현상, 제주가 얼마나 아픈지 잘 모른다. 행정과 사람들의 관심은 오늘 제주에 얼마나 많은 관광객이 들어왔는지 하는 관광객 숫자에 있다. 어쩌면 그 관광객 숫자는 바당을 해하는, 오늘 바당을 얼마만큼 더 죽일까 하는 기준이자 표본이 되지 않을까?

솔직하게 나는 제주에서 백화현상 지수를 만들었으면 좋겠다.

자연안전 지수다. 그래서 가능하면 빨리 관광객 숫자와 비교하면서 관광정책을 펼쳤으면 좋겠다. 자연과 바당이 모두가 덜 아픈 쪽으로.

행정은 사람에게 접근하는 만큼 왜 자연, 환경에 접근하지 않을까?

자연은, 바당은 말이 없기 때문이다. 자연은, 바당은 투표권이 없다. 민주주의는 다수 집단의 목소리가 강하다. 행정은 그것이 전부인 것처럼, 자본과 연관되어 있으면 경제 논리를 들어, 고용 창출 등 핑

계를 들며 더욱 주의 깊게 듣는다. 행정은 그들에게 귀를 여는 데 더 자발적이다.

다수의 즐거움과 소비를 위해 소수의 일상을 무시하고 파괴해 버리면서 다수가 모두 합리화해 버리면 우리 사회는 그것이 사회 통념이 된다.

다수의 즐거움이 중요하지, 자본 이득이 중요하지, 소수의 삶과 소수 사람들이 살아가는 방식은 중요하지가 않다. 나는 이러한 것이 현실이 된다는 것을 나의 눈으로 바다 근처에서 여러 차례 목격하고 경험한다.

내가 바다환경지킴이 활동을 하는 마을에 유명 연예인이 카페를 오픈했다. 오픈 날 차량으로 그 일대가 마비다.

사람들 불만과 불평이 그 도로와 마을 구석구석에 주차된 차량 수보다 많아졌다. 마을 사람 중 누군가가 경찰에 신고한다. 도로변에 불법주차로 통행이 어렵다고. 그러면 경찰이 출동한다. 언론에 많이 오르내린다. 며칠 후 그 카페 대문에 사과문이 붙어있다. 카페를 찾는 사람들에게 불편을 겪게 해 죄송하다는 표현과 함께 잠시 문을 닫는다는 내용이다.

그 어디에도 마을 사람들에게 불편을 주어서 미안한 마음은 한 자도 없다. 물론 그 이후에는 붙이고 사과했을지 모르지만, 사람들은 특히 자본을 가진 사람들은 자기들의 자본이 중요하지, 연예인들은 자신들의 팬과 이미지가 중요하지, 불편을 받는 늙어가는 마을은 안중에도 없다.

그 연예인은 방송에서 어수룩한 모습으로 굉장히 선한 느낌으로 다가왔는데 내가 경험한 것은 그런 이미지와는 굉장히 달랐다. 그렇게 세상에 선한 마음으로 자기의 이상, 가치를 나누고 싶었으면, 상업시설인 카페를 운영하려면, 적어도 주차장을 만들고 나서 시작했으면 좋지 않았을까 한다.

특히 그 카페 앞 도로는 어린이 보호구역이 시작되는 곳으로, 도로에 선명하게 표시되어 있다. 통학하는 어린이들이 보호받는 곳이 아니라 카페를 즐기기 위해서 주차한 차량을 보호하는, '여기는 카페 보호구역입니다'라고 착각한 것은 아닐까? 제주니까 이러한 방식의 영업이 가능한 것일까? 지금도 그 아랫집 골목에는 여기에 주차하면 안 된다는 주차금지 표지판과 쇠사슬이 걸려 있다.

이번에는 서울에서 줄 서서 먹는 L 베이글 업체가 기업형식으로 작은 마을에 들어왔다. 이 업체는 주차장을 마련한다고 했지만, 턱없이 부족하다. 해안도로를 따라 렌터카들이 주차하고 그것도 모자라서 마을 안쪽으로 막무가내 주차하는 바람에 주민들은 돌을 갖다가 자기 집 앞에 놓아둔다. 내 집 앞에 주차하지 말라고, 나의 삶, 생활영역으로 들어오지 말라고.

해안도로를 통하여 해녀들이 물질을 다니는 도로인데, 그 일상의 도로가 즐거움의 발걸음에 묻힌다. 해녀들은 바이크 속도를 줄이고, 걸음을 멈추고 자신들의 안전을 위해 자꾸 머뭇머뭇하면서 주위를 살핀다. 자신들의 삶이, 평범한 일상이 직진하지 못하고 누군가의 즐거움으로 위해 꼬불꼬불 휘어지면서 훼방 당하고 있다.

어느 집은 대문에 커다란 물을 받은 대형 고무 양동이를 갖다 두었다. 거기는 집주인이 경운기를 세워 두는 곳이다. 시간이 좀 지나면 그 엎어진 대형 양동이 위에는 L 베이글 업체에서 마시다 남은 일회용 플라스틱 컵들이 놓여있다. 시간이 좀 더 지나면 몇 개가 더해진다. 후에 도로는 인도와 차도를 분리하는 봉들이 줄지어 설치되고 마을 사람들은 주차금지 표지만을 도로, 골목 곳곳에 설치한다.

해녀들과 마을 사람들이 자유롭게 다니는 도로는 L 베이글로 향하는 사람들과 렌터카로 붐빈다. 차량들은 불법 유턴을 일삼고 위험하기 짝이 없다. 더구나 마을 안쪽 포구에는 L 베이글에 근무하는 직원들의 차량이 빽빽이 주차된 탓에 마을 어르신들이 게이트볼장으로 가는 인도의 폭이 좁아진다. 마을의 일상적인 도로의 평화가 거대한 자본과 이문으로 가득 찬 도로가 되어버린다. 그 누구도 마을 사람들이 불편과 안녕에는 관심이 없다. 당연한 듯 빨리 SNS에 사진을 남기고는 빠르게 불법 유턴을 하면서 사라진다.

제주는 관광이 우선이지 제주 삶이 우선은 아닌가 보다. 한국 사람들이 바라보는 제주는 관광지가 먼저다. 제주 문화와 정서가 관광지보다, 자신의 SNS에 올리는 장소보다 우선이 되지 않는다. 항상 제주 사람들의 삶은 차순위가 되어버린다.

나는 이러한 환경의 변화, 다수의 즐거움을 위한 관광을 보면서 앞으로 다가올 기후 난민과 오버랩되는 그림이 연상된다.

기후 난민은 일찍이 개발도상국에서 먼저 발생한다. 선진국들은 수많은 화석연료 사용으로 식량과 경제적인 풍요, 이득을 통하여 삶의 여유와 편리함을 얻었다. 그 편리함으로 어떤 개발도상국에서는 불편함과 심지어 생명의 위험함을 야기한다. 선진국에서는 화석연료가 에어컨을 대체하여 조금 시원한 환경을 가질 수 있지만, 개발도상국에서는 그전부터 자연의 시원함을 갖고 있었지만, 어느 순간부터 자연의 시원함이 사라지는 대신에 뜨거움을 안게 되는 것이다.

에어컨은 에어컨을 부르고 잃어버린 자연은 더욱 자연을 잃어버린다. 다수가 에어컨을 갖고 있다고 해서, 편리함을 만들 수 있다고 해서 그것이 인류의 정의, 삶의 방식이 옳은 것은 아니다. 지구촌 한쪽에서 에어컨을 켜면 어딘가 다른 한쪽에서는 뜨거움을 켜고 자연의 시원함을 잃어버리는 것이다. 그것도 자신의 의지와 상관없이 말이다.

물론 기후변화, 기후 위기는 옳고 그름의 문제가 아니라 생존의 문제다. 더 나아가 경제의 문제이고 궁극적으로는 정의의 문제다. 시간이 조금 더 지나면 에어컨 있고 없고도 별 차이가 없어 똑같아져 버린다. 심지어 에어컨에 길들어 버린 사람들이, 에어컨이 없으면 더 불편함을 느껴서 그 변화하는 환경을 견디어 내지 못할 것이다.

자본을 많이 가진 사람들이 기후변화에 적응하는 데 유리한 것은 틀림이 없지만, 약간의 시간 차이일 뿐 인류가 똑같이 겪어야 할 상황이다. 자본을 덜 취득하려고 노력하면 할수록, 자연과 환경에 더 다가가면 갈수록 모두 다 느끼는 기후 위기는 옅어질 것이다.

물론 사람들의 마음은 똑같을 수가 없다. 기후 위기를 대처하는 방법은 자본이 있는 사람들은 더 자본을 유지하고 취득하는 것으로 알고 있을 수도 있다. 똑같은 시간이면 사람들은 그래도 누가 불편하든 생명에 위협을 받든 자신들이 먼저 안전하고 편하면 된다고 생각한다. 그런데 이러한 사고와 행동이 기후 가열화, 기후 위기를 더욱더 가속한다.

베이글을 즐기기 위해 온 사람들은 자신의 차량이 주민들을 불편하게 한다는 것을 모른다. 애초부터 그들은 남들을 불편하게 할 의도를 갖고 있지 않았기 때문이다.

기후변화도 마찬가지이다. 나의 화석연료가, 나의 에어컨이 지구 반대편 개발도상국 사람에게 더위를 더 갖다주리라고 누가 생각을 했겠는가?

제주의 자연은, 바당은 최고의 그림이다.

사람이 그 속에 들어가 사진을 남기려 하는 순간 그것은 좋은 그림, 좋은 작품은 아니다. 사람들 자신은 자연, 바당의 천연 그림을 망치고 있다는 사실을 모르고 있다. 아니 알고 있으면서 다수들이 그렇게 하니 자신들의 행위를 합리화하고 있다. 일종의 동질감과 연대감이다.

자연과 마을을 배려하기보다는 자본에 대한 기여를 자신들도 할 수 있다고 생각하면서, 그것이 제주를 위하는 것이라고 사람과 행정은 목소리를 높이고 자랑한다. 그래서 제주의 대기 온도가 올라간다. 바당의 온도는 대기 온도를 한참 추월해 저 멀리 도망간다.

좋은 그림과 자연은 많은 사람과 함께 나누면 나눌수록 좋다. 그러나 거기에 마을 사람들의 일상은 존중돼야 한다. 제주를 많이 찾으면 찾을수록 행복한 사람들이 많은 것은 사실이지만 그럴수록 불편한 사람들이 있다는 것도 간과해서는 안 된다. 제주를 방문하는 사람들이 최소한 제주의 자연과 환경을 아프게 하지 않고 제주의 정서와 문화를 찌르지 않으면 최소한 그들의 방문을 환영하지는 않아도 싫어하는 사람은 없을 것이다.

나도 많은 나라와 지역을 다니면서, 그 나라에서 누군가 나를 환영

해 주는 분위기를 느끼면 기분이 좋다. 설사 내가 그런 분위기를 느끼지 못하더라도 적어도 나로 인하여 그 지역이, 그 나라가 불편하고 아프지 않았으면 하는 마음과 행동을 늘 백팩에 넣고 다닌다.
  세상이 갈수록 아프고, 기후변화에 몸살을 겪을 것이다.
  적어도 나 자신의 생각과 행동이 기후 위기에 영향을 미칠 수 있다고 한 번쯤 돌아보면 제주는, 지구는 덜 아플 것이다.

  자본을 가지면 기후 위기에 대처하기에 조금은 유리할 수 있지만, 모든 사람들이 자본을 가질 수는 없다. 많은 사람들이 자본을 가졌다고 해서 기후 위기에 자유로워질 사람은 없다. 그래서 개인이, 사회가, 국가가, 지구촌 누구나 단일 대오로 기후 위기 가치를 존중하고 함께 나누고 행동으로 이어져야 한다. 그래야 우리는 더 많이, 더 멀리 제주를, 지구를 나누고 걸을 수 있을 것이다.

깨끗한 똥물이 자연, 친환경이다

어디든 사람들이 모여 살아가는 데 가장 기본적이고 중요한 두 가지가 필요하다. 하나는 먹는 물, 식수이고, 또 다른 하나는 사람들이 싼 똥오줌을 어떻게 잘 처리해야 하느냐이다.

상하수도 문제가 해결되어야 사람들이 군집 생활을 할 수가 있다. 그것은 인류 시작 이래 흔들리지 않은 명제와 같다. 인류가 빙하기 이후 홀로세 그러니까 팔천 년 전부터 집단생활을 할 수 있는 농경문화가 나타난다. 이때부터 사람들은 집단으로 함께 생활하다 보니 물이 제일 먼저 필요했고, 똥오줌과 쓰레기 매립 문제가 나온다. 어쩌면 이때부터 기후변화가 시작되었는지도 모른다.

예부터 제주에는 대부분 마을이 형성된 곳을 보면 식수, 즉 산물이 있다.

제주 바당 오염, 환경에 대한 문제가 본격적으로 나오기 시작한 것은 그리 오래되지 않았다. 2000년대 전후부터 조금씩 나오기 시작하면서 2010년 중반 제주도 하수처리장 시설이 포화 상태에 이르러 정화처리 되지 않은 똥물이 넘쳐나 바당으로 흘러 들어가면서부터 주민들은 조금씩 하수처리에 관심을 두게 된다.

하수처리 시설은 나라마다 제각각이지만 선진국에서는 보통 최대치가 70%가 되도록 관리한다. 그 대표적인 나라가 일본이다. 갑작스러운 인구 증가, 즉 관광객이 증가하여도 행정은 그것을 처리할 수 있는 역량을 늘 준비해 놓게 되는 것이다. 제주는 그동안 관광객을 끌어들이는 데는 무슨 지차제의 정답을 획득하는 것처럼 분위기를 만들고 실제로 그렇게 관광객 숫자가 제주의 행복지수인 것처럼 가능한 언론을 통하여 홍보하고 지역주민들에게 자랑한다. 행정이 최고의 선을 이룩한 것과 같이.

그에 반하여 지금까지 하수처리에 대한 제주 행정을 보면 10년 앞도 내다보지 못하는, 선견지명이 전혀 없는 동네 뒷북 치는 스타일이다. 국내외 상관없이 가계소득이 늘어나면 관광객 숫자가 증가할 것임은 불 보듯 뻔한 상황이다. 특히 제주처럼 관광으로 먹고사는 지역은 관광객 증가로 인한 상하수도, 특히 하수 시설에 적절한 예측을 하여 충분한 대비를 해야 했었는데 지금까지는 모두 다 사후약방문 식이다.

관광객 덕에 제주 경기가 좋다며, 제주의 총생산이 늘어났다며 온갖 업적을 늘어놓으며 자랑하는 일에는 모든 행정이 전력을 다하여 한목소리를 낸다. 사람들이 불편하고 자연이 아픈 원인에 대해서는 어떤 준비나 대책이 없이 어쩔 수 없다는 상황으로 몰아버린다. 아마도 이러한 것은 4.3 항쟁 전부터 제주 행정이 기본적인 권위 문화에 뿌리를 두고 있어서일 듯하다. 그 권위에서 나올 수 있는 행정력은 거의 오만과 무능뿐이었다.

2016년 도내 한 하수처리장의 용량이 초과되어 똥물이 넘쳐나서 바당으로 그냥 흘러 들어가 심한 악취로 바당이 한동안 몸살을 앓은 적이 있다. 이러한 현상을 도내 언론사가 처음으로 심층 취재하여 방송했는데 그야말로 충격을 넘어서 경악이었다. 방송 전에는 누가 바당 속이 사막으로 변하여 해조류가 하나도 없이, 뿌연 검은 먼지만 휘날리는 것을 상상이나 할 수 있었겠는가?

방송에는 서귀포시 보목리 하수처리장에서 관련 조사 기관과 함께 2017년 2월부터 7월까지 180일 동안 단 하루만 빼고 오염된 배출수가 바다 속으로 갔다고 발표한다. 다시 말하면 행정은 정화처리가 안 된 똥물을 바다으로 흘려보냈다는 것이다.

이러한 현상이 2017년 한 해만이라고 생각하지는 않는다. 그 이전부터 하수처리 부실로 인하여 오랜 기간 지속적으로 기준치 초과한, 정화처리에 실패한 하수가 바다 속 생태계를 파괴해 왔다고 추정할 수밖에 없다.

배출수 근처에서 흘러나온 퇴적물을 성분 분석을 맡겨본 결과 다량의 중금속이 나온다. 그리고 그 주위는 생물이 전혀 살 수 없을 정도로 검은 먼지만 뿌옇게 날린다.

이러한 결과는 성산하수처리장을 포함한 제주도 내 하수처리장이 대부분 그랬다는 내용도 이어진다. 제주는 해양 암반 특성상 일반 암반에서도 수은이나 비소가 검출되는 경우가 있지만, 하수처리 주변에서는 수은(Hg)이 해양환경 관리 기준의 5배(0.1~0.5mg/kg), 비소는 4배(14.5~52.4) 가까이 검출된다. 니켈(Ni)의 경우에는 생태에 부정적인 영향을 미칠 관리 기준(80.5~83.5)마저 넘어선다. 그러니 먹이사슬을 통한 바닷속 중금속 수준이 위험 수준까지 높아 결국에는 사람에게 영향을 미친다는 것이다.

충격적인 것은 하수처리장에서 발표한 수치하고 심지어 해경에서 분석한 배출수 성분 분석이 다른데, 제주도 발표는 배출수 성분 분석이 20여 일 일률적으로 똑같이 처리 기준 안에 있고 해경의 성분 분석은 기준을 훨씬 초과한 것이다. 똥물을 거의 그대로 내보내고도 거짓 자료를 공개한 셈이다.

더욱 경악한 것은 방송 후 1년이 지난 시점에 다시 보목리 하수처리장 배출수 상태를 실시간으로 측정한 TMS* 결과이다. 질소와 인 부유물의 농도는 계속 기준치를 초과하기 때문이다. 뉴스는 여전히 대형 배출관에서는 부유물과 함께 시커먼 뜨거운 물줄기가 콸콸 바당 속으로 쏟아져 나오는 장면을 보여준다. 증설할 때까지 달라지지는 않을 것이란 인터뷰와 함께. 증설까지의 시간은 1년이 더 남은 상태였다.

여전히 지금도 도내 언론을 통하여 정화처리가 되지 않은 누런 거품이 바당 위로 올라와 슬러지와 함께 바닷물 위에 길고 긴 띠를 형성해서 나타나고, 정화되지 않은 똥물이 심한 악취와 함께 바당으로 흘러 들어가는 뉴스를 심심치 않게 보고 듣게 된다.

제주 도내에는 제주시 3곳(제주, 서부, 동부)과 서귀포 5곳(대정, 색달, 보목, 남원 태흥, 성산)에 대형 하수종말처리장 시설이 있고, 마을마다 이곳으로 향하는 하수 펌프장들과 소형 하수처리장들이 있다. 최근까지만 해도 이 하수 펌프장이 노후화되어서 비가 오면 우수가 하수펌프장으로 들어가게 되면 용량이 초과되어, 하수가 오수와 함께 하수종말처리장에 도달하기도 전에 바당으로 흘러 들어가 바당을 죽이는 큰 원인이 된 경우가 많았다. 미관상으로도 심한 악취와 함께 슬러지가 돌이나 바위에 붙어있어서 우리가 후진국에 살고 있지 않나

──────────

* TMS(Tele-Monitoring System): 수질을 원격에서 감시하는 체계

하는 생각이 들기도 한다.

실제로 내가 바다환경지킴이 활동을 하면서 똥물이 둥둥 떠다니고 슬러지가 바당 돌 위에 붙어있는 것을 시력이 좋은 눈으로 여러 번 확인했다.

서귀포 보목리는 자리로 아주 유명한 마을이다. 자리는 자리돔의 제주어로 다 크면 10~15cm로 성인 손바닥 크기의 작은 생선이다. 그 자리(place)에서 자라고 성장한다는 생선으로 자리란 이름이 붙여졌다.

예부터 제주에서는 보리를 베는 시기에 제주 사람들에게 단백질을 제공한 아주 귀한 좋은 생선이다. 자리물회, 구이 그리고 자리젓으로 제주 사람들에게는 옥돔 다음으로 계절 생선으로는 최고다. 지금도 고향에 90이 넘으신 아버지 어머니는 몇 해 전까지만 해도 초여름에 자리물회를 먹어야 여름을 날 수 있을 정도로 제주 사람들의 자리 사랑이 특별하다. 서귀포 보목리는 우리 고향 마을 태흥리보다 자리돔이 아주 많이 나고 굵은 유명한 대표 자리돔 마을이다. 지금도 매해 늦은 봄에 보목항에서 자리돔 축제가 열린다.

물론 해가 갈수록 자리돔 생산량이 급감한다. 해수 온도가 오르고 주위에 해조류, 특히 감태와 미역 같은 갈조류가 없어지면서 이들의 은신처와 식물 플랑크톤과 산소들이 예전 같지 않아 자리돔도 저 동해, 독도까지 올라갔다는 연구 보고가 계속 나오고 있다. 먹이를 찾아 고난의 행군을 두려워한 자리돔은 계속 감소하게 되고 그나마 보복 주위 바당을 계속 지키고 있는 자리돔과 그 후손들은 보목하수처리장에서 하수가 배출되는 시간에 배수관 앞으로 모여들어 거기서 나오는 하수 찌꺼기를 먹는 장면들이 자주 포착된다.

물론 바당 생물들은 환경에 적응해 나가지만 어떻게 보면 안 좋은 쪽으로 적응해 나가는 것이다. 질소와 비소, 인의 성분의 다량인 하수 배출수, 다시 말해 똥물을 먹은 자리돔을 인간들이 후에 먹게 되는 것이다. 물론 이 자리돔을 성분 분석한 자료는 지금 없다. 그러나 그런 장면만으로도 조금은 놀랍고 섬뜩하다는 생각이 든다.

나는 방송에서 자리들이 똥물을 먹는 것을 보고 난 후에 자리물회를 먹을 때면 "이 자리, 어디에서 난 거죠?"란 질문을 식당 주인에게 던지는 습관이 생겼다. 그나마 해마다 똥물을 먹을 수 있는 자리돔도 갈수록 많이 사라지면서 개체수가 화-악 줄어들고 있다. 어쩌면 똥물이 매년 자리 숫자를 줄어들게 하고 사라지게 하는 직접적인 원인이 된 것은 아닐까?

사람들이 저질러 놓고서 적정하게 관리하지 못해, 사람들의 태만은 결국 다시 사람들 입으로 들어오는 경우가 갈수록 많아지고 있다.

어릴 적 소라는 참으로 건강했다.

소라는 대표적으로 해조류, 특히 갈조류(감태나 미역, 톳, 다시마)와 홍조류(우뭇가사리)를 먹는 해양 저서생물이다. 어린 시절 소라는 참으로 건강함을 스스로 자랑하는 맛이었다. 소라 껍데기는 전복 껍데기와 함께 자개장 재료로 쓰인다며 큰 껍데기는 상인들이 와서 사 가기도 한다.

소라를 돌로 까면 소라살에 붙어있는 뚜껑을 떼어내느라 애를 먹은 경우가 허다하다. 그 뚜껑도 하얗게 사람의 가지런한 이쁜 치아보다도 더 이쁘게 건강한 빛이 난다. 소라를 삶으면 똥이 탱탱하게 초록과 밤색으로 윤기가 흘러나온다. 소라 똥도 색깔 그 자체로 청명하고 이뻤다. 그만큼 소라가 건강했다. 우리는 그런 소라 똥을 먹기도 했는데 그 똥 맛은 그다지 쓰지도 않아 괜찮았다.

바다환경지킴이 활동을 하면서 나는 여러 종류의 소라를 목격한다. 특히 하수종말처리장이나 양어장 인근에서 소라는 많이 잡히지도 않는다.

설사 조금 잡히더라도 그 소라는 건강한 시절의 소라, 예전에, 비해 여러 가지가 다르다. 일단 소라 껍데기에 소라가 다 안 찬 느낌이다. 소라 뚜껑은 하얀 치아가 아니라 누런 치아, 아니 어떤 것들은 검게 변한 것들도 있다.

그 옛날 소라를 삶으면 건강한 붉은 물이 나오며 참으로 자연의 느낌이 있었는데 지금 소라는 삶으면 검은 물이 올라온다. 삶은 소라를 꺼내면, 그 똥들이 부서질 듯 매가리 없이 아슬아슬하게 달려있다. 그 주위에는 하얀 이끼 덩어리 같은 것들이 감싸고 있다. 예전처럼 소라 똥을 먹을 생각은 아예 없다. 소라 똥을 보니 병든 소라처럼 보인다.

물론 하수종말처리장이나 양어장 배출수가 직접적인 영향을 미쳤다고 하기도 애매하고 안 했다고는 더욱 애매해진 상황으로 나의 눈과 경험을 통하여 비교해서 말하는 주관적인 이야기가 될 수도 있다. 하지만 나의 눈과 감각에 따라 본 그대로, 있는 그대로, 먹어본 그대로 묘사하는 것인데 그 똥은 무엇을 잘 먹고 잘 싼 자연의 건강한 똥이 아니라, 먹지 말아야 할 것을 먹은 인공 성분을 먹은 아픈 똥같이 보인다.

실제로 소라는 먹이, 해조류가 부족하여 바당 바닥에 붙어있는 것,

석회조류 등을 먹어 똥 자체도 어린 시절 해조류를 많이 먹은 똥에 비해 심하게 부실해졌음을 알 수 있다.

톳은 남해, 마산, 진해, 창원, 거제에서는 톳 나물 고창에서는 다시래기 혹은 흙 배기라고 부르는데 제주에서는 톨이라고 그런다.

보릿고개 시절에 톳밥을 지어 먹었는데, 톳은 일종의 구황식품이다. 또한 마을 사람들뿐만 아니라 누구에게나 건강함을 주는 해조류이다. 톳은 포만감을 줄 뿐만 아니라 칼슘·요오드·철 등의 무기염류가 많이 포함되어 있어, 혈관 경화를 막아주고, 상용으로 먹으면 치아가 건강해지며 머리털이 윤택해지고, 임신부 경우에는 태아의 뼈를 튼튼하게 해주는 것으로 알려져 있다.

물론 반복적인 이야기지만 고향 바당에는 이제 톳이 자라지 않는다. 톳의 소멸을 넘어, 전멸이다. 나는 지금도 그렇지만 어릴 적부터 톳을 먹으면 소화가 잘되고 특히 장운동이 장난이 아닐 정도로 좋다. 실제로 창자의 소화 운동을 높여 준다는 연구 결과들이 많다.

고향 바당에는 십여 년 전에 톳이 사라졌다. 이제는 씨도 안 보인다. 나는 여전히 톳이 그립다. 바다환경지킴이 활동을 고향 마을 태흥에서 안 하고 구좌에서 하게 된 이유도 해조류, 특히 미역과 톳이 구좌에서는 살아남아 있지 않았을까 하는 그런 기대를 확인하고 싶었던 것이 컸다.

동복, 김녕 일부 바당에는 톳이 자란다. 거기에는 하수종말처리장은 없고, 양어장들이 이곳저곳에 설치되어 있다. 신기하게 양어장하고 하수종말처리장하고 멀리 떨어진 곳, 여기는 톳이 많이 있겠구나 하고 생각한 곳에서는 어김없이 톳이 여전히 고맙게도 생존하고 있다.

그러나 시간이 갈수록 한 해 한 해가 바뀔수록 톳이 자라는 면적이 줄어가는 것을 눈으로 확인하는 것은 애석한 일이다. 한번은 양어장과 하수종말처리장이 조금 떨어져 있지만, 그곳에도 톳이 자라고 있었는데, 자세히 그 톳을 보고는 경악했다. 작은 공간에서 톳이 이상하게 동그란 잎사귀가 실제의 크기보다 10배 정도가 커져 있어 누군가 의도를 갖고 유전자를 조작해서 동그란 잎사귀가 과대하게 커진 것이 아닐까 할 정도로 너무나 비정상적이었다. 하수종말처리장의 배출수에 영향을 받았거나 아니면 양어장 배출수 혹은 다른 오염물질에 노출되어서 그러지 않았을까 하는 생각이 지워지지 않는다.

일본 사람들이 예부터 톳을 좋아해서 제주산 톳을 대부분 일본으로 수출한다. 아주 오랫동안 그렇다. 그런데 몇 해 전부터는 일본으로 수출이 중단되었다. 난 그것이 코로나19 시대에 해산물 소비가 줄어들어서 그랬을 수도 있다고 생각했는데, 그렇지는 않았다.

일본으로 수출한 제주산 톳에서 화학성분인 인이 다량으로 검출되어 식품 안전성 문제로 일본에서 수입을 안 한다는 것이다. 이 이야기를 마을 사람한테서 듣고는 처음에는 충격을 받았지만 내가 경험한 바에 의하면 그럴 수 있다고 생각한다.

마을 입장에서는 실망스럽고 안타까운 일이지만 어쩔 수가 없는 일이다. 국민의 안전을 볼모로 해산물을 수출하고 수입해서는 안 된다.

톳이 옛날처럼 제주의 모든 연안에서 자라고 있는 것은 아니다. 실제로 안 나오는 지역이 해마다 늘어나고, 지금은 자라는 지역이 몇 곳 안 된다. 그래서 톳이 존재하는 것 자체가, 바당이 조금 살아있다는 증거이다.

 몇 년 전부터 본섬의 해안가 대부분에서 톳이 안 나지만 우도는 예외였다. 우도에서의 톳은 구좌의 것보다 싱싱하고 엄청 길다. 설사 톳에 화학성분이 조금 있다 치더라도 5분 이상 끓는 물에 데치거나 삶아서 먹으면 안전성에는 문제가 없다.

 제주도 입장에서 지금 연안에서 자라는 톳을 성분 분석해서 그래도 제주도 연안에서 나는 톳은 안전하다는 것을 확인해 주고 지금도 제주 바당이 어느 쪽에는 살아있다는 것을 알려주었으면 좋겠다. 그런 바람도 해가 갈수록 허무한 일이 될 수 있다. 톳이 자라고 있다고 했는데 다음 해에 톳이 있다고 보장할 수가 없어서다. 그만큼 바당이 죽어가는 속도는 황영조 선수가 아니라 우사인 볼트가 달려가는 속도이다.

 바닷물 온도가 올라가면 해조류 특히 미역, 모자반, 톳, 감태 등 갈조류들이 생존하기가 아주 어렵다. 제주말로 바닷물이 게네들을 녹인다고 한다. 겨울철 수온이 15도 이하로 유지되어야 하며, 여름철 수온도 최소한 28도를 넘지 말아야 그동안 해조류들이 잘 살아가기 위한 좋은 환경이 된다.

 이것은 일반적인 자연조건이지만, 같은 조건이라도 하수종말처리장 배출수가 나오는 곳, 양어장 배출수가 나오는 곳 등 인위적인 물들을 정기적으로 배출하는 곳을 살펴보면 확실하게 해조류가 더 없다.

 대부분 사람들의 오폐수는 동네 하수펌프장을 통해서 하수종말처리장으로 모이게 한 다음에 정화처리 작업을 한다. 그리고 정화처리가 끝나면 다시 배출관을 통하여 거의 100% 바당으로 배출한다.

내가 일본에 있었을 때 더운 여름인데 공원에 식물과 나무에 물을 주는 것을 본 적이 있다. 어떠한 곳은 시간을 정해서 자동으로, 스프링클러에서 물이 나온다. 놀라웠다. 제주에서 어머니가 우연내(텃밭)에 물을 주는 것을 자주 보긴 했지만 공무원이나 다른 사람들이 공원에 물을 주는 것을 본 적이 없다. 물 사정이 다를 수가 있다. 그래서 일본 사람에게 물어보았다.

"여기는 물이 부족하진 않나 보죠?"

그러자 옆에 있는 사람은 그러는 것이다.

"리사이클."

무엇이 재생이란 말인가?

한국에 들어와서 하수종말처리장에 관심이 있어서 인터넷을 찾아보았는데, 일본에서는 도시의 빌딩 화장실, 공원의 물, 그리고 기타 마시지 않은 공공용으로 쓴 물에 대해서는 의무적으로 하수종말처리장에서 정화처리된 물을 쓰는 것이다.

놀랍다. 물의 순환이고 재생이다.

한 가지 더 놀라운 것은 하수의 슬러지도 100% 재생해서 도시에서 아스팔트를 깔 때 그 정화처리된 마른 슬러지를 깔고 다시 그 위에 콘크리트나 아스콘을 입힌다는 것이다. 물론 그렇게 하려면 초기 설치와 처리에 많은 비용이 들 수 있지만, 장기적·궁극적으로는 예산을 절감하고 자연을 배려하는 자연 친화적인 리사이클이 된다.

제주는 지금 하수처리 용량과 처리할 수 있는 용량이 거의 비슷하다. 몇 년 전부터 증설하고 있지만, 완공될 때까지 똥물이 바당으로 흘러간다는 뉴스를 심심치 않게 보게 될 수도 있을 것이다.

제주 하수종말처리장에서 처리된 물이 다시 공공건물의 화장실이나 공원 등에 사용되는 것은 전혀 없다. 대부분 배출관을 통하여 바당으로 내보내고 일부는 농업용수로 쓴다고 하지만 농민들이 선호하지 않는다. 농업용수로 쓰기 위해서도 몇 번의 처리 과정을 더 거쳐야 하는데 비용이 많이 발생하기 때문이다.

제주가 정화처리된 용수가 공공건물의 화장실이나 기타 공공용으로 쓰지 못하는 것은 기술적인 측면은 모르겠지만 무엇보다도 비용이 많이 발생하여 주저하는 것이 아닌가 하는 생각이 든다. 또한, 제주에는 지금 하루 200톤의 슬러지가 나오는데 50톤은 다시 화학 처리와 열처리를 통하여 쓰레기 매립장에 복토로 쓰이고 나머지 150톤은 육지로 보내 처리하고 있다.

일본의 후쿠오카시는 연 면적 3,000㎡ 이상의 건물은 의무적으로 정화처리된 재생수를 사용하게 하는 조례 규정을 둔다. 후쿠오카 하수처리장 찌꺼기 20%가 시멘트의 원료가 되고, 나머지 80%는 토양 안정제로 새롭게 쓰인다. 이 토양 안정제는 도로를 만들 때 바닥에 깔리는데 아스팔트의 수명을 늘리고 도로의 안정성을 더 높인다.

덴마크 오르후스의 마르셀리스보르(Marselisborg) 하수처리장은 하수 열을 회수하고 폐 슬러지를 처리하여 바이오가스를 생산함으로써 20만 명의 사람들에게 물을 처리하고 분배하는데, 필요한 것보다 더 많은 에너지를 생산한다.

캐나다 밴쿠버는 도시의 온실가스 50%가 건물에서 나온다. 이는 도시가 건물을 가열하고 온수를 생산하는 주요 방법은 천연가스를 연소시키기 때문이다. 그래서 그들은 폐열을 활용한다. 하수 열을 활용함으로써 폐수처리장은 에너지 소비자가 아닌 에너지 생산자가 될 수 있는 구조를 만들었다.

일본의 후쿠오카, 덴마크의 오르후스, 캐나다의 밴쿠버처럼 하수 찌꺼기와 재생 수와 재생 열을 만들려면 여러 번의 정화처리 기술과 비용이 들 수 있다. 이러한 것은 가치순위가 어디에 있느냐에 따라 사업 순위가 달라지는데, 너무 아쉬운 부분이다.

기술력이 없어서 제주 행정이 하지 못할 것은 아니지 않나 하는 생각이 든다. 시멘트로 자연을 덮는 도로 공사 등 개발에는 비용이 많이 들어도 되고, 자연과 환경을 배려하는 자연 친화적인 사업에는 비용을 따지면서 사업을 실행하지 못하는 것은 우리 모두의 인식, 가치순위가 어디에 있느냐에 달라지는 것이란 생각이 든다. 자연 친화적인 선진국처럼, 아니 자연이 곧 경쟁력인 제주의 경우에는 자연과 환경의 가치가 제일 먼저 두어야 할 부분이 되어야 하지 않나 하는 생각이다.

행정으로서는 다수와 소수 집단의 관심과 요구 순서에 따라 개발하는 곳에 재정을 투입하는 것은 당연한 일이다. 그러나 한편으로 모두에게, 누구나에게 공평한 자연과 환경을 만드는 데 행정의 재정과 노력이 투입되면 모두가 깨끗하고 청청한 자연, 환경의 혜택을 볼 수 있는 것이 삶의 균형이고 공평의 가치가 되지 않을까 생각한다.

깨끗한 물, 깨끗한 바당, 깨끗한 공기, 적어도 이 세 가지에 대하여 개인들이 경제적인 차이에 의해서 다시 비용이 발생해야 하는 상황은 공평한 환경, 균등한 사회는 아니다. 근데 시간이 갈수록 기후 위기로 인하여 우리는 숨을 쉬는 데도, 생명을 이어가는 데 자본과 지역에 따라 분명하고도 많은 차이가 존재하는 것을 확인하게 될 것이다.

물은 화학적으로 분해를 해보면 다 똑같다.
정화처리한 물을 농업용수도 사용하기를 꺼리는 것은 물 리사이클의 신뢰 및 인식의 문제이다. 지하수에 엄청난 화학비료를 풀고 작물을 키우는 것보다 잘 정화된, 수치가 깨끗하게 정화되었다고 표시되는, 화학비료 없이 키우는 작물이 자연, 바당에 좋은 물이 우리에게도 좋은 물이다.
물 재사용은 앞으로는 필수 불가하다. 그래서 사람들이 사용한 물이 바당으로 가는 것을 줄이고 자연으로 육상으로 깨끗한 물을 다시 돌려야 한다.
제주는 지금 하루 40만 톤의 정화처리된(?) 하수를 바당으로 배출하고 있다. 정화처리된 배출수가 기준 이상으로 깨끗하면 그 물은 바당이 10배, 100배도 다 받아낼 수도 있지만, 그것이 깨끗하지 못한, 무늬만 정화된 배출수라면 바당은 한 바가지의 물도 받아내기 버거울 것이다.
그 결과는 바당이 매일 줄어가는 생명의 다양성, 이제 곧 천연기념물이 될 수 있는 사라져가는 해조류를 통해 우리에게 보여주고 있는 것은 아닐까?

자본이 자연을 압도하는 생명

 1980년 중반부터 등장한 양어장들은 본격적으로 자본의 힘을 얻고 제주도 행정의 지원 아래 2010년대에는 460여 개가 제주도 연안 곳곳에 터를 잡았다. 지금은 400여 개가 성업 중이다.
 언제부터인가 이러한 양식산업이 제주뿐만 아니라 우리나라 남해, 동해, 서해 할 것 없이 전국적인 현상이다. 그만큼 해산물을 찾는 사람들, 수요가 많다 보니 양어장 공장이 쉬지 않고 돌아갈 수밖에 없다. 지금도 완제품을 실어 나르는 활어차가 제주 해안변을 거침없이 달리고 있다.
 작년 동해안을 따라 여행하면서 이런 육상 양어장을 주의 깊게 살펴본 적이 있다. 동해는 바닷물이 깊어서 그런지, 아니면 행정이 제주보다 엄격하게 관리하고 있어서인지 양어장 배출수 주위가 덜 오염된 느낌이었다. 구멍갈파래가 덜 창궐한다. 물론 동해는 제주 연안보다 평균 수온이 낮다.

 제주의 해녀들과 바다에 종사하는 분들, 마을 사람들 그리고 환경단체들은 지금 바당이 죽어가는 원인이 저 양어장과 하수종말처리장 때문이라고 자주 말한다. 하수종말처리장이 없는 마을에서는 바당이 죽어가는 대표적인 원인이 양어장이라고 입을 모은다.
 동복마을에 가서 해녀 열 분을 만나 "바당이 무사 죽어주꽈?(바다가 왜 죽었나요?)" 물어보면, 신흥리든 표선이든 다 똑같이 대답한다.

"저노무 양어장 때문에(저놈, 양어장 때문에)."

양어장이 제주도 해안 개발의 시초이자 대부분 마을에서 제일 처음 들어왔고 어떤 마을에서는 여전히 유일한 바당 근처에 있는 시설이다. 그 이후로 제주 바당이 서서히 많은 변화를 겪다 보니 제주 바당의 부정적인 변화의 대표가 되어버린 듯하다.

실제로 제주 바당은 양어장이 설치 이전과 이후로 나눌 수 있을 정도로 바당은 엄청난 변화를 겪고 있다. 바다환경지킴이 활동을 하면서 계절이 12번을 도는 과정에 양어장의 배출수가 나오는 주변의 환경을 두 눈으로 직접 지켜볼 수 있었다. 어떤 곳은 그래도 되나 싶을 정도로 실망스러웠고, 어떤 곳은 분노가 솟아오를 정도로 제주 행정에 좌절한 적도 많았다.

양어장 배출수 주위를 살펴보면서 양어장이 없는 바당처럼 외형적으로 깨끗한 바당이 된 곳은, 다시 말해 그렇게 배출수를 내보내는 양어장은 유감스럽게도 하나도 찾아볼 수가 없었다.

양어장 배출수가 나오는 시간이 되어가면, 특히 썰물 때 여러 종류의 바닷새들이 배출수 주위에 도열하여 기다린다. 새들은 배출수 속에 생선의 먹이인 어분들이 포함되어 있어 그것을 먹으려는 정기적인 먹이 활동을 하게 된다. 그래서 물때에 맞추어서 양어장 배출수가 흘러나오면 어떤 새들은 배출수 통로 안으로 들어가 적극적인 먹이 활동을 하기도 한다.

그 앞을 지날 때마다 1m 지름이 넘는 배출수 구멍에서 거의 1m 날개를 지닌 새가 밖으로 날아서 나온다. 내가 만찬을 방해한 것 같아서 미안한 마음이다. 서로 자신의 배식을 받는 것처럼 새들도 자신의 시간과 질서를 지키지만 어떤 때는 바로 동물의 왕국이다. 큰 생선이나 큰 먹이가 흘러나올 때는 서로 칼을 휘두르듯이 자신의 부리를 무기로 사용한다. 거기에 쫓고 쫓기는 장면도 연출된다.

밀물이 들면서 배출수를 내보내면 바당 속에서는 그 주위에 고등어를 포함한 약간의 어류들이 먹이 활동을 하려고 무질서 속에 정렬한다. 제주 양어장에 주변에서는 어디서나 그렇다.

그리고 육상에서는 낚시꾼들도 그런 어종을 잡기 위해 양어장 배출수 주변에 몰려든다. 그들의 차량은 해안도로변에 각을 맞추어 정렬한다.

완전 썰물이 되면 가끔 야생 고양이들도 그 주위를 돌아다닌다. 양어장은 안의 수조에는 광어 등 생물을 모아 놓고 기르고, 밖에서는 생물을 모여들게 만들고, 사람들도 모여들게 만드는, 바당과 육상 생물을 전부 다 모여들게 만드는 역할(?)을 한다.

양어장 배출수가 나오는 주위 바위나 돌을 보면서 계절이 변화하는 것도 알 수가 있다.

특히 양어장 배출수가 만 형식으로 인공물인 해안도로에 의해 갇혀있는 곳에서 썰물 때 바당 바닥에 마른 바위나 돌을 보면, 그것은 일반적인 제주의 현무암, 바위 색깔은 아니다. 금속이 부식되어 녹물을 뒤집어써서 마른 것과 같이 녹물 색이 바위나 돌 위에 칠해져 있고, 어떤 때는 갈색으로 끈적끈적한 이끼류가 뒤덮여 있고, 어떤 때는 연한 녹색과 갈색이 콜라보된 색깔을 뒤집어쓰고 있다.

이 위를 걷는 것은 참으로 위험하다. 미끄러워서 중심을 잡을 수가 없다. 이끼류에서 나오는 이상한 액체인지 연한 고체인지 한 번도 보지 못했던 그런 물질로 인해 이런 바위, 돌 위를 걸을 때는 다리에 적절한 힘의 배분이 필요하다. 심할 때는 서 있는 것도 불편하다. 어떤 때는 연한 갈색의 침전물이 바위, 돌 위로 다 덮고 있다.

그런 바위, 돌들은 내가 어린 시절에 본 건강한 바위, 돌들이 아니다.

이상한 물질을 뒤집어쓴 돌과 바위를 보고 바당도 물질적으로 더러운 세상이 되었구나 하고 탄식이 나올 수밖에 없다. 이제는 어린 시절 바당의 바위와 돌조차도 현재와 비교 대상이 될 정도로 심각한 곳들이 많다.

바당에 바위와 돌들까지도 당연한 것은 없다.

지금 이상한 이끼류로 덮여있는 곳에서 나는 이상한 냄새를 맡으면 맡을수록 태흥리, 폴개 바당이 완전 들물이 되어서, 나에게 안정감과 편안함을 주는 신선한 바당 냄새가 나의 코끝에 아지랑이처럼 아른거린다. 그것은 정말 자연의 냄새, 자연의 축복 내음이었구나 하고 새삼스럽게 그때의 자연에게, 바당에게 뒤늦게나마 고마움을 전하고 싶어진다.

양어장 배출수가 직접 나오는 곳에는 때로는 먼지 거품이 돌 사이로 끼여서 축척되면서 하늘로 승천하려고 준비한다. 바람에 시간이 조금 지나면 꺼지지만 그래도 조금씩 조금씩 그 먼지 거품이 높아져 간다.

바닷물과 만나는 지점에 있는 바위나 돌들은 선이 분명할 정도로 더러운 흙먼지처럼 녹갈색으로 20~30cm 이상씩 칠해져 있다. 어린애가 보아도 누군가 의도적으로 더러움을 칠해 놓은 것이 아닐까 생각할 정도로 그 더러움은 바닷물보다 더 선명하다.

그런 곳은 바당 쪽으로 조금 더 나아가면 구멍갈파래가 그 앞을 햇빛으로부터 보호하듯이 올라가 있다. 의무감으로 무장한 군기가 바짝 든 군인들이 이중삼중으로 겹겹이 무엇을 보호하듯이 쌓은 모습이다. 어떤 곳은 내 무릎까지 들어간다. 그러면서 썩은, 고리타분한, 이제는 익숙한 냄새가 더욱 강해져 간다. 이게 다 감태나 미역, 모자반이었으면 얼마나 좋을까 하는 생각이 든다.

돌을 뒤집으면 떨어지던 고메기와 보말은 이제는 인근 바위와 돌을 다 헤집어도 완전 자취를 감추어 버렸다. 생물 다양성의 몰락이다. 그 옛날에는 지금보다 많은 갈조류가 쌓여 있어도 고마운 줄 모르고 당연하게 여겼다. 그러다 없으니까, 이제는 있어야 하니까 그 시절, 그 바당에 대한 그리움만 커지고 지금의 바당에는 구멍갈파래 깊이만큼이나 허탈함과 좌절만이 쌓여간다.

바당이 거칠어지고 큰 파도를 치고 나면 아주 가끔 이곳에 소량이지만 감태와 모자반 몇 뿌리가 실제로 쓰레기 더미와 함께 올라온다. 그리고 햇빛을 맞으면서 바위의 한 귀퉁이에서 조금씩 숙성도 되어 간다.

요즈음은 모자반이 얼마나 귀하면, 큰 파도가 지나고 나면 마을 사람 중 한 사람은 긴 막대기를 들고 모자반 주우러 다닌다. 자갈과 쓰레기 더미에서 금을 찾는 의지가 가득 찬 노동자처럼 긴 막대기로 쓰레기 더미를 헤치고 모자반 몇 뿌리를 걸치고는 다음 쓰레기 더미로 향한다. 그 모자반은 맛있는 제주 몸국의 주재료이다. 몸국을 파는 데는 제주 도내에 수십 군데인데 모자반이 이제는 워낙 귀해 모자반, 몸도 이제는 외국산(중국산)을 수입해서 쓴다고 한다. 보말도, 성게도 마찬가지로 수입품이 대세이다.

때로는 배출수 주위로 누가 보아도 화학성분 같은 것들이 바당 바닥에 있는 돌들을 칠하고 바닷물이 접하는 부분에서는 긴 띠를 형성한다. 어떤 사람들은 이를 양어장 수조를 씻어내는 데 사용하는 포르말린 성분이라 하고, 어떤 이들은 우리가 쓰는 주방세제를 무단 살포해서 사용해서 그런 것이라고도 한다.

양어장에서 근무했던 다른 곳의 직원을 인터뷰해 보니 수조를 씻는 데 다량의 포르말린과 세제를 사용한다고 한다. 그리고 어느 해양수산 연구원도 똑같이 말한다. 이 하얀 띠는 바닷물이 밀려와 잠기는 곳이 아니면 누구라도 쉽게 볼 수 있는데, 거의 사시사철 배출수 장식인양 선명하고 더 선명하게 이중삼중으로 그려져 있다.

구멍갈파래가 조금 물러간, 겨울의 썰물 때 양어장 앞의 바당을 보는 것은 참으로 두려운 일이다. 바당이 생산한 갈조류는 아닌데 그렇다고 내가 아는 홍조류도 아니다. 그것은 백화현상이 진행되는 것으로 어떤 곳은 분홍색으로 어떤 곳은 흰색(무절석회조류가 살아있을 때는 분홍색, 죽으면 하얀색으로 변한다)으로 뒤엉켜 있어 바당이 마치 심한 피부병을 앓아 곪아가는 것같이 징그럽게 보인다.

처음 이 광경을 목격한 뒤 바당에서 자라고 놀면서 한 번도 보지 못한, 상상도 못 했던 장면이라 너무나도 무서웠다. 바당이 만들어낸 색깔 중 가장 아파 보이는 색이었다. 바당은 그렇게 병들어 가고 있었던 것이다.

양어장 배출수에는 질소와 인을 포함한 항생제 등 화학성분이 다량 들어있다. 그래서 바다로 유입되면 뜨거워진 해수와 함께 부영양화를 일으키고 결국에는 구멍갈파래의 창궐에 엄청난 도움을 주게 된다. 이러한 악순환이 사시사철 반복되고 있다. 양어장 운영자들은 양어장의 배출수보다 밭이나 과수원에서 나오는 비료 성분이나 농약 성분들이 우천 시 바다로 유입된 것들이 바당의 부영양화에 더 큰 영향을 미친다고 주장한다.

물론 틀린 이야기는 아니다. 오십보백보다.

양어장에서는 대부분 염분 지하수를 개발하여 퍼 올리거나, 바닷물을 끌어들여 사용하는데 이렇게 바닷물이 부영양화되면 지하수도 영향을 받게 된다. 그래서 더 먼바당에서 깨끗한 바닷물을 끌어와 수조를 채우려면 더 많은 비용이 발생하는 것이다. 결국 바당이 죽으면 양어장의 생산 비용이 증가하게 되는 것이다.

내가 줄기차게 관찰한 어느 양어장 주위에 오븐재기가 그 수량이 얼마인지도 모를 정도로 많이 버려져 있는 것을 목격한 적이 있었다. 그것도 한 번이 아니라 여러 번 시력 좋은 내 시야에 들어온다. 또 한 번은 죽은 수십 마리의 방어가 양어장의 배출수를 통해 버려진 적도 있었다.

이건 무슨 일이지?

양어장 안에서 무슨 부실이나 실수가 있을지도 모르겠지만 어느 날 양어장에서 기르던 오븐재기와 방어가 죽었다면 이는 기르던 바닷물의 영향을 받았을 확률이 높다. 염지하수든 끌어온 바닷물이든 오염이 된 바닷물을 쓰니 기르던 생물들이 영향을 받지 않았을까 하는 합리적인 추측에 이른다. 바당은 말없이 조용하게 인간이 준 부영양화 선물을 받아들이고, 아무런 내색 없이 그렇게 같은 선물을 자연스럽게 돌려주는 것이 아닌가 한다.

 사람과 신은 용서할 수 있는데 자연은, 바당에게는 용서가 없다. 대가와 보복만 있을 뿐. 때로는 은밀하지만 단호하게, 때로는 거창하게, 자비란 전혀 없다는 것을 그를 아프게 하는 인간들에게 보여주는 것은 아닐까?

 문어는 바다 생물 중 뇌가 특히 발달되어 있고, 피부로 뜨거움, 열을 감지한다고 알려져 있다. 입만 아웃 아웃 하며 플랑크톤을 자연 습득하는 생물보다 사냥을 주로 하는 생물이 뇌가 발달 될 수밖에 없다는 것이 나의 지론이다. 믿거나 말거나.
 "아이고 삼춘 뭉게 잡아 수꽈?(삼촌 문어 잡았나요?)"
 어느 해녀 삼촌이 양어장 근처에서 잡은 살아있는 문어를 바위에 박박 문지르고 있다. 자세히 보니 문어 피부가 벗겨지면서, 피부가 아니라 피부를 감싸던 하얗고 검은 또 다른 끈적끈적한 액체인 듯한 물질이 바위에 달라붙는다. 옛날에는 볼 수 없는 광경이다. 그냥 문어는 매끄러운 자연색이었다. 문어는 그저 깨끗한 문어일 뿐이다. 바당이 오염되고 죽어가면서 바닷속 생물들도 오염물질을 뒤집어쓰면서 생존하는 것이 아닐까 하는 생각이 들게 하는 장면이다.
 바위에 문지른 문어를 들어 보이며 해녀삼촌이 말한다.
 "영 해야 집에강 뭉게를 삶아도 거명헌 물이 안 나오주게(이렇게 해야 집에 가서 문어를 삶아도 검은 물이 안 나온다)!"

 내가 바라본 양어장 앞의 바다 생물들은 그 옛날 생물과는 많이 다르다.

물론 어릴 적 생물이 생존해 있더라도 개체 수가 많이 줄어들고, 모두 다 무엇인가를 뒤집어쓴 것 같은 느낌이 많다. 양어장 배출수가 나오는 곳에는 인간의 바당을 함부로 대한, 그리고 모두가 방조한 더러움이 켜켜이 쌓여가고 있었다. 어느 해 겨울에는 양어장 배출수 주위에서 새와 야생 고양이들이 죽어있는 것을 여러 번 본 적도 있다.

제주가 고향인 이름이 알려진 지인은 가끔 제주에 내려와서 바당을 보면 정말 좋고 마음이 후련한데, 양어장 앞을 지나갈 때면 속이 답답해서 저 양어장들을 모두 어떻게 해버렸으면 좋겠다는 말을 여러 번 하곤 했다.

양어장을 바라보고 인식하는 것도 사람마다 거의 비슷한데 제주 행정에서는 지금까지 어떠한 액션도 없다. 물론 양어장은 불법으로 허용된 것이 아니며 그들 또한 경제활동을 할 권리가 있다.

바다환경지킴이 활동을 하면서 매년 제주 행정에 대하여 제안을 했다.

지금 마을에 있는 양어장 한 곳을 시범적으로 닫거나 혹은 옮긴 후 바당의 환경을 6개월 동안 지켜보자고. 바당에 어떤 유의미한 변화가 일어날 것이라고. 그래서 그것을 근거로 앞으로의 양어장 문제를 대처해 나갔으면 좋겠다고.

하지만 행정은 이러한 제안에 초등학교 4학년 어린이의 이야기처럼 잘 관리해 나가겠다는 똑같은, 의미 없는 답만 주었다.

한편, 2018년 《사이언스(Science)》에 기재된 영국 옥스퍼드 대학의 푸레와 니메첵(J. Poore & T. Nemecek)의 "식품이 환경에 미치는 영향"에 따르면 양식 새우와 양식 물고기의 탄소 발자국(carbon footprint)은 돼지고기와 닭고기보다 높다고 한다. 탄소 발자국은 개인이나 단체가 직접적으로 발생시키는 온실가스의 총량을 말하는데 그들의 연구에 따르면 소고기, 양고기, 양식 새우, 초콜릿, 양식 물고기, 돼지고기, 닭고기, 치즈, 맥주, 우유, 달걀, 커피, 두부, 콩, 견과류 순위이다.

난민 어랭이

용치놀래기를 제주 사람들은 '어랭이'라고 부른다.

나는 어랭이를 잘 낚는다. 초등학생 시절 바당에서 우리가 낚을 수 있는 대표적인 어종은 코생이, 어랭이, 풍언, 우럭, 사오장각시, 복쟁이, 보드글락, 아홉토막x벨레기, 객주리(쥐치), 조우럭과 재수가 좋으면 청대로 잡는 북바리 정도다.

코생이는 성인 엄지손가락 길이 두 배가 되는 날렵하면서도 엷은 노란 갈색빛을 띤 작은 생선이고, 어랭이는 코생이보다 두 배 정도 길었는데 큰 것은 열 배가 넘는 것도 있다.

어랭이는 이빨이 세고 녹색 점들과 함께 붉고 진한 갈색빛을 띠고 있다. 비슷한 어종이지만 코생이가 어린이라면 어랭이는 어른 뭐, 그런 느낌이다. 큰 어랭이는 썰물 때 깊은 바당에서 수영하며 낚을 때 많이 잡는다. 코생이는 들물이 된 포구나 썰물 시 관수짜리건 고동여든 간에 낚시를 하면 보통 50마리에서 100마리는 기본이다. 그냥 낚시를 던지면 올라온다. 한꺼번에 3마리도 올라온다.

코생이나 어랭이 낚시를 할 때 보통 외줄낚시를 하지 않는다. 보통 한 줄에 2개의 낚시도 있고 많을 시에는 3개까지 낚시를 메 단다. 코생이가 미끼를 먹을 때는 톡 톡, 이런 느낌이라면 어랭이는 한 번에 드르륵 하면서 미끼를 채어 간다. 바당에는 코생이, 어랭이가 정말 많다.

우리는 코생이를 처음 낚을 때 청대가 툭툭거리면 비스듬히 45도

각도로 챔질을 해야 한다고 서로가 거대한 상어를 낚은 것처럼 온갖 무용담을 다 늘어놓는데, 챔질이 45도이건 그냥 높이 올리건, 심지어 청대 끝을 물속에 집어넣었다 올리건 뭐든 상관없이 그냥 들면 올라온다.

코생이나 어랭이 낚시에 기다림은 없다.

기술은 뭐, 그런 거 필요가 없다. 장소도 필요가 없다. 그저 우리 바당이면 된다. 그저 미끼를 끼고 던지고 들어 올리거나 당기는 작은 힘밖에 없다. 세상에서 제일 쉬운 낚시이다.

낚는 것보다 미끼를 준비하는 시간이 더 걸린다. 실은 미끼도 도처에 깔려 있다. 고메기(작은 보말), 게드글락(작은 게) 그리고 바위 갯지렁이 등이다. 우리는 그렇게 쉬운 낚시를 했다. 자연이 우리에게 그런 즐겁고도 풍요로운 낚시를 주었다.

5년 전 코로나 추석 연휴에 오래된 지인 가족분들이 휴가차 제주로 내려왔다. 코로나19로 인해 오랫동안 서로 안부만을 물으며 뵙기가 조심스러웠는데 그래도 오랜만에 서로 얼굴을 보니 무척이나 반가웠다. 코로나19 이전에는 전우처럼 비행기를 함께 타고 이곳저곳을 다녔는데, 밖으로 나갈 여건이 안 되니 이번에는 고깃배를 함께 올라탄다.

나로서는 수십 년 만에 고깃배에 올라타 낚시를 했다. 배 위에서 마스크를 써야 하는 것이 익숙하지 않지만, 혹시나 해서 미리 멀미약을 먹는다. 어릴 때는 뱃멀미 자체가 없었다. 오랜만에 낚싯대를 잡는 것은 여러모로 어색했지만, 그래도 시간이 조금 지나자 나의 마린 보이 본능이 돌아왔는지 낚시의 느낌이 손에 착 달라붙어 있다.

그런데 이제는 기다림, 인내의 기술이 필요하다. 던지면 올라오는 무기술 시대의 낚시는 그 옛날 나의 역사 기록에나 있지, 새로운 기술, 익숙하지 않은 기다림의 기술도 소용이 없자 선장은 기술을 덜 쓰는 곳으로 우리를 안내한다. 하지만 거기도 기술이 필요하기는 마찬가지다.

그래도 드문드문 어랭이를 낚아 올린다. 자주 낚시를 다니던 지인 가족들에게는 새로운 기술이 필요한 것이 아니라 그냥 익숙한 기술이었다. 낚시를 자주 다니다 보니 기다림의 기술이 보통은 된다. 오랜만에 바당으로 나와, 마음이 가까워진 분들과 함께 있으니 기분이 좋았으나 그래도 이왕 나온 거 큰 놈을 잡고 싶은 마음이 강해지는 것은 어쩔 수가 없다. 어랭이가 올라오는 시간은 갈수록 길어진다. 입질이 없다. 그런 사이 내가 낚은 어랭이를 자세히 더 본다. 처음에는 몰랐는데 어릴 적에 수도 없이 낚아본 어종들인데 어딘지 모르게 고기들이 이상하게 어색하게 느껴진다. 어랭이와 풍언 등 전반적으로 고기가 너무 작고 말라 있었을뿐더러 색깔이 더 **빨갛게** 변해 버렸다는 것을 알게 된다.

이제는 작고 말라가는 것이 대세인가? 육상에서도 대부분 사람이 다이어트를 하면서 마른 체형을 선호하더니 알게 모르게 바닷속까지 다이어트 광풍이 불었나? 어릴 적 어랭이는 배가 불룩하여 똥이 가득 차 조금만 배를 잡으면 뭔가 나올 듯이 배가 **빵빵**했었는데 지금의 어랭이는 마치 전쟁터에서 부모를 잃고 한 일주일을 굶은 어린애같이 말라비틀어진 난민 어랭이가 되어있다.

'아, 그래서 익숙하지 않은 것이로구나!'

마치 내가 다른 바당에 있는 그런 느낌이다.

더 심한 것은 그다음이다. 묵직하게 미끼를 채어 가더니, 사투는 아니지만 천천히 올린다. 꽤나 무겁다. 어랭이는 아니라는 생각이 든다. 들어 올려서 보니 땃지(독가시치)다. 나에게는 어릴 적 김치찌개에서 녹슨 금속성 맛을 주었던 그놈이다.

조금은 실망이다. 자세히 보니 나의 실망은 그 녀석에 대한 측은함으로, 연민으로 변해간다. 낚시를 빼려고 자세히 보니 껍질 위로 뼈들이 다 보인다. 난민 어린이에 버금가는 아프리카 기아로 앙상한 갈비뼈가 드러난 어린이를 연상하게 하는 기아 난민 땃지다. 선장이 그런다.

"저건 지금 먹을 것이 하나도 없어요, 너무 말랐어요."

그러면서 먼저 집어 들고는 바당으로 놓아준다. 선장의 말과 행동은 이런 상황에 너무 익숙하여 아무렇지 않은 듯하다. 나에게는 그야말로 무엇인가가 나의 뇌리를 아주 강하게 몰아치는 충격이다. 바당에 있는 고기들이 무슨 보릿고개를 넘어가는 것도 아니고 강제적인 다이어트로 모두가 말라비틀어져 있고 크기도 아주 작다. 얼마나 바닷속에 상황이 안 좋았으면 애들이 이럴까 하는 생각이 든다. 한 번도 보지 못한 세상을 접하는 것처럼 낡은 고기들이 더욱 새삼스럽게 낯설게 느껴진다.

낡은 고기로 선장은 회를 만들어 준다고 했는데 나는 이미 그들을 보는 순간 먹을 생각이 사라진다. 도로 바당으로 던져주고 싶었지만 오랜만에 온 지인들 가족의 즐거움을 방해할 것 같아서 그러지는 못하고 회를 안 먹는 것으로만 그들의 난민 상태를 위로한다.

바당이 정말 변했다.

바당에 사는 고기들도 해조류들이 거의 사라지고, 수온이 올라가서 그리고 담수(산물) 부족과 중산간의 배수로를 통해 오염물(?)이 바다로 흘러들어 그럴 수 있지 않을까 하는 생각이 든다. 그들은 변화하는 환경에 난민 물고기가 되면서도 필사적으로 살아남으려고 용을 쓰고 있다.

2023년 영국의 뉴캐슬 대학의 테레사 뤼거(Teresa Rueger) 박사는 영화 〈니모를 찾아서〉의 주인공의 실제 모델인 흰동가리 돔 2쌍을 연구한 결과, 기후 가열화로 인한 급격한 해수 온도 상승, 열파 스트레스로 인하여 물고기 자체 크기가 줄어든다는 것을 밝혀낸다.

뤼거 박사는 "물고기의 75% 정도는 급작스러운 기온 상승으로 인해 그 크기가 줄어들며 이는 다이어트를 해서 체중이 많이 줄어드는 것뿐만 아니라, 적극적으로 몸집을 바꾸고 음식을 덜 필요로 하고 산소를 더 효율적으로 사용하는 더 작은 개체로 만들고 있다"라고 한다.

2년 전 구좌 한 마을 누군가가 포구 옆에서 배에서 낚아온 부시리 2마리를 정리하고 있다. 그 사람은 내장이 있는 채로 그리고 피를 빼지 않으면 더운 날씨에 금방 부패한다면서 칼로 부시리의 목 주위를 찌르고 자연스럽게 피가 바닷물 속으로 나오게끔 하고 있었.

그 부시리 2마리도 충격적이다. 너무 말라 있다. 대학교 때 아버지와 함께 배를 타면서 많은 부시리를 잡아보았지만, 난 그 부시리를 보는 것이 적응이 안 되었다. 바다환경지킴이를 하면서 생물이 사라지는 것, 해조류가 없어지는 것 등 이미 여러 가지가 익숙한 상황에서도 부시리가 다이어트 열풍에 참가했다는 것은 정말 예사롭지 않은 상황이 바닷물 속에서 벌어지고 있음을 깨닫게 한다.

실제로 바닷속에 다이어트 광풍이 밀어닥쳐서 부시리 두 마리가 체육관을 갔다 오다 너무 심한 운동으로 배가 고파서 급한 마음에, 아무 생각 없이 낚시의 미끼를 먹은 것이 실생활인 것같이 느껴진다.

그것은 다이어트가 아니라 바다 속에 어마어마한 식량난이 밀어닥친 현실이다. 물론 계절적인 요인도 조금 있을 수도 있다. 물고기들은 대체로 가을 겨울에 들어서면서 몸에 살이 찌고 기름기가 더욱 올라온다.

부시리나 방어 등 먹이사슬이 중간계층에 있는 어류들은 멸치 등 작은 어종을 잡아먹는다. 바다환경지킴이 생활을 하면서 멸치 떼가 연안에 든 것을 한 번 본 적이 있는데 멸치들이 돌 위로 파닥파닥 거린다. 물속에서 부시리 등 포식자를 피하려고 전속력으로 도망가려다가 방향 감각을 잃고 연안으로 바다 위로 높이뛰기 선수가 내려와서 매트에서 다시 탄력성으로 뛰어오르는 것처럼 멸치도 바위 위에 등이 휘어지면서 파닥파닥 거린다. 기술점수는 10점 만점에 10점이다.

멸치가 많다는 것은 플랑크톤이 많다는 것이며 그 멸치를 먹는 상위 포식자가 많은 것을 의미한다. 그때 그 마을에 잠깐 멸치 떼가 들어온 것은 수십 년 만에 처음 있는 일이었다.

코로나19 시기에 있었던 일이다.

제주 바다 연안 최고의 포식자는 남방큰돌고래이다.

물론 궁극적으로는 사람들이지만 그래도 바닷속에서는 남방큰돌고래가 가장 대장이다. 이들은 굉장히 잡식성으로 제주 연안이 환경적으로 깨끗하여 건강한 먹이사슬이 형성되어 있는가를 판단하려면 남방큰돌고래의 서식지가 어디에 있는지를 보면 된다.

물론 이제는 멸종에 가까워서 보호 어종으로 지정되었지만 그래도 이들이 서식하는 곳, 자주 출현하는 곳은 건강한 바당이다. 이들은 주로 제주도 내 2곳에 서식하는 것으로 알려졌는데 하나는 제주 동부(구좌와 성산) 그리고 다른 한 곳은 제주 서부(대정)이다. 제주의 동서 끝이다.

어릴 적 개마띠 앞바당에서 자주 보였던 남방큰돌고래, 우리 마을에는 '쉐기'*라고 불렀는데, 어머니의 미역으로 가득한 태왁에 남방큰돌고래가 주둥이로 툭툭거린다. 아버지 배 물밑으로 지나면서 안부를 물어오고, 내가 대학교 때 배를 타고 있을 때 마주치면 히죽히죽 눈웃음을 쳤던 그들이 이제는 제주 연안에서 100마리 정도만 생존해 있다. 물론 이제는 우리 마을 개마띠 앞바당에서는 거의 보이지 않는다.

남방큰돌고래가 제주에서 사라지면 제주 바당은 바당이 될 수가 없다.

이들은 5~15마리로 군집 생활을 한다. 아마도 가족일 것이다. 이들은 가족 간에 사랑도 강하고 친구 사이에 우정도 강하다고 알려져 있다. 최근에 남방큰돌고래 무리에서 죽은 자식을 등에 업고 물 밖으로 나오는 어미 고래의 모습이 카메라에 잡힌 적이 있는데, 죽은 자식을 끝까지 살려 보려는 눈물겨운 애정은 보는 이의 마음을 짠하게 하였다.

고래와 남방큰돌고래는 죽으면 물속으로 가라앉는다. 죽은 자식이

....

* 소리 나는 대로 적음. '수애기'라 불리기도 함

물속에 가라앉는 것을 보고, 숨을 쉬라고 죽은 자식을 등에 업고 물 밖으로 튀어 오른 것이다. 그들의 자식 사랑은 흡사 사람 같다.

남방큰돌고래는 수명이 40년 정도로 사람처럼 일 년 동안 임신해서 보통 한 마리 새끼를 낳는다. 임신 기간은 보통 1년이지만 2년 정도의 모유 수유와 양육 기간이 필요하다. 새끼를 낳을 때 사람은 보통 머리부터 나오는데 남방 큰돌고래는 꼬리부터 나온다. 이것은 어쩌면 자연의 섭리인데 거친 물살로부터 자신을 보호하고 어미와 같이 호흡하면서 유영하고자 해서 그런 것이다.

제주도와 환경단체들은 남방큰돌고래 한 마리 한 마리를 법인화하여 보호하자는 목소리를 높이고 있다. 그만큼 법인화하여 하나하나 보호되어야 할 필요성은 충분히 있지만 지금 현실은 하나하나 보호한다고 해서 보호되는 것은 아니다. 가장 기본적인 건 그들이 살 수 있는 환경을 만들어 주는 것이다. 그냥 바당이 살아있으면, 그리고 건강한 먹이사슬이 형성되어 있으면 그들도 건강해진다. 바당에 먹을 것이 많으면 된다.

단지 그들만을 살릴 수는 없다.

바당에 있는 모든 생물, 생물 다양성이 유지되어야 제주 바당의 먹이사슬 제일 꼭대기도 살아남을 수 있다. 식물성플랑크톤이 풍부하고 해조류가 넘쳐나고, 멸치가 가끔은 바위 위로 기술점수 10으로 파닥거리고, 어랭이가 집단으로 춤을 추고, 부시리와 방어가 멸치를 자유롭게 쫓고, 부시리와 방어들은 남방큰돌고래들에 먹히지 않으려고 눈을 잘 뜨고 다니면 되는 그런 환경을 만들어야 한다.

배를 타고 돌고래를 보는 관광이 성업 중인데 이러한 것은 우리가 자제하고 절제해야 한다. 우리가 배를 타고 그들에게 정기적으로 다가가는 것은, 남들이 우리 허락도 없이 우리가 집에 있든 없든 우리 집안을 구석구석 살피는 것과 같다. 남방큰돌고래에게도 사생활이 있고 그 생활을 침범당하면 아주 싫어한다. 사람과 똑같다. 남방큰돌고래들이 자신들의 의지대로 먼저 소통할 수 있도록 그냥 내버려 두어야 좋다. 스스로 선택하게 말이다. 그들을 쫓지 말고 그들이 우리에게 다가오도록 하는 것이, 건강한 바당 먹이 피라미드를 만들어 주는 것 이상으로 우리가 지금 그들을 대하는 태도이어야 한다.

옛날 어머니, 아버지 그리고 나, 우리는 남방큰돌고래에게 먼저 다가간 적은 없다. 그들이 우리 생활로 들어와서 함께 놀다가 돌아가곤 하였다. 사람이나 동물도 세상을 보는 과정에서 자신의 생활을 침범당하는 것보다 스스로 문을 나와 세상을 보는 것은 엄연하게 다르다.

요즈음은 풍력, 자연 재생에너지가 대세이다. 필요하다. 아주 많이 필요하다. 근데 문제는 지상에 설치되는 것은 그래도 큰 문제가 없는데 바당에 설치되는 풍력은 남방큰돌고래들에게는 치명적이다. 풍력발전 기계가 돌아가는 소리가 그들에게는 엄청난 스트레스이다.

제주에서 바람이 강한 지역은 그들의 서식지와 거의 비슷하다.

대정 앞바당에 풍력시설을 조성해야 한다는 이야기들이 나오고 있다. 마음 같아서는 새로운 아파트 먹이 단지를 조성해서 풍력 소음이 없는 곳으로 안전하게 이주해 주고 싶은데, 아니 그들이 스스로 찾아 나설 텐데 지금 자연스럽게나 인공적으로 먹이 단지를 조성하는 것은 불가능하다. 적어도 제주 남방큰돌고래의 서식지를, 유일하게 남아있는 집 한 채까지 쳐들어가 파괴하는 행동은 하지 말았으면 한다.

제주 바당이 살아나서 멜들이 들어오면, 나는 찢어진 모기장과 양동이를 들고
바당으로, 개마띠로, 애뻬리로 달려가고 싶다. 전속력으로.
내 생에 그런 순간이 한 번쯤 다시 펼쳐졌으면 좋겠다.
그러면 남방큰돌고래들도 고향 바당 개마띠 앞에 나타나, 그 옛날 어머니와 아버지, 그리고 나에게 다가와 히죽히죽 웃으며 놀았듯이
내 자식과 손자들에게도 그렇게 미소를 지으며 돌아오지 않을까.

그 시작은 바당의 먹이사슬이 건강하게 이어질 수 있도록, 식물성 플랑크톤이 잘 자랄 수 있는 환경을 만드는 것이다. 무엇보다도 육지에서 흘러드는 오염물질이 바당을 더럽혀서는 안 된다. 대신에 무기질과 미네랄이 많이 함유된 맑은 물이 스며들어야 한다.
사실 요즈음 그것이 제일 어려운 일이 되어버렸다.
자연으로 돌아가는 일 말이다.

바당이 있던 그 자리, 우리들의 바당은 어디에 있을까?

2024년 7월 구좌읍 한 해녀의 이야기다.
"아이고 올해는 어랭이랑 말앙 코생이도 어신게게, 성게 잡젠행 돌을 뗏스면 작년에는 코생이라도 호끔 돌려드는디 올해는 싹 씨가 말라 부러싱게게 여기가 그 바당이 그 바당인가 햄서게(올해는 어랭이는 말할 것도 없고 코생이도 없다. 성게를 잡기 위해 돌을 뒤집으면 그래도 작년에는 코생이가 조금이라도 달려드는데 올해는 완전 씨가 말라버렸다. 여기가 그 바당이 그 바당인가)?"

이제는 난민 어랭이라도 있어주면 그저 고맙다.
기꺼이 그들의 보모가 되어주고 싶다.

달려라! 달려!

  몇십 년을 국내외에서 내가 좋아하는 일을 하며 돌아다니면서 가장 그리웠던 음식은 어머니가 해주신 솔래기 죽(옥돔 죽)이었고 다시 제주로 돌아왔을 때 나의 입맛을 가장 자극한 것은 구젱기 적(소라 꼬치)였다.
  제주에는 명절이나 제사 때 여러 가지 적(꼬치)을 차례상에 올리곤 했는데 집집마다 소고기, 돼지고기, 상어로 만든 꼬치는 꼭 올렸다. 상어 꼬치가 왜 필수였는지 잘 모르겠지만 아마도 그만큼 구하기 어려워 가장 진귀한 것을 상에 올리려고 해서 그랬을 것이다. 바당과 가까운 집에서는 소라 꼬치도 올리고, 요즈음은 한치와 소고기를 반반 섞어 올리기도 한다.
  어릴 적 차례상에도 소라가 올라왔었는데 먹지 않아서 기억이 전혀 없다. 아무튼, 소라 꼬치는 소라를 조금 삶아 똥과 창자를 분리해서, 살과 맞닿는 부분에 작은 녹색 창자를 반드시 분리해야 한다. 분리를 안 하면 소라가 매우 쓰다. 15cm의 가느다란 얇은 대나무 꼬치에 소라를 간장과 기름으로 펜에서 살짝 볶는다. 이 맛은 간장 양념이 소라 곳곳에 배어 씹으면 소라의 단맛과 어우러져 그 맛이 아주 좋다. 소라 살도 부드러우면서 탄력이 있어 식감도 그만이다. 요즘 들어 명절 상에서 이러한 소라 꼬치를 먹을 수 있는 것은 조상을 잘 둔 덕이다. 조상님, 고맙습니다.

육지에는 뻘과 모래가 많아, 뿔이 없는 껍데기가 밋밋한 고둥이 많이 난다. 그 고둥이 뿔소라를 대체한다. 얼마 전 포항에서 고둥을 먹었는데 제주의 뿔소라보다 연하고 부드러웠다.

그 옛날에는 전라도 청산도와 남해 비교적 멀리 떨어진 섬에서 소라가 나오기도 했지만, 제주 뿔소라가 으뜸이었다고 한다. 특히 내륙에 있는 사람들은 특히 서울 사람들은 굴은 먹어보았지만, 뿔소라를 먹어보지 못한 사람들이 많았다. 그래서 제주도에 와서 제일 먼저 찾은 것이 구젱기, 뿔소라였다. 그러면서 입소문을 타고 뿔소라의 진가를 알게 된다.

지금도 여전히 제주산 뿔소라를 일본으로 수출한다. 그만큼 일본 사람들은 제주 뿔소라를 무척 좋아한다. 일제강점기에는 뿔소라 공장이 제주 곳곳에 있어 통조림을 만들기도 하고, 2차 세계 대전 때에는 군납하기도 했다.

해녀들의 경제를 일으킨 해산물은 미역, 성게, 소라가 대표적이다. 어머니는 미역을 따고 소라를 잡아 생활을 하고, 성게를 채취하여 대학교 등록금을 마련해 주셨다. 봄에는 미역, 여름이 다가올 때는 성게, 그리고 8월이 지나 아침저녁으로 찬 바람이 불기 시작하면 그때부터 이듬해 봄까지 소라를 잡았다.

제주를 살려낸 그 뿔소라가 사라지고 있다. 해조류가 사라지면 보릿고개를 넘듯이 바당에서 사투를 벌이며 생존하는 뿔소라들도 있지만, 대부분 보릿고개에 온갖 오염 풍랑이 밀어닥치니 견디지 못하고 그만 자리에 주저앉아 스스로 생을 마감하기도 한다.

사실 뿔소라는 바당 오염에 가장 민감한 저서생물 중 하나이다. 해녀들은 빈 소라 껍데기가 많아지는 것을 보고 바닷이 오염되고 있다는 것을 실감한다. 뿔소라는 수온에 민감하여 해수 온도가 올라가면 갈수록, 먹이가 없으면 없을수록 자체 면역력이 떨어진다고 알려져 있다. 소라 중 어떤 건 배가 고파, 먹이를 찾아 저 육지 바닷으로, 북쪽으로 오래전에 고난의 행군을 시작하였다.

제주 소라는 해조류의 감소와 수온이 상승으로 인하여 지난 10년간 120km 북상한 것으로 밝혀지고 있다. 경북 울진 후포항 동쪽 23km 떨어진 거대한 수중 암초에서 제주 유전자와 같은 뿔소라들이 서식하고 있다. 한 지역에서만 정착해서 자라고 성장한다고 알려진 자리돔도 이제는 강원도 바다에서도 발견되고 독도에서도 터를 잡고 있다. 뿔소라도 자리돔보다 빠르지는 않지만 꾸준하게 북상하고 있다.

사실 바닷 바닥에 사는 저서생물은 먼 거리를 이동하는 어류보다 바닷 환경 변화를 분석하는 데 객관적인 지표가 되기도 한다. 한국해양기술원 동해연구소는 소라의 상태를 확인하기 위해서 제주(두 곳: 보목과 온평)와 동해 총 6개 해역에서 무작위로 채취한 소라를 비교했다. 제주 소라의 크기는 7.8cm, 동해는 8.6cm로 평균 1cm가 작았으며, 무게는 평균 동해가 50g 제주는 33g으로 17g이 덜 나간다.

더 충격적인 것은 제주 두 곳 소라에서 울릉도, 독도에서 자란 소라에서는 없는 무절석회조류와 유절석회조류가 검출되었다고 한다. 유전자가 같은 왕돌초 암초에서 자란 소라에서도 제주도의 백화현상으로 발생하는 무절석회조류와 유절석회조류가 나온다. 뿔소라들은 수온 상승과 더불어 연안에 지속적인 오염물질, 화학물질 등으로 인해 해조류가 사라지면서 석회조류를 많이 섭취하고 있는 것이다.

 그 옛날 제주의 뿔소라가 아니다. 그 옛날 육지 사람들이 최고로 좋아했던 구젱기가 아니다. 지금 제주의 뿔소라는 생존하는 데 엄청난 스트레스를 받으며 온 힘으로 살아남으려고 애를 쓰고 있다. 감태나 미역 잎에 올라타서 산소를 휘감고 그 먹이를 먹으면서 자라던 제주 뿔소라는 해조류가 없어지니 필사적으로 바닥에 붙어있는 모든 영양분을 빨아먹으면서 이 보릿고개를 넘기고 있다. 그런데 이 보릿고개가 끝날 줄을 모른다.

 앞으로 더 큰 보릿고개가 큰 파고로 이중 삼중 몰려오고 있는 것이다.

 일 년 중 해녀들에게 쉼이 있다면, 보통 여름 8월 한 달인데, 소라는 이때 산란기이다. 보통 뭍에서 가까운 곳까지 올라와서 산란하는 경향이 있다. 여름에 바닷에 가면 뿔소라들이 눈에 많이 띄는 이유다.

 해녀들이 이때 바닷을 지키기 위해, 소라를 지키기 위해, 관광객들이 바닷으로 들어오는 것을 필사적으로 막는 것이다. 관광객이나 일반 주민들이 보이는 뿔소라를 잡는 것은 즐거움의 사치일지 모르지만, 해녀들은 기다린 시간을 보상받기 위한, 그리고 작은 소라를 잡아 자신들의 양식장에 넣어둔 노력 등 자신들의 생명이 걸려 있는 것이다. 그래서 그들은 물질 휴식기에도 바닷에 나가 마늘을 까면서 신체적인 힘은 없지만 아가리질(입에서 나오는 욕)로 바닷을 지키면서, 전쟁을 치르듯 그 여름 뙤약볕을 버티어 내는 것이다.

 그 옛날에는 이렇게까지 하면서 바닷을 지키지는 않았다. 해안도로가 나면서 관광객들의 바당 접근이 너무 쉽게 만들어진 요인이 가장 크다. 해안도로가 없고 마을 사람들이 대부분 해녀였던 때에는 굳이 그럴 필요가 없었다. 여름 뙤약볕에 해안도로변에서 바당을 지키는 삼촌들이 자주 하는 말이 있다.

"저노무 해안도로 때문에 여기왕 시커멍허게 놏이 탐쪄게, 경안해도 시커멍 헌디(저놈 해안도로 때문에 여기 와서 검게 얼굴이 타들어 간다. 그렇지 않아도 검은 얼굴인데)."

소라 금어기가 끝나는 9월 중순께에 다시 바당으로 태왁을 지고 들어간다. 일주일 동안 상군들은 하루에 80~100kg, 나이가 많은 해녀들은 40kg 내외를 수확한다. 항상 이렇게 잡으면 해녀들은 부자가 된다. 그래도 구좌의 동복리 김녕 바당이 살아있어서 이게 가능하지, 고향마을에는 소라가 아예 없다. 전복은 구좌 해녀박물관에 가야만 볼 수 있다. 구좌읍 해녀들도 태왁 망사리가 무거워서 그것을 들어 올리는 데 너무 힘이 드는 기간이 그리 많지 않다. 일 년에 10번도 안 된다. 갈수록 그 횟수가 줄어들고, 소라들도 작아지는데 이제는 소라만 있어 주면 다행이라는 마음이다.

해녀들은 지름이 7cm 아래 새끼 소라를 잡지 않는다. 수협에서 수매해 가지 않기 때문이기도 하고 그들 스스로 바당이 죽어가는 것을 알고 있기 때문에 지킬 수 있는 것, 지켜야 할 것들은 인생 교과서처럼 잘 지킨다. 그렇게 하는 것이 자신의 삶을 이어가게 한다는 것을 누구보다도 잘 알고 있기 때문이다.

3년 전인가 동복리 해녀 회장이 거의 내 손바닥만 한 전복을 잡은 일이 있다. 해녀회 경사였다. 해녀 회장은 이렇게 큰 전복을 잡은 것은 로또라고 말하며 얼굴에 핀 함박웃음과 수경을 쓴 얼굴이 아직도 생생하다. 거의 4년 만에 그렇게 큰 바당의 선물을 받았는데, 이제는 전복 자체가 사라졌다고 이야기한다.

언제쯤 제주 구젱기가 고난의 행군을 멈출까?
한 번 떠난 구젱기 다시는 제주로 돌아올 수 없는 환경이 조성되고 있다.
그나마 있는 소라들도 계속 고향 바당에 있어 주면 좋으련만 어떤 놈들은 동해로 간 녀석의 소식을 들었는지 바로 짐을 싸 내일 제주 바당을 떠나려고 자기 친척들에게 말한다.
"짐 확쌍으내 재기재기 돌으라. 경해야 산다게이(짐을 한꺼번에 싸서 빨리빨리 달려라. 그래야 산다)!"
구젱기, 뿔소라 가족은 강한 의지를 갖고 북쪽으로 옮기는 발걸음들이 갈수록 조금씩 더 빨라져 가고 있다.

파란 바닷길 위에

얼마 전에 통영에 다녀왔다.

한국의 나폴리라 할 만큼 아름다웠는데 통영 바다는 제주 바다보다 어딘지 모르게 답답한 느낌이 든다. 바닷물 색깔도 제주만큼 파랗지 않았다. 그것은 제주 바다가 주는 탁 트임, 대양 때문일 것이다. 대양에 익숙한 나에게는 섬들로 몇 겹 이루어진 바다는 나의 숨을 가두는 것만큼 답답하게 느껴졌을 것이다.

통영도 문명의 바다 진출을 막을 수는 없었나 보다. 공유수면을 매립하고 도로를 만들고 주차장을 만든 곳에서 썩은 바다 냄새가 올라온다. 어린 시절 태흥리 바당에서의 즐거움과 생활 그리고 내게 주었던 내음이 여전히 그리워 바당을 좋아하지 않나 하는 생각이 든다.

통영 바다에도 봉봉 내음은 없었다.

사실 바다는 파란색이 아니다.

바닷물을 컵이나 병에 떠서 보면 투명하고 아무 색깔이 없다. 바다가 파랗게 보이는 것은 빛의 산란 때문이다. 빛 산란은 태양 빛이 공기 중에 산소, 질소, 먼지 등과 같은 작은 입자들이 부딪칠 때 빛이 사방으로 재방출되는 현상을 말한다.

빛이 물을 통과할 때는 선택적으로 흡수되어 물이 파장이 긴 빨간색을 제일 먼저 흡수하고 적게는 황색, 녹색, 보라색을 흡수 후 반사하며 짧은 파장의 파란색 빛만 바다에 남아 산란하기에 우리 눈에 파랗게 보이는 것이다. 이 파란색도 수심 거의 70m에서는 흡수가 되고, 수심 150m가 넘으면 거의 빛이 없는 상태가 된다.

바다가 언제나 파란색일 수는 없다. 빛이 일부는 흡수되고 반사되기도 하는데 태양이 수평선 위에 있을 때 바다가 붉게 보이는 것이 그 이유가 된다. 바다는 빛 이외에 계절, 기상 상태, 온도, 생물의 상태, 수심 등이 바다 색깔에 영향을 미친다고 할 수 있다.

우리나라 서해를 황해라고 하는데 이는 중국 황하강에서 유입되는 황토물이 누런색이라서 그렇게 불린다. 백해는 러시아와 북유럽 바렌츠해로 연결되는 바다로 눈과 얼음으로 쌓여 있어서 그렇다. 흑해는 유럽 남동부와 아시아 사이에 있는 내해로 염도가 낮고 산소가 적어서 살 수 있는 생물이 극히 제한적이며 특별한 박테리아만이 살 수 있는데 그 박테리아가 죽으면 검은색 황화수소를 발생시켜 바다가 검게 변해서 흑해라고 하고, 과거에 풍랑을 만나면 의지할 만한 섬조차 없어 그냥 죽는다고 하여 흑해(Black Sea)라고도 불린다. 홍해는 아프리카 대륙과 아라비아반도 사이에 위치한 좁고 긴 바다다. 이 바다는 기온이 높고 흘러들어오는 강물이 없어, 여기에 사는 해조류가 붉은색을 띠어 홍해라고 불린다.

바다의 적조 현상은 기온이 높아지면서 육상의 오염물질이 바다로 유입되면서 부영양화로 특정 플랑크톤이 급격하게 증식하여 바닷물을 붉게 물들이는 현상이다. 적조 현상은 바닷물 속에 산소량을 급격하게 감소시키며, 독성을 가진 플랑크톤 때문에 조개나 어류 등의 폐사를 가져올 수가 있다.

대부분 해양학자들은 식물성플랑크톤이 많아지면 많아질수록 바다는 녹색으로 변하고 기온이 올라가면 갈수록 식물성플랑크톤이 줄어들어 바다는 점점 파란색으로 변한다는 것에 동의한다. 2100년에는 해수 온도 상승, 기후 가열화 등의 기후 위기로 지구촌 바다 50%가 색이 변할 것이라는 연구 결과도 있다.

앞으로 지구촌 바다는 갈수록 진한 파란색으로 남을 것이다. 그래서 제주 바당은 색깔만으로 보아도 아파서 죽어가는 바당인지 모른다는 생각이 든다. 바다환경지킴이 활동을 하면서 바라본 구좌읍 바당은 연안은 죽어가고 있는데, 바다 색깔은 왜 이렇게 파란가 의문을 가져본 적도 있다. 내가 어릴 적 보낸 고향마을 바다보다 파랗다. 물론 제주도 지역적으로 바다 색깔이 전부 다 같은 것은 아니다. 특히 김녕, 월정 해수욕장 등 바닥에 모래가 많은 지역이 바당은 더욱 파랗다. 갈수록 제주 바당이 파래지는 것은 틀림이 없다. 제주를 찾는 사람들의 이야기를 들어보면 그 파란 바당이 좋아서, 그 파랗고 깨끗한 바당이 제일 그리웠다고 말한다.

플랑크톤이 사라지는 죽어가는 바당을 좋아한다는 것이 조금은 역설적이기도 하지만 색깔과 탁 트임을 좋아지는 것은 어쩔 수가 없다. 세상을 벗어나고픈, 지친 일상으로부터 힐링하고픈 것이다.

언제부터인가 제주도는 그 파란 바당을 활용하기 위해 더 바당 쪽으로 사람의 영토를 확장해 나간다. 그 대표적인 것이 해안도로이다. 이제는 사람마다 조금은 다르겠지만 제주의 상징이 제주 바당과 함께 해안도로가 아니지 않을까 한다.

해안도로는 바당으로 바당으로 사람들의 즐거움과 시간이 향한다. 제주에 오면 창문을 내린 렌터카를 타고 해안도로를 달리면서 "야 바다다"라고 하는 것이 제주 여행의 시그니처가 되고 있다. 더 나아가 바당과 제일 가까운 카페에서 시간을 보내고 자신의 일상을 기록하는 것이 제주 여행의 행복이라고 느끼고, 또한 무의식중에 트렌드를 따라가면서 그렇게 서로 받아들인다.

제주에 다시 내려와서 8~9년 전인가 시내에서 두 명의 젊은 중국인 관광객을 우연히 만났는데 그들은 내게 한담, 무슨 카페를 아는지 물어온다. 사실 그때 나는 한담이 어디인지도 몰랐다. 후에 알고 보니 한림 어느 바닷가에 연예인이 하는 카페가 있단다.

제주는 내가 바쁘고 모르게 지내는 사이에 너무 많이 변해 있다. 중국인들이 위챗을 통해 자기들만의 제주 명소를 만들어 서로 공유하고, 사실 거기는 한국 사람들, 특히 젊은 사람들이 제주를 오면 꼭 들른다는 곳인데 새롭게 관광명소가 된 곳이다. 나만 모를 뿐이지.

시간이 한참 지난 후지만 뒤처지지 않기 위해 유행에 한참 지난 옷을 입듯이 그곳에 가본 적이 있다. 놀라웠다. 한적한 시골 마을이 주차장과 카페, 식당 그리고 장사하는 업체들로 제주 전통 5일 시장보다 더 북적거린다. 퇴근 시간 강남사거리가 된 느낌이다. 도대체 왜 이곳에 젊은이들이 열광할까?

그것은 파란 바당에 가장 접근해 있어서다.

제주 사람으로서 본 그곳은 제주 어디에서나 볼 수 있는 마을이고 단지 그 연예인 카페와 다른 한 카페가 바당에 가장 가깝게 위치해 있을 뿐이었다. 바당이 바로 눈앞, 그리고 바닷물이 카페와 경계선을 이루고 있다. 단지 그것뿐이었다.

나에게 커피 맛은 서울 강남이나 제주 한적한 시골 마을이나 거기서 거기이다. 커피 맛이 아니라, 바당과 연예인이 장소를 결정하는 곳으로 그 자체가 새로운 바당 소비 트렌드가 되었다. 그래서 그 마을 전체가 주말이면, 평일마저도 작은 도로 곳곳이 차들로, 강남에서 친구 만나기 위해, 사람들이 그렇게 약속을 잡고 시간을 보내는 느낌이다.

제주가 어느 순간 이처럼 관광객의 유입을 크게 가져오게 만든 것이 해안도로 마케팅이다. 사람들은 올레길이라고도 하고, 아무튼 제주도를 빙 둘러 만든 해안도로를 따라 파란 하늘, 파란 바당을 보며 자신들의 마음도 파랗게 물들어 갔으면 하는 마음으로 바당 쪽으로 향한다.

한번은 중국에 갈 일이 있어 왜 중국 사람들이 제주를 좋아하는지 물어보았다. 대답은 단순했다. 베이징이나 상하이는 뿌연 공기 먼지로 하루하루가 메케한데 제주의 공기가 아주 깨끗하다는 것이었다. 그리고 하늘과 바당이 같은 파란색이라고 한다. 그것이 가장 큰 매력이라는 것이다. 이해가 간다.

사실 올레는 길이 아니다. 올래는 자기 집 마당에서 신작로(큰길)까지 나가는 공간이다. 그 공간에는 제주의 정서, 반가움과 헤어짐, 그리고 놀이와 생활이 머물렀던 곳이다. 제주의 어느 한 여성이 스페인 산티아고의 순례길을 걷고 나서 제주의 길도 브랜드화하여 사람들에 널리 알려주고 싶은 마음에서 '올레'로 네이밍한다. 어느 독자는 나의 책 《어머니의 루이비통》을 읽고 올래는 마음으로 맞는 레드카펫이라고 비유했는데, 정말 딱 맞는 이야기이다.

한여름 뜨거운 햇빛을 등에 지고 올레길을 터벅터벅 걷는 순례자처럼 고행의 길을 걷는 사람들을 보면 나는 처음에는 솔직히 이해가 안 되었다. 그럴 것이면 굳이 제주에서 걸을 필요가 있을까? 그리고 3~4일을 걷고 완주를 하고 나서 올레 스탬프 전부를 다 받고는 무엇인가를 이룬 듯 자랑삼아 이야기하고 SNS에 공유한다. 그것은 사람들을 이끄는 매력이 되었고, 건강 트렌드가 되었고, 문화 심리 중독이 되면서 많은 사람이 올레, 올레 하면서 걷는다.

그 올레는 해안도로가 주가 되면서 사람들은 해안도로를 따라 걷는 것을 올레라고 생각한다. 제주의 해안도로가 완전 히트상품이 된다. 트렌드의 중심에 있는 것이다. 사람들이 바당을 좋아하고 바당으로 향하는 길, 아스콘과 시멘트가 포장됨에 따라 더욱더 바당 쪽으로 사람들이 모여들기 시작한다. 카페, 펜션, 식당, 심지어 온갖 놀이시설까지, 마치 제주 해안도로와 바당을 이용하지 못하면 자신들이 시대에 뒤떨어지고 자본을 축적하지 못할 것처럼, 그리고 그 주위에 상업시설을 세운 사람들은 온갖 방법으로 자신의 상품을 마케팅하기 시작한다.

그리고 마을 사람들도 뒤늦게 자신들이 무엇을 해 조금이라도 이익을 보려고 그 해안도로 주위를 맴돈다. 바당 쪽으로 향하면 할수록 큰 상품이 되고 큰 자본이 될 확률이 많다. 그렇게 해안도로는 제주로 사람을 빨아드리는, 제주를 변화시킨 가장 큰 일등공신(?)이 된다.

사람들이 바당으로 들어가면 들어갈수록, 해안도로가 생기면서 사람들은 자본과 즐거움을 주머니에 더 넣었을지 모르겠지만 자연에게는, 바당에게는 사람들이 몰려오는 파도를 온몸으로 다 받아내고 있다.

더욱더 바당 쪽으로 가려고 하니 오랫동안 제주의 자연과 사람들을 지켜온 모래 사구가 없어지고 그 위에서 외롭게 묵묵히 모래를 사수해 오던 숨백이낭(순비기나무)도 어느 순간 숙청을 당하듯 조용하게 사람들에 의해 단호하게 사라지고, 갯벌이 사라지고, 조간대가 사라지고, 생활과 정서도 겡이들과 함께 어디론가 사라져 버린다.

사구는 해안마을에서 모래언덕으로 제주 북쪽에서는 북서풍이 남쪽에서는 남동풍이 불 때 바닷물이 올라오는 것을 막아주고 모래바람도 숨백이낭과 함께 온몸으로 독립운동하는 마음으로 묵묵하게, 치열하게 바람과 파도를 막아낸다. 그래서 사람들은 밭농사하고, 짠물 생활의 불편함을 멀리하게 한다.

바다환경지킴이 활동을 하면서 매해 겨울이면 월정해수욕장과 김녕해수욕장 모래들이 해안도로를 넘어서 사람들이 장사하는 시설 안으로 들어와 여러 번 그 모래를 치운 적이 있다. 그리고는 모래들이 바람에 날리고 사람들이 사는 공간으로 자리를 잡으면 잡을수록 행정은 그 모래를 구입해서 유지하는데 또 다른 주민의 세금으로 그 모래를 채운다.

자연, 바당을 파괴한 행정은, 마치 일제 경찰처럼 독립운동을 한 숨백이낭과 그의 일행들, 사구를 감옥에 넣고, 자신의 행동을 합리화하기 위해 매해 예산으로 모래를 구입해서 해수욕장에 퍼 붙는 일을 하고 있다.

해안도로는 바당의 입장에서 그리고 제주 정서의 측면에서 보면 이것은 완전 해악도로이다. 제주 바당의 삶을 곳곳에 연결시켜 줌으로써 관광객들이 바당 삶 일상을, 사람들의 살아가는 모습을 알게 모르게 엿볼 수 있어 프라이버시 침범을 넘어서면서 어느 순간 당연하게 마을 곳곳을 들여다본다.

무슨 점령군처럼 그리고 돌아다니면서 마을 사람들에게는 알려지지 않고 그냥 오랫동안 묵묵히 있었고 사용해 왔던 조그마한 마을 공간들이 어느 순간 관광객들이 대단한 것을 발견해, 자기가 마치 신대륙을 발견한 것처럼 SNS에 자랑질을 늘어놓으니 그 마을 공간들이 어느 순간 관광객들이 앉아있고 보행기를 집고 겨우 걸어 온 할머니들은 자기 자리를 내주고 갈 곳이 없어진다. 제주의 문화와 정서는 사라지고, 제주의 삶이 없어지고 평범한 일상의 마을도 관광지로 변하고 있다.

해안도로를 운전하거나 걸어 다니면서 그 주위를 자세히 보면 이 해안도로가 바당에 얼마나 해를 가하는지 알 수 있을 것이다. 해안도로에 의해 바닷물이 막혀 인공물이 설치된 곳이나, 해안도로 밑에 여러 개의 시멘트 배출관을 깔고 인위적으로 만든 인공 바당 연못이나 큰 공간에는 어김없이 바닷물 온도가 그 이후 자연적으로 올라가 구멍갈파래가 창궐한다.

이러한 것을 보는 것만으로도 미간을 찌푸리게 만드는데, 심한 악취와 함께 다양한 해양쓰레기와 콜라보는 청정 제주라는 그 이미지가 그 얼마나 잘못된 단어 선택인지를 길을 잃은 개도 지나가다 알 것이다.

나중에는 구멍갈파래의 고향이 되고 그 주위로 더욱 확장해 간다. 인공연못을 만들어 지나가는 올레꾼들과 차량들에 가두어진 천연자연 이미지를 제공하려고 했던 행정의 의도에 자연과 바당이 격조 있게 발을 맞추어 주지는 않는다.

사실 난 이런 곳을 다시 메꿔서 나무를 심고 공원을 만들어 자연을 조성하여 자연을 만들어 자연에 다시 돌려주었으면 한다. 그러면 바닷물은 인공화학물을 터치할 확률보다 자연에 최종 터치함으로써 구멍갈파래가 덜 생기고 해수 온도가 올라가는 것을 막을 수 있다. 자연과 바당의 의도에 행정이 발을 맞추어 주면 자연과 바당은 즉각 반응하지만, 행정은 그럴 의도는 전혀 없고 이상한 윗사람의 의도에 몸을 낮추고 목소리에 귀를 기울인다.

친환경적인 공원 조성을 포함하여, 렌터카에 친환경 쓰레기봉투를 무료로 지급하여 쓰레기가 바당으로 들어가는 것을 원천적으로 막아 조금씩이라도 바당을 살려내자고 제주도에 여러 번 제안한 적이 있었지만, 행정은 좀처럼 움직이지 않는다.

현실적으로 제주는 지금 바당이 원시적인 자연으로 둘러싸일 수가 없다. 인공물, 해안도로가 제주를 감싸고 있는데, 라인강 오염이 아주 심했을 때 라인강에 있는 온갖 시멘트 성분의 보를 다 철거하고 난 뒤에야 자연이 돌아왔다고 한다. 우리가 그러기에는 너무 많이 와 버렸다.

또 다른 삶이 해안도로를 근거로 너무 많이 살아가고 있다.

해안도로변에는 많은 카페들이 있다. 그 주위에 많은 쓰레기와 일회용 컵들도 자연의 한 부분인 것처럼 물 위를 떠다니거나 돌과 함께 자연에 비집고 누워있다. 사실 커피를 잘 안 마시는 편으로 커피 종류와 브랜드를 잘 모른다. 바다환경지킴이를 하면서 수십 종의 커피 관련 쓰레기와 용기를 보고 수거하면서 나는 커피가 바당에서 생산되고 만들어지는 줄 알았다.

김녕항 쪽으로 향하는 해안도로에서 사진을 찍고 있었다. 그곳은 해안도로 때문에 인위적으로 바닷물의 흐름이 바뀌어 바닷물이 흐름이 원활하지 않은 곳이다. 그래서 사시사철 구멍갈파래로 뭉텅이 녹조라테 현상이 발생하는 곳이다. 그 향도 진하다. 해안도로가 새로운 히트상품에 발맞추어 출시한 악취5이다.

한 마을 주민이 내게 다가와서 어떻게 할 것인가 물어온다. 열심히 기록 사진을 찍고 있는 모습을 보고 이것을 해결하려는 의지가 보인다면서, 어떠한 것을 해서라도 이 구멍갈파래 서식지를 해결하여 그들의 삶을 이 악취로부터 해방해 주었으면 하는 바람으로 이야기를 더해간다.

"이 해안도로는 그 옆에 땅을 갖고 있는 사람들에게는 땅값이 올라서 좋은 결과가 되었지만, 땅이 없는 사람들에게는 정말 미치게 만드는 도로다. 제주 사람들의 빈부 격차만 늘려주는, 아주 쓸모가 없는 도로다"라고 숨도 쉬지 않고 이야기한다.

나는 속으로 이분은 해안도로 옆에 땅이 없나 보다, 처음에는 그렇게 생각하지만, 그분의 말은 진심이다. 제주를 사라지게 만들고 제주 바당을 죽게 만든 도로라고 하면서 자신의 거침없는 말들을 도로변 위에, 구멍갈파래 위에 깔아놓는다.

어떤 이들은 이 해안도로를 통하여 지친 삶의 즐거움과 위안을 얻고,
어떤 이들은 걸으면서 인고의 통찰을 얻고,
어떤 이들은 그냥 아무 생각 없이 그냥 걷고, 달린다.
어떤 이들은 열심히 해안도로 주변에서 삶을 모으고 소자본을 이

루어 나간다.
 이 해안도로가 자연으로부터 우리가 무방비로 얻어맞을 수 있는 계기를 줄 수 있다는 걱정이 떠나지 않는다.
 자연이 있었던 그곳에, 자연을 없애고 해안도로를 만들어서 태풍이나 자연재해가 이 해안도로를 타고 바당에서 육지로 올라오는 길을 만들어 줄 것만 같다. 사람들의 삶이, 관광객들의 즐거움이 바당으로 바당으로 향하는 길이 되었듯이 바당을 너무 아프게 한 행동의 대가를 바당이 이 해안도로를 통하여 사람들에게 올려보낼 것 같은 생각이 든다.
 해안도로는 조만간 우리 삶의 안전, 생명의 안전띠를 풀어버리는 도구로 전락할 수도 있다는 생각이, 갈수록 내 머리에서 떠나지 않는다.

바당은 없다. 하나

어머니는 13세 살 때부터 물질했다.
어머니 형제는 2남 5녀지만 실제로는 4녀가 전부다.
어린 시절을 버티지 못하고 세 분이 일찍 돌아가셨다.
외할머니도, 어머니도, 자매들은 그전에 제주 여성들이 그랬듯이 해녀로서 자연스럽게 삶의 바통을 이어받아 척박한 자연환경 속에서 더 억척스럽게 바당에서 자란다. 어미 새가 새끼들에게 먹이를 무는 방법을 가르치기도 전에 어린 새들은 스스로 날아오르려고 바당에서 퍼득퍼득 거린다.
외할아버지는 어머니가 10살이 되기도 전에 돌아가셨다.
제주에서 여자들은 열서너 살이 되면 아버지가 초가지붕 위에 익은 박으로 테왁을 만들어 준다. 부모가 자식에게 전해주는 첫 생활의 도구이자 삶의 유산인 셈이다.
어머니는 아버지로부터 테왁을 받지 못하고 할머니로부터 테왁을 받는다. 그 테왁 박새기를 받으면 어떤 남성의 품에 들어가는 것이 아니라 손바닥보다 작은 품일지라도 스스로 세상을 품어 나가는 것이다. 어머니가 쓰시던, 언니가 쓰던 작은 구덕에 작은 테왁 망사리를 넣고 지고는 휘어진 올래를 지나 더 넓은 세상으로, 바당으로 나간다.
그렇게 물질이, 평생 질긴 노동이 시작된다.

바당은 그들 모녀 모두를 따뜻하게 품어주고 먹을 것을 나누어 주고, 즐거운 놀이를 제공한다. 그들의 삶에서 바당은 가장 정직한 친구요 관대한 후원자다.

글을 배우고 학교 다녀야 한다는 의무감은 예전부터 없다. 어머니 형제들은 막내 이모만을 제외하고 전부 초등학교를 중퇴한다.

주경야독은 아니지만, 야학을 즐기고 모두 인류 최고의 대학인 자연대학, 가장 재미있고 보람 있는 바당 학과를 스스로 들어가고 생활로 졸업한다. 후에 그녀들 모두 바당 학과에서 배운 지혜로 육지로 너 넓은 세상 대학원으로 인생을 넓혀 나간다.

어린 소녀는 초등학교에 다니는 것보다 바당에 가서 미역을 따는 것이 더 재미있다. 생활을 버는 재미가 있다. 집이 너무 가난해서 누군가가 돈을 벌어오라고 물질을 시킨 것도 아니다. 그것은 올래를 거쳐 바당 밖으로 나가듯이 선택의 여지가 없는 그저 단순히 살아가는 과정일 뿐이다.

물질을 시작하면서 어린 자매들은 자신들만의 경제, 지갑을 스스로 만든다. 할아버지, 오빠들이 일찍 돌아가셔 집안에 여성들만 남겨져도 생활에 대한 두려움, 저녁밥에 대한 걱정, 미래에 대한 불안은 전혀 없다.

그들 곁에는 남자들 대신에 바당에 있다. 정직하고 성실한 바당은 순하고 성실한 자매들에게 내어줄 수 있는 모든 것을 다 내어주려고 한다.

그녀들은 서로에게 욕심을 부리지 않는다.

어머니는 집에서 한모살(큰 모래지역, 백사장)을 지나야 바당 불턱*에 다다른다. 그 한모살은 바당과 집의 중간 다리로 친구들과 함께한 즐거움의 운동장이다. 긴 노동을 시작하기 전 소녀들의 집단 수다의 모래를 토해내는 곳이기도 하고 척박한 자연에서 하루를 캐내어 집으로 돌아갈 때의 묘한 안도감, 서로에 대한 동질감의 연대 모래를 푸석푸석 밟는 곳이기도 하다.

어떤 하루는 생활에 대한 작은 욕심으로, 친구에 대한 굳은 의리로, 집중한 물질 시간이 길어져 한모살 가운데 물이 들어와 저 멀리 빙 둘러 돌아가야 하는 데도 지친 몸과 마음으로 힘들고 피곤해서 멀기도 하지만 소녀들은 서로가 있어 그 돌아가는 길이 우정과 사랑의 연장선이 된다.

미역은 바당이 어머니와 네 자매에게 처음으로 내어준, 채취할 수 있는 최초의 해산물이다. 앞으로 자신들 삶을 이어가고, 세상의 끝자락을 잡을 수 있는 인생의 보류이기도 하다. 처음 숨비어서(자맥질하여) 들어가면 물살도 세고 그래서 무엇이고 잡을 여유도 없다. 수영하는 것하고는 다르다. 그냥 서툴게 손에 잡히는 것을 갖고 나온다. 그것이 미역이다. 미역은 어디에나 춤추고 있고 바당은 어린 소녀에게 자연스럽게 미역을 쥐여준다.

꼭 심으라고(잘 쥐라고) 이야기하면서 작은 물결로 귀가에 출렁거린다. 오랜만에 외할머니댁에 가서 돌아올 때면 올래 어귀에서 외할머니가 아주 인자하게 나의 주머니에 사랑과 동전을 쑤셔주듯이 그

....

* 해녀들이 옷을 갈아입고 물질 전후로 불을 쬐는 곳이다.

렇게 바당은 소녀들에게 작은 사랑과 삶을 태왁 망사리 안으로 넣어 준다.

미역은 좁쌀이고 보리쌀이고, 화폐이다.

어떤 해녀들은 미역을 따고 바로 좁쌀로 바꾸어서 밥을 지어 먹지만, 어머니는 미역을 말리고 나중에 그것을 시장에 가서 바꿔서 화폐로 교환한다. 나중에 그 돈으로 좁쌀, 보리쌀을 산다. 그렇게 하는 것이 좀 더 이득이다.

한편 메역허지를 기점으로 그 이후에는 언제라도 미역을 따는 것은 전혀 문제가 되지 않았는데, 그 이전에 따는 것은 불법은 아니더라도 마을에서의 약속이라 양심의 문제가 조금 있어 소녀들은 불턱에 미역을 숨기기 위한 곳을 만들고, 미역을 채취하고는 집으로 돌아온다. 메역허지는 마을에서 개인이 미역 따는, 그 이후 집단 수매가 시작한다는 것을 알리는 날이기도 하다.

집에는 미역이 넘쳐난다. 외할머니는 자식들에게 제발 그만 따오라고 부탁까지 한다. 옆집에도, 뒷집에도, 물질하는 집 마당이나, 올래 돌담에는 미역이 널려 있다. 마을이 미역으로 검붉게 덮여간다.

제주의 이런 상황을 묘사한 것이 조선 시대 이건이 쓴 《제주 풍토기》이다. 그 속에 제주 여인들을 묘사했는데, "미역을 채취할 때 좀녜(해녀)들은 벌거벗은 몸으로 물가에 있다. 낫을 갖고 물 밑바닥에 들어가서 미역을 따서 끌고 나온다." 이 이야기는 1600년대 중반에 나오지만, 그 당시의 좀녜, 해녀의 삶이나 그 후 삼백 년이 지난 1940년 중 후반 외할머니의 아기 해녀, 소녀들의 생활이 변한 것은 없다. 그 삶이 그 삶이고, 그 바당이 그 바당이다. 삶이 삶으로 그 바당이 그 바당으로 이어져 내려온다.

표선에서 메역허지가 끝나서 얼마 되지 않아 막내만 제외하고 자매들은 육지로 가는 배에 올라탄다. 어머니는 20살이 되는 해에 큰언니가 마을에서 해녀를 모아 육지로 원정 작업 가는 것을 인솔했는데, 그 무리에 있다.

한꺼번에 20여 명이 태왁과 구덕, 보따리에는 좁쌀을 이고는 배에 올라타서 꼬박 하루를 달려 경북 바당에 이른다. 한 번은 배를 타고 가던 중 추운 밤에 누군가가 오줌이 마려워 오줌을 싸는데 다른 누군가는 잠결에 발을 휘둘리니 배 밖으로 떨어진다.

"아이고게 누게 떨어진거 담수다 게(아이쿠, 누가 떨어진 것 같다)."

선잠에 모두들 화들짝 일어나 찾는다. 다행히도 흰 머플러를 쓰고 있어서 어둠 속이지만 눈에 띄어 선장이 뛰어들어 구해냈다고 한다. 그 소녀 18살에 첫 외방(외지) 가는 길에 벌어진 일이다.

또 한 번은 날씨가 너무 추워 배에서 불을 때다가 불이 붙어서 모두들 태왁을 들고 바당으로 뛰어들기 직전까지 갔다. 다행히도 불은 잡히고 그들은 그렇게 어둠을 뚫고, 추위 사이로 계속 내일로 달린다.

바당은 그들에게 삶의 뜨거운 심장 한가운데이다. 또한 바당은 소녀들의 심청이 같은 마음을 알고는 무엇을 빼앗기보다는 그들을 따뜻하게 안아준다.

어머니는 경북 양포 큰 바위에서 한 살 어린 동네 친구와 집을 빌어, 물질한다. 같이 밥을 해 먹고 같이 물질하고 같이 의지하며 6~7개월을 함께한다. 매일 6~7시간 물질을 한다. 매일 미역을 따고 말린다.

그들은 늘 배가 고팠다. 그만큼 물질이 힘들었다.

표선 바당, 제주 바당은 조수 간만의 차가 커서, 썰물 때는 먼 곳까지 물질이 가능하고 얕아서 그만큼 물질하기도 쉽다. 가끔 여도 있어 지치면 그 위에 발을 딛고는 호흡을 다시 재정비하는데, 육지 바당은 깊고 넓어서 숨을 비고 들어 미역을 따러 가는 시간이 있다. 쉽게 말하면 미역을 따기 위해 호흡을 길게 해야 한다. 어머니 말에 의하면 두 곱절(두 배) 힘이 더 든다. 그래서 늘 허기가 진다.

지금처럼 영양 있는, 균형 있게 잘 먹은 것은 아니다. 그리고 조팝(조밥)을 배가 쉽게 꺼진다. 어머니는 조팝을 너무 먹어서 조를 보는 것조차 싫은 적이 있다. 제주에서 가지고 온 조를 다 먹고 나면 보리밥을 먹었는데, 물질을 끝내고 나면 집으로 돌아오면 너무 허기져서 아침에 보리쌀을 한 번 삶은 것을, 다시 삶아 먹어야 하는데 그냥 된장에 비벼서 둘이 먹는다. 늘 허기가 먼저 집으로 들어와 앉는다. 꿀맛이다. 질진 노동이 맛있는 밥을 만든다. 된장도 없어 동네 사람들에게 따고 온 미역을 주면 된장을 내어준다.

어머니 친구분은 그래도 표선에서 부잣집 딸인데도 물질도 잘한다. 서로 물질을 잘하니 자연스럽게 육지에서 같이 살며 미역을 따고 같이 말리고, 미역을 팔고는 집으로 돌아오면서 똑같이 돈을 나눈다.

어머니는 양포를 두 번 갔다 오고는 애삐리에 밭을 하나 산다. 친구도 표선에 밭을 산다. 밭을 사고 나서 표선에 있는 친구들 7~8명이 한턱내라며 달려드니 한모살 끝을 그 친구와 둘이 다시 달린다. 둘은 달리기도 잘한다. 친구들에게 잡히지는 않는다. 그 삶이 기뻤다. 거기에는 늘 바당이 있다. 바당은 여전히 늘 두 소녀를 인자하게 바라보며 따뜻하게 안아준다. 그러면서 그들을 건강하게 즐겁게 키

워간다.

삶이 크게 달라지는 않는다. 조금 달라진 것이 있다면 조밥에서 보리밥을 먹는 횟수가 많아져 간다. 그렇게 어머니는 표선 한모살을 가로질러 물질을 하고 고구마를 먹고, 보리밥을 먹고 물질을 하고 다시 양포로 가서 친구와 같이 물질을 하고 다시 밭을 사고 고구마를 먹고 물질을 한다.

삶에서 바당이 전부이다. 집에 있는 시간을 제외하고는 늘 바당에 있다.

어머니는 자매들 중에서 제일 건강했고 물에 있는 시간도 제일 길다.

큰이모는 시집을 가서도 마을에서 해녀들을 인솔하는 일을 하며 틈틈이 장사했고, 둘째 이모는 강원도 동해로 원정물질 가서 거기서 남자를 만나 눌러산다. 어머니와 친구분은 여전히 같이 태왁을 질구덕에 넣고 짊어지고는 한모살 위를 걸어 다니며 물질을 한다.

구덕이 종류가 조금 변한다. 출구덕에서 가장 많은 노동과 시간을 담을 수 있는 질구덕으로 어느 순간 바뀐다.

어머니가 태흥리로 시집을 오면서, 친구는 표선마을에서 결혼하면서 자연스럽게 헤어진다. 태흥리에 와보니 표선보다 미역이 더 많다. 표선은 백사장이 조금 있어 미역밭이 따로 있었는데 태흥리는 마을바당, 봉안이부터 애삐리까지 전부 미역밭이다. 봉안이에는 미역이 꽈작허고 애삐리도 미역이 민짝하다.

조선시대 정약용 선생의 《경세유표》에 이런 이야기 나온다.

"제주 미역은 조선 사람 반이 먹는다."

제주 미역이 우리나라 미역을 대표한다. 그 옛날부터도 말려서 육지로 보내졌다. 어머니의 미역은 충북의 한 가정에 서울의 한 가정에 미역국을 만든다.
　물질하다가 형을 가져서 그리고 연년생으로 나를 낳고 다시 2년 후 동생을 낳고는 동생이 초등학교 들어갈 때까지 물질을 잠시 쉰다. 우리를 키워야 했기 때문이다.
　어머니는 그동안 물질로 저축해 두어 아버지가 생활비를 주지 않아도 애를 키우는 데는 그리 문제가 없다. 아버지는 배를 타다가 무슨 바람이 불었는지 군대를 갔다 오고는 사업을 한답시고 밖으로 주로 다니신다. 바당은 아버지도 불러내지만, 아버지는 말을 안 듣고, 보재기(어부) 소리가 싫은 건지 바당과 육지 삶을 왔다 갔다 한다.
　내가 초등학교에 들어가면서 어머니는 다시 바당으로 뛰어든다. 우리 삼 남매는 서로 돌보고 놀면서 집에 도새기(돼지)밥은 학교를 갔다 오고 나면 내가 주고 형은 동네 수도에서 물을 길어오고 산에 땔감을 하러 같이 가기도 한다. 동생은 어리고 형과 내가 돌본다.
　어머니는 여전히 미역을 채취하다가 성게를 잡는다. 어머니는 미역, 성게 마중을 아버지가 안 가셔서 형이 가고 나도 가끔 다닌다.

　정월 명절이 지나면 마을에는 톨(톳)허지가 있다.
　메역허지와 마찬가지로 마을에서 공동으로 생산하고 말리고 판매를 한다.
　이때는 바닷물이 아주 차갑다. 제주 바당은 음력 12월보다는 음력 정월 명절이 끝나고 1~2월, 어떤 때는 3월 초까지도 추웠다. 겨울에 춥고 눈이 많이 내리면 바당에는 늘 풍년이다. 채취한 톳을 운반할 때는 비닐포대에 넣기도 하고, 동네의 용감한 형들이나 삼촌들은 그냥 포대를 지게에 깔고는 물이 철철 나는 데도 지고 나른다. 물 가까이에서 고생하는 아내와 어머니들을 위한 같은 마음이기도 하다.

톨허지가 끝나고 메역허지는 보통 음력 2월에 하루나 이틀을 정하는데 여전히 바당은 차다. 메역허지 이후에는 성게를 잡을 때까지 해녀들이 미역을 딴다. 길면 두 달 못 미치게 성게를 까고 다음에는 소라와 전복을 잡는다. 사실 옛날에는 제주 해녀들에게 있어서 미역과 전복이 주로 잡는 해산물이다. 소라와 성게는 해방 전 일제강점기 시대에 일본 사람들이 주로 먹기 시작하면서 해녀들의 수입원이 넓어지게 된 것이다.

어머니의 마을, 표선초등학교 옆에서 해방 전에 일본 사람들이 산다. 어머니는 어려서 그때는 물질 전이라서 그러질 못했는데 외할머니는 소라를 따와서 일본 사람들에게 팔았다. 일본 사람들은 해방 이후 일본으로 돌아가서도 제주의 소라, 성게 맛을 잊지 못한다. 해방 이후에도 제주 해산물이 일본에서 수요가 강해 미역, 톳, 소라, 그리고 성게 등이 일본으로 수출된다. 당시 육지 사람들은 제주 소라를 그리 먹지를 않는 시기다. 어쩌면 일본 사람들이 소라를 먹은 것을 보고 육지 사람들도 서서히 관심을 갖는다. 소라와 성게의 수출은 해녀들의 삶을 더욱 풍부하게 만든다. 그리고 더욱 바당 깊은 곳을 숨비게(자맥질하게) 만든다.

마을에서 상군을 아내로 둔 남편들은 부러움의 대상이다.
마을 사람들이 그렇게 하는 이야기를 들었다.
"일만이 아버지는 도대체 어떤 복이 있는지, 일만이 어머니가 물질을 잘하니, 저렇게 놀고 있어도 돼."

더욱 어머니가 단 한 번이라도 아버지에게 싫은 소리나 대드는 것을 나는 본 적이 없다. 1970년대 중후반 바당은 여전히 정약용의 《경세지표》의 제주 바당과 별 차이가 없다. 어머니의 삶은 외할머니의 삶과 별 차이가 없다. 차이가 있다면 어머니 속을 뒤집는 아버지가 있고, 교과서처럼 자라는 삼 남매가 있을 뿐, 바당과의 관계는 여전히 좋았다.

표선 바당이 어머니의 소녀와 처녀 시절을 말없이 마음을 쓰다듬어 주었다면 애삐리바당은 가족들을 위해 바당을 의지로 좀 더 긁는 어머니에게 풍요로운 일상을 담아준다. 바당은 여전히 어머니의 작은 골갱이(작은 호미) 긁힘이 마치 가려움을 긁어주는 것처럼 대수롭지 않게 자신을 위하는 것으로 받아들인다.

가끔은 쉐기(남방큰돌고래)가 옆에 와서 어머니의 태왁을 들이받는다. 그러고는 히죽히죽 웃는다. 어머니는 처음에는 무서웠지만, 어느 순간 서로 선함으로 익숙해져 그놈인지 그년인지 함께 숨비기 경쟁을 한다. 그렇게 몇 번 자신이 어머니보다 수영과 다이빙의 천재라는 것을 확인시켜 주고는 꼬리를 흔들며 "안녕! 다음에 또 봐" 하고는 서너 번 자신의 배를 뒤집어 보이고는 가족들 무리에 합류한다.

어머니는 밭에서 일하는 것보다 바당에서 물질하는 것이 좋다. 밭에서 온종일 쪼그려 앉아서 일해도 무엇이 진척되는 것을 보기도 힘들지만 바당은 다르다. 밭에서의 삶이 수동적, 해야만 하는 삶이었다면, 바당에서의 삶도 해야만 하는 일과지만, 몸으로 일하고 눈으로 그 노동 결과를 확인하고 자식들의 입으로 보리쌀과 돼지고기들이 들어가는 걸 보니 물질이 힘들지만, 결과에 만족하는 그만큼 보람이 컸다. 그래서 어머니는 물질이 항상 좋다고 이야기한다.

어머니는 우리가 배고프지 않고 잘 먹고 학교 다닐 수 있는 것이, 남들보다 풍족하지는 않지만, 못하지 않은 생활에 하루를 채운다.

신기하게 가끔은 쉐기 무리들 중, 그놈인지 그년인지가 다가와 히죽히죽 날리는 미소는 바당 생활에 작은 행복이다.

어머니에게 바당은 자신의 인생 전부이다.

아버지만 그런 것이 아니라 그 당시 아버지들은 가부장적인 데다 놀기를 좋아해서 그다지 삶에 보탬이 되지를 않은 경우들이 많다. 우리 동네에서 앞집도 그렇고 옆집도 비슷하다. 지금처럼 부부가 애틋하고 남편이 아내를 배려하고, 손잡고 같이 다니는, 그러한 것들은 어머니와 아버지의 관계에서는 꿈같은 일이다. 아니 꿈속에서도 일어날 수가 없다. 시대가 그렇고 지역이 그렇고, 어머니 아버지의 몸에 밴 익숙함도 그렇다.

여자들은 일하고 남자들은 거만하게 목소리만을 높인다. 마을 경조사 때 보면 남자들은 돼지를 잡으면 그날로 일이 끝난다. 그러고는 술 먹고 고기 먹고 넉뚝배기 노름에 정신이 없다. 여자들은 그런 손님들을 치우기 위해 3일 밤낮을 일만 한다. 불공평한 세상이, 불편한 세상이, 한쪽만을 희생하게 만든 세상이, 세상이라는 이유만으로 그렇게 지속되어 간다.

그렇게 밖으로만 돌고 자신들만을 위해 사는 것 같은 남성들은 그러려니 하면서 여성들은 진심으로 가족들을 위하며 바당 쪽으로만 돈다. 바당은 그런 어머니의 삶을 묵묵하게 소리 없이 바라보며 늘 곁에 있다.

외할머니가 떠난 그 자리에는 바당이 어머니 마음에 더욱 자리를 잡는다. 어느 순간 바당과 어머니, 하나가 되어 서로를 부여잡고 의지하며 함께 오늘을 받아들이고 자식을 기르며 내일을 맞는다.

어머니는 아버지와 함께 배를 탄다. 군대 가기 전 형과 내가 있어서 아버지와 함께했지만, 아버지는 우리가 없자 어머니를 배에 태웠다. 어머니는 물질을 계속 집중하고 싶었는데, 하늘보다 큰 목소리를 가진 아버지라 어쩔 수가 없다. 그래도 어머니는 틈틈이 아버지가 다른 욕심으로 배를 타지 않거나 하면 물속으로 들어간다.

아버지의 사회적인 욕심은, 일반 사람들과 같은 것들이다. 더 많이 쓰고 싶고, 더 많이 놀고 싶고, 더 많이 벌고 싶은 것이다. 그러면 그럴수록 어머니의 마음은 아파 가고 그 욕심을 대신하기 위해 더 많은 몸을 쓰고 더 깊은 곳으로 잠수한다. 자신도 모르게 몸과 마음이 아프기 시작한다. 일종의 잠수병이 시작된 것이다. 40대 중후반부터 어머니는 머리가 조금 아프기 시작한다.

그 욕심들이 구체화한다. 마을 사람들도, 읍내도, 제주 사람들 모두가 잘살고 싶은 욕심으로 자기가 가질 수 없는 것 이상으로 갖고자 한다. 세상이 그렇게 변한다. 세상은 편리함과 더 많은 편리함을 만들기 위한 자본이 세상에 등극한다. 사람들은 박수 치며 환영한다. 그러한 사람들의 욕심이, 세상의 편리함이, 더 많은 자본을 갖기 위해 바당으로 조금씩 침범해 간다.

아버지가 어머니를 아주 당연하게 지속적으로 알게 모르게 그렇게 불편하게 함부로 대해 온 것처럼 세상도 바당을 아주 당연하게, 지속적으로, 더욱더 공공연하게 자랑하면서 그리고 집단적으로 합리화하면서 바당에 대한 괴롭힘이, 불편함이 시작된다. 그러면서 바당도 어머니가 아프듯이 조금씩 아파 가기 시작한다.

2000년대 이후에 바당에는 제주, 육지 사람들의 편리함과 욕망이 더 강해진다. 그 이전에는 여전히 옛 제주 사람들의 삶이 있다.

2010년대 중반의 바당은 정약용이 이야기하는 그 제주 바당이 아니다. 바당이 세상으로부터 끝없는 괴롭힘과 린치를 당해 바당도, 어머니의 잠수병처럼 세상 병에 걸린 것이다. 사람들의 삶이, 일상이 바당에 펼쳐진 것이 아니라 세상의 욕심과 욕망이 삶을 대신하여 그 자리 이상으로 바당을 뒤덮고 있다.

우리 삼 남매가 세상으로 각자의 삶을 위해 나가지만 어머니의 삶은, 어머니의 바당은 여전히 그 자리에 있다. 그 잠수병을 앓고 있으면서 손자들에게 사랑을 줘 주려고 더욱 얇아져 가는 고무 옷을 입고 다시 바당을 긁어 댄다. 그 긁어 대는 무게감이 예전만 못하다는 것을 어머니는 모르지만, 바당은 알고 있다. 어머니의 긁어 대는 작은 소리는 바당에게는 자신도 앓고 있는 상태에서 친구의 다정한 목소리가 귀에 울리는 것처럼 반갑게 받아들인다.

그렇지만 해녀가 아닌 다른 누군가가 기계로, 조직적으로 자신의 바당 한가운데에 테트라포드를 떨어뜨리는 것은 자신의 팔, 다리를 짓누르는 것처럼 고통스럽다. 그 테트라포드를 떨어뜨리는 기계 소리 때문인지 아니면 거대한 성벽과 같은 개마띠 때문인지 쉐기들도 어느 순간부터 방문을 취소하고, 그놈인지 그년인지의 히죽히죽 미소도 사라졌다.

어머니는 아픈 몸을 이끌고 바당으로 바당으로 삶을 이어 나간다.

그것이 숙명인 것처럼 받아들이면서 여전히 아버지의 목소리는 가라앉지 않는다. 바당도 여전히 그 자리에 있다. 세상의 편리함과 욕심은 갈수록 더 커져가고, 어린 소녀들에게 즐거움과 일상을 주었던 바당은, 이제는 현대의 문명에 자신들의 몸이 뜯겨 나간다. 그러면서 바당은 자신이 아프다는 것을 성난 파도로, 태풍으로 우리게 보여준다. 나를 그만 놔두라고, 나에게서 떨어지라고 한다.

어머니가 쓰려진다.
자신의 정신과 육체를 다 소진하여 쓰러진다. 온갖 의료기술을 다 갖고 들여다보아도 이것이 무슨 병명인지 갖다 붙이지는 못한다. 그렇게 한 달에 4~5회 쓰러지는 경우가 허다하다. 119에 실려 가다가 병원에 다 도착할 때면 다시 깨어난다. 그동안 숙면을 한다. 그러고는 어느 정도 낯이 익은 119 요원들에게 집으로 가겠다고 생떼를 쓴다.
태흥리 애삐리바당, 고동여에 민짝했던 감태와 소라가 어머니가 아프던 시기부터 드문드문 보인다. 해갈이 정도라 생각 들 정도로 감태와 미역이 사라지고 있다. 그 많이 있었던 구젱기와 전복들도 찾으려면 수경을 쏙으로 더 잘 씻고 자세히 보아야만 겨우 길을 잃어버린 몇 마리만 보인다.
바당도 어머니가 아프듯이 심하게 아파 가고 있다. 어머니의 병명을 모르듯 바당도 아픈 이유를 잘 모른다. 단지 어머니는 물질로 인한 잠수병이라고 우리가 합리적인 추측을 하고, 바당이 아픈 것도 우리가 그동안 바당을 너무 사용하고 함부로 대해서 아플 수 있다는 것을 인식하고 있는 단계가 된다. 거기에 백화현상과 기후변화란 병명을 붙여 놓는다. 어머니의 고무 옷이 처음 나왔을 때보다 많이 얇아진 것은 사실이다. 바당 온도가 예전보다 많이 올랐다.

아버지는 어머니가 병원에 있는 동안 집에서 그동안 어머니의 분신이자 생활의 도구인 태왁을 전부 다 부수어 버린다. 그것을 알게 된 어머니는 한없이 운다. 여전히 목소리가 큰 아버지는 어머니에게 물어보지 않고 그가 살아오신 방식대로 어머니의 삶에 개입한다.

"그만하라고. 물질 그만하라고."

아버지의 무조건적이고 절대적인 목소리는 그때 제대로 힘을 발휘한다. 어머니는 자신에게 전부였던 자신의 생명줄과도 같은 태왁을 자의 반 타의 반으로 내려놓는다. 13살 때 처음 바당이 손에 쥐어준 메역을 78세 되어서도 끝까지 놓고 싶지 않았다.

어머니가 태왁을 놓고 2년 정도가 지나가 태흥리 바당은 백화현상으로 감태와 미역, 듬북이 눈으로 셀 수 있을 정도로만 남아있다.

바당이 거의 죽었다. 해마다 하루가 다르게 바당이 변해가고 있다.

아버지가 어머니의 정신과 육체가 사라져 감을 알고 그것을 멈추어 주었는데, 바당은 죽어가고 있는 상태를 멈추게 할 수 있는 사람들이 없다. 대신에 그 죽음을 계속해서 한쪽으로 몰고 있는 행정과 사람들만 있을 뿐이다.

여전히 사람들은 바당 사용에 최선을 다하고 바당의 아픔에는 백화현상이라고 탓을 하면서 여전히 바당을 괴롭히며, 잽을 날리다가 이제는 거의 훅과 스트레이트 펀치 수준으로 바당을 코너로 몰아간다. 바당도 쓰려진다.

바당도 어머니 같이 쓰러지고 일어나기를 반복한다.

바당이 어머니와 함께 늙어가고 소진되어 가고 있다.

어머니는 물질을 관두고 예전처럼 쓰러지고 119에 실려 가는 일이 없어진다. 그나마 다행이다. 어머니는 마음으로는 물질을 더 하고 싶었지만, 신체적으로는 그때까지가 자신의 육체를 전부 다 완전히 풀 아웃(full out) 소진한 시기이다. 물질을 할 수 없다는 자신의 상황에 한동안 자책하고 실망하지만, 지금은 자신이 보내온 시간을 자식에게 전달하면서 그리고 자신의 일상에 즐거움을 찾으시면서 잘 지낸다.

아버지는 여전히 목소리가 높지만, 마음의 성질은 많이 누그러진다. 어느 날 함께 식사하러 가는데 아버지가 어머니가 차를 탈 수 있게 차 문을 열고 기다리신다. 어머니는 익숙하지 않은 듯 "뭐 햄수과, 경 그냥 내불주게(무엇을 하고 있나요? 그냥 놔두면 되지)." 투덜투덜하시면서 차 안으로 앉는다. 어느 순간부터 두 분의 목소리가 같아지셨다. 아버지가 91세, 어머니가 89세가 돼서야!

제주 바당은 제주 여인들이 애달픈 눈물과 기다림이 모여져서 만들어졌다.
제주 바당이 제주 해녀이고 제주 해녀들이 제주 바당이다.
그들은 떼려야 뗄 수 없는 같은 운명 공동체적인 삶이다.
제주 문화와 정서, 순도 100%는 제주 어머니, 해녀들의 삶이다.
그 위대한 제주 삶의 여정이 제주의 힘이고, 정신이다.
제주 해녀들의 삶이 희미해지고, 제주 바당도 희미해져 간다.
어느 순간 어머니의 경외스러운 삶의 여정도 조용하게 끝이 났다.
축복이던 애삐리바당의 축제도 정말 끝났다.
이제는 풀도 하나도 없다.

히죽히죽 미소를 날리던 그놈인지 그년인지, 쉐기들도 태흥 애삐리바당으로 찾아오던 길을 잃어버린 지도 먼지 날리는 역사가 되었다.

그 많았던 성게는 이제는 바당 속에도 사라져 갔고 식탐 강한 몇 놈만이 의지를 갖고 축제의 잔재처럼 뭍으로 먹이를 찾아 기어오르려고 하고 있다.

바당으로 가는 길도 빠르고 축항도 그 위에서 그 옛날 마을이 잡은 미역과 생선을 전부 말리고도 남을 정도로 시멘트 편리함의 평평함은 더욱 넓어졌다.

근데 바당에는 메역도 없고, 솔래기도 사라져 가고 겡이들은 단체로 행방불명된 지 오래고 그저 과도한 문명의 편리함과 욕망만이 넓게 드러누워 있다.

우리는 문명의 편리함으로 관광의 욕망으로, 사람만의 소비 즐거움으로 1600년대 정약용의 바당을, 1940년대 중반 외할머니의 바당을, 1980년대 어머니의 바당을 바꾸어 버렸다.

물결 무늬만 있는 파란 바다로.

더 이상 바당은 없다.
매기 독똑이다.**

....

** 더 이상 아무것도 남아있지 않다.

나의 작은 의리로

 어느 순간 바당이 내게로 다가온다.
 정확하게 말하면 바당은 늘 거기에 있었는데 내가 세상으로 나감으로써 대부분 잊고 살았다. 《어머니의 루이비통》을 출간하면서 나의 어릴 적 놀이터이자 배움이자, 나의 이상, 우주였던 마을 사람들에게는 생활의 축복과 같은 그 애삐리바당이 아파서 병들어 가고 있다는 것을 조금이나 알게 되었다.
 바당은 이기적인 사람들에게, 빠른 문명에, 어설픈 정의롭지 않은 자본에 난도질당해 방관자적 폐허가 되어, 그동안 결코 벌어질 수 없다고 여기던 일이, 도저히 뒤틀릴 수 없는 명제가 고꾸라져 눈앞에서 허옇게 울고 있었다. 그래서 바당이 죽어가는 것을 보고는 무엇인가를 해야 한다는 절박함이 마음의 끝자락에서부터 강하게 올라왔다. 코로나19로 인해 밖으로 나가지 못하게 되자 바다환경지킴이 활동으로 뛰어들었다.
 그것은 그동안 바당을 보고 싶은 욕망을 숨기고 싶지 않았고, 세상을 보느라 친구를 잊었던 나의 당연함과 미안함을 상쇄할 수 있다고 생각하며 그 바당이 아파하는 현장에 친구로서 함께 서 있고 싶었다.
 조금이나마 내가 줄 수 있는 산소를 나누며 바당과 같이 숨을 쉬고 싶었다.
 그것은 내가 가지고 있는 바당에 대한 개념과 정의, 명제를 다시 확인하는 일이다. 또한 나에게 즐거움과 생활을 주었던, 나의 우주,

바당에 대한 그리움이기도 하고 내가 할 수 있는, 해야만 하는 작은 의리와 같은 것이다.

여전히 바당은 나를 품어준다.
아침에 바당을 보는 것은 그 자체만으로 좋았고, 바다환경지킴이 동료들과 해양쓰레기를 치우면서 지난 몇십 년간 지나가 버린 제주를 다시 만나고 이야기를 나누는 것도 좋다.
나의 고향, 제주가 다시 내게 다가온다.
다섯 명이 함께 평균적으로 하루에 3톤 넘는 해양쓰레기를 치우는 날들이 이어진다. 이상하게 몸은 피곤하지만, 누가 알아주지는 않지만, 서로를 격려하며 해양쓰레기 무게보다 더 무거운 보람을 나누어 어깨에 지고는 집으로 돌아온다.
그렇게 시간이 시위를 떠난 화살을 따라 지난다. 적어도 바다환경지킴이를 일 년만 하면 어떤 답이 보이겠지 하면서 시작했는데, 함께 폐어구를 끌어 올리고 바위에 걸터앉아 숨을 몰아쉬는 사이에 계절이 12번이나 돈다.
결코, 답은 없었다. 어쩌면 그 지나가는 시간, 과정이 답이지 않았을까 하는 생각이 든다.

바다환경지킴이는 제주도 전역에서 읍면동 사무소에 소속되어 해양쓰레기를 치우는 일을 주로 한다.
첫날 출근하고 같이 일하는 동료 5명과 함께 한 조로 구좌읍 동복리에서 월정리까지가 우리가 맡은 지역인데 너무나 놀라서 입이 다 물어지지 않는다.

그것은 내가 알고 있는 바당이 아니라 거대한 쓰레기장이다. 제주에서 바당으로 버려지는 쓰레기도 엄청나지만, 특히 겨울에 북서풍과 함께 조류를 타고 각종 쓰레기가 중국과 저 육지 연안과 섬에서 제주로 관광을 오고 나서 여기가 좋은지 그냥 눌러앉아 버린다.

한 일주일 쓰레기를 매일 9시부터 오후 5시까지 치웠다.

그래도 난 정기적으로 운동을 해, 한편으로는 가끔 육체노동도 즐기기는 하지만 쓰레기를 치우기 위해 하루 종일 몸을 쓴 것은 정말 쉬운 일이 아니다.

바당에서 해양쓰레기와 사투를 벌이고 집으로 돌아와서, 샤워하고 늙은 소파에 앉아있으면 젊은 강한 졸음이 스스로 찾아와 나의 눈을 무겁게 누른다.

난 내 인생에 낮잠이나 기타 잠을, 취침 시간 이외에는 잘 자지 않는 편이다. 가능한 밤에 충분한 수면을 취하려고 한다.

그것이 나의 삶에 큰 루틴 중의 하나로 지금까지 그리 살아왔다. 지킴이 생활은 나에게 주말과 일과 후 게으른 듯한 나태의 상징인 낮잠의 즐거움과 졸음의 보약을 준다. 그 졸음은 내가 누릴 수 있는 호사와 같은 것이어서 새로운 삶의 기운이다.

내 몸이 일상에 지쳐가지만, 바당의 철썩임을 보고자 하는 마음에서 설렘의 철썩거림도 높아져 가는 것을 매일 밤 듣는다. 밤이 너무 길다.

바당에 가서 쓰레기가 쌓여 있는 어마어마한 양에 좌절하고 함께 쓰레기를 걷어내는 동료들의 힘과 용기에 더욱 뿌듯한 마음을 바당으로 거창하게 끌어낸다. 해양쓰레기가 많으면 많을수록 무거울수록 그것을 견디어 준 내 몸과 함께 그 동료들과의 질량 연대감이 커지는 것은 정비례한다.

바당에서 알 수 없는 뿌듯함이 집에서는 게으름이 지속되고 있는 나 자신을 더욱 정당화한다.

제주 바당은 해양쓰레기를 생산하는 거대한 공장이다.

치워도 치워도 끝이 없다. 하물며 연안에서 끌어올린 해양쓰레기가 도로변에 한 달 반이나 방치된다. 왜 그런지를 확인하고 싶어서 해양쓰레기가 모이는 중산간에 위치한 구좌읍 쓰레기 집하장으로 차를 몰았다.

보는 순간 우와 이거 뭐야!

놀라워서 입이 다물어지지 않는다. 3개 섹션으로, 신상의 쓰레기 오름이, 인공 오름이 3개가 모여 있다. 제주의 자연 오름이 368개인데, 거기에 +3, 아니 다른 읍면도 있으니 +3, +5, +4 등이 몇 달 사이 자꾸 생긴다. 제주는 위대하다. 오름 관광이 붐을 이루니 뚝딱 새로운 오름을 만들어 관광상품에 합류시킨다.

3개월이 지나고 나서 수용 형님과 밥을 먹으면서 형님이 반장과 있었던 일을 나에게 전해준다. 반장과 수용 형님을 나를 두고 내기를 한다. 반장은 내가 한 달도 못 가서 관둘 거라고 그리고, 수용 형님은 지금까지 바다환경지킴이 중 가장 진심이고 열심이라고 언제까지인지는 모르지만 갈 때까지는 갈 것 같다고 내기를 해서 만 원을 땄다고 한다. 그 순대국밥은 한 그릇에 8,000원이지만 내가 먹어보았던 순대국밥 중 가장 맛있는 것 중 하나가 된다.

가끔 형님하고 구좌 오일시장에서 먹는 순대국밥과 빙떡 하나는 짠물 냄새나는 일상에 나의 몸을 일깨워 주는 향정신성 의약품이 되었다.

어떤 날은 우리 다섯 명이 모든 힘을 다해도 그 쓰레기 더미가 해안도로변으로 올라오지 않는다. 동환 형님은 자기 트럭을 갖고 와서 밧줄에 매달아 끌어 올린다. 그러고는 쓰레기를 싣고 자유와 즐거움의 깃발을 펄러이며 해안도로를 달린다. 그럴수록 동환 형님의 차는 바닷물로 녹슬어 간다.
녹슬어 가는 정도가 동환 형님의 세상을 향한 선한 의지다.
함께 폐그물이나 기타 무게가 있는 것을 치우기 위해서는 동시에 다섯 명이 힘을 전부 모아야 그것이 움직이고 나온다.
사람들은 내가 우리 무리 중에 젊고 외형적으로 커 보여 많은 힘을 쓰리라 생각하지만, 동환 형님의 힘은 천하장사고, 힘은 누가 많고 적고를 따지는 것이 아니라 함께 힘을 써야 할 시기에 모두가 힘을 쏟으면 모두가 천하장사가 된다. 그것이 사고로부터 우리를 지키는 것이다. 그렇게 모두가 모든 힘을 쏟고 난 뒤에는 서로 격려하면서 바위에 걸터앉아 이마에 땀을 닦으면서 가쁜 숨을 몰아쉰다.
이렇게 서로를 믿고 일하는 것이, 힘을 쓰는 것이 인간적으로 서로를 끈끈하게 묶을 수 있다는 것을 군대 생활 이후 오랜만에 다시 느낄 수 있어서 매우 행복하다. 그렇게 전쟁터의 생사고락을 함께하는 전우애처럼 강하지 않을지는 모르지만, 우리의 동료애는 서로를 사고로부터 안전하게 지켜주기에 충분하다. 누구나 할 것 없이, 한 사람이 무거워 힘 부치는 것을 보는 순간 달려가 거든다. 그것이 생존 방법이자, 안전제일 방법이다.

어떤 날은 매서운 날씨에 파도까지 안쪽을 치면서 그것이 눈보라인지 파도 보라인지 새로운 형태의 눈보라를 맞으면서 손이 얼어가면서 한 블록에 갇힌 쓰레기 더미를 파헤쳐 가면서, 그 쓰레기 마대를 저 돌성벽 너머로 날리면서 쓰레기와의 사투에서 승리한 날도 있다.

그 강한 파도 보라가 추워진 날씨를 더 매섭게 만들어 버리지만, 이상하게 그 파도 보라를 맞으면 맞을수록 옷은 젖어가지만 마음은 신선함과 자긍심으로 천천히 물들어 온다. 춥지가 않다.

온갖 쓰레기들이 해안도로를 넘어서 밭으로 날아 들어가 쌓여 있어서 민원이 생겼다며 질퍽질퍽한 밭으로 장화도 신지도 않고 들어가 발이 빠지면서 한 트럭 분의 쓰레기를 치운 날도 있다.

사실 바당에서 밭으로 날아 들어가면 대부분 토지주 본인이 치우는데, 육지 사람이 땅을 사두고 한 번도 왕래가 없다 어느 날 땅을 팔기 위해 현장을 방문하여 쓰레기 넘쳐나는 것을 보고 매매가 안 되자 읍사무소로 전화를 해서 난리를 친 것이다. 그렇게 개인적인, 이기적인, 민원으로 우리들을 개인 노예가 된 듯한 느낌을 만들어 주기도 한다.

여름의 어떤 날은 마을에 가장 가까운 바당에 집을 사고는 한 번도 내려오지 않다가 여름휴가 때 가족들과 함께 내려와서는 자기 집 주위에 해양쓰레기 있다면서 당장 치워줄 것을 읍사무소에 요구한다. 그것도 다음 날 새벽 6~7시까지 치워 달라고 해서 아침 9시에 가보니 쓰레기가 있기는 했지만 그렇게 민원을 낼 정도는 아니지 않나 하는 생각이 들었지만, 민원인지라. 보통 사람이면 자기 앞마당 같으니 스스로 치우는 경우도 많은데, 그 집은 모 대학 교수의 세컨드하우스라 하는 것 같다.

더욱 나를 실망스럽게 한 것은 그 집에서 바당으로 직접 내려갈 수 있도록 시멘트 계단을 만들었다는 것이다.

공유수면에 어떠한 것도 인위적으로 설치해서는 안 된다는 공유수면법을 위반하고 있다. 그렇게 불법을 저지르고는 조금 눈에 거슬린다고, 일과를 제쳐놓고 새벽 시간에 와서 쓰레기를 치워 달라고….

세상은 목소리 큰 사람들이 여전히 활개를 치고 있다.

절벽 위에 경관이 좋은 곳에 식당 앞에 커다란 밧줄이 똬리를 틀고 있다.

모두가 힘을 모아 대형 밧줄을 끌어 올린다. 그러고는 수거하기 좋게 톱으로 자르고 있는데 우리보다 한참 젊은 식당 주인이 왜 빨리 치워가지 않냐고 하면서 자기기 직접 시범을 보이겠다며 톱을 낚아 채더니 폭풍 톱질을 한다.

수용 형님이 "내불라 그냥 허게(놔두어라, 그대로 하게)" 하며 보골치기*를 한다. 수용 형님의 의도는 그렇다. 직접 해보면 얼마나 힘든 일인지 알게 된다는 것이다.

식당 주인은 얼굴이 붉어지며 숨이 차오른다. 생각보다 톱질이 쉽지 않다. 우리에게 말한 것이 있어 중단할 수는 없다. 결국에는 자르지도 못하고 슬쩍 톱을 놓고는 식당 안으로 들어가 버린다.

....

* 상대방에게 약을 올리는 행동

식당 주차장, 바당과 붙은 쪽에 아주 큰 개 두 마리가 묶여 있다. 어느 날은 바당 아래에서 쓰레기 마대를 위쪽으로 올리는데 두 마리 개가 임무를 다하듯 필사적으로 짖는다. 식당 부인이 다가와서는 왜 개를 짖게 만드냐고 하며 성질을 부린다.

우리는 할 수 없이 그 개의 편안함을 위해서 마대를 등에 지고 200m의 울퉁불퉁한 바윗길로 우회한다.

'잘 자라! 게으름을 즐겨라! 이 시베리아산 허스키 놈아!!'

여전히 세상은 자연을 함부로 하는 사람들이 많다. 그렇게 자본의 습득에만 집중하고 자연을 함부로 하는 사람들은 자본을 많이 습득했다.

월요일 아침 거의 1톤이 넘는 생활 쓰레기가 바당 두 곳에 버려져 있었다.

화가 많이 난다. 적어도 해안도로변에서 바당을 장사의 최대 장점으로 이용하는 자본은 자연에 그렇게 해를, 무차별 폭격을 가하면 안 된다고 생각하는데 사람의 행동은 의외이다. 바당으로부터 유리한 점이 많으면 많을수록 바당을 자신의 앞마당처럼 함부로 대하고 있다. 심지어 그 식당은 공간이, 마당이 아주 넓다. 그것도 장사하지 않은 일요일인데도 말이다.

바당이 억울하게 많이 아프다.

내가 할 수 있는 것은 내가 그동안, 그 이후로도 그 식당이 자연, 바당을 대하는 태도를 본 것이 있어서 나는 그 집에 십 원의 자본도 몰아주고 싶지 않다. 맛집이라고 알려져 사람들이 붐비고 유명한 집이라고 해도 나는 그 집에 눈길도 주고 싶지 않다.

그것은 바당에 대한 아주 작은, 십 원어치 의리이다.

김녕, 평대, 월정 해수욕장 등으로 모여서 공동 작업하는 날들이 많아져 갔다. 봄이면 중국으로부터 괭생이모자반이 올라와서 해수욕장을 덮으면 그것을 빨리 수거해야 한다.
조금이라도 썩어가면 파리들이 몰려들면서 악취가 장난이 아니다.
5월이 들면서 구멍갈파래가 노골적으로 연안으로 상륙하면 지킴이들은 함께 방어선을 구축하여 거대한 군사작전같이 기계적으로 치워 나간다.
사람의 힘이 정말 무섭다는 것을 직접 눈으로 확인하게 된다. 십여 년 전 중국의 어느 골프 연습장에서 그 큰 넓은 면적을 60여 명 인원이 한 줄로 서서 앞으로 나가면서 골프공을 줍던 것이 생각난다. 인해전술이다.
마을에서도 상습적으로 시멘트로 물로 가두어진 포구 안에는 바당 껍질을 벗어 놓은 듯한 구멍갈파래가 장난이 아니다. 구멍갈파래는 마치 사람들이 바당에 무자비한 테러를 자행해서 마치 상처와 고름이 쌓여가고 있는 것처럼 보인다. 그 속에는 심한 인간의 역겨움도 이중삼중으로 포개져 있다.
성산 신양리와 종달리 해수욕장의 구멍갈파래 처리는 이제 사람의 힘으로는 도저히, 심지어 포크레인을 동원해도 역부족인 상태가 되어버린다.
바당이 사람들에게 하는 소심한 자연 전술이다.

겨울이면 강한 북서풍이 불어닥쳐 해수욕장에 있는 모래들이 해안도로에 쌓이고 심지어는 도로를 넘어 인근 상가를 덮친다. 역시 자연의 힘은 무섭다.

주말 사이에 어떤 때는 2톤 트럭이 10회 정도를 치울 정도로 많은 모래들이 있어야 할 곳에서 자연의 힘으로 사람들의 통행을 방해하고 장사를 망치게 한다.

바람이 바당의 무거운 경고 행렬에 동참한다.

사람이 바당의 영역을 침범하면 할수록 바당은 사람의 모래를 뺏어서 해안을 침식해 가면서 바람이 불면 그 뺏은 모래의 일정 부분을 사람들이 모이는 곳, 자본을 모으는 곳으로 돌려보낸다.

한번은 해안에 레스토랑을 지으면서 누군가 쓰다 남은 방수액을 바당으로 전부 버려 그 주위가 하얗게 끈적한 것이 말라 다시 떼기도 어려운 상태를 만들어 놓는다. 건축주가 나를 보더니 집을 짓는 사람들을 대신하여 사과한다.

"내게 사과는 무슨? 바당에게 해야지."

혼잣말이 입 안에서 맴돈다.

다음날 다시 무슨 약품을 뿌렸는지 그 하얀 부분이 희미해져 중성화된 느낌이다. 바당은 두 번이나 살을 떼어내는 아픔을 겪어야만 했다.

왜 사람들은 쉽게 바당에 자기의 마음을, 이익을 만들고 난 잔재를 거리낌 없이 버릴까?

어떤 날은 월정해안변에 바당 양식장에서 사용하는 둥그런 검은 공과 같은 부표물들이 많이 올라와 그것을 가는 밧줄에 잇고는 양쪽 손에 10개씩 끌며 바위를 건너 물을 건너 그리고 모래를 건너 해안도로 쪽으로 내온다.

수용 형님이 앞장서고 내가 뒤를 따르고, 동환 형님이 차례로. 마치 아라비아 노동자들이 그 무거운 짐을 끌고 끝없는 사막을 걸어가는 것과 같이, 우리도 무의식적으로 바위를 넘고 작은 모래사장을 지나고 바당의 무게를 줄여주어야만 했다.

중국 다롄 바다에서 사용하는 양식 부표가 북서풍을 타고 조류에 무임승차해서 제주까지 무사히 다다른 것이다. 중국에서는 몰라도 한국 국경을 넘으면 무임승차는 없어져야 하는 것이 아닌가?

겨울만 되면 단체로 무임승차를 해서 제주 연안이 골치가 아프다.

그야말로 검은 공이 해안을 때리고 우리 골도 때린다.

여름은 아주 강하다. 자연의 볕은 그 옛날보다 더욱 강해져서 돌아온 느낌이다. 여름이면 쓰레기가 덜 올라오는데 무더위와 전쟁이다.

그냥 서 있기만 해도 땀이 줄줄 흐른다. 집이 가까운 사람들은 점심시간에 집으로 가서 빠른 샤워를 하고 옷을 갈아입고 올 정도로 무덥다.

갈수록 해가 바뀌면 바뀔수록 그 햇빛이 강도는 창끝처럼 뾰족하게 온 피부에 꽂힌다. 광효가 계란 하나를 갖고 와서는 바위에 까 보니 반쯤 프라이가 된다. 어린 시절 방학 이후 야외에서, 바당에서 시간을 다 보내 보았지만, 물론 호주의 뜨거운 여름도 3개월 이상을 여러 해 보냈지만, 거기는 그렇게 더워도 나무, 자연 그늘에만 들어가면 시원하여, 햇빛이 쏟아붓는 곳과 다르게 느껴진다. 제주의 여름은 그늘에 들어가도 습도가 장난이 아니라 하루를 야외에서 견디는 것은 고통이었다.

　같은 그늘이라도 자연이 만든 그늘, 나무 아래 그늘과 인공물 지붕이나 가람막 아래가 주는 시원함은 그 차이는 아주 크다. 자연 그늘이 훨씬 시원하다.

　해안에는 나무가, 자연이 그리 많이 심겨 있지 않다.

　언제부터 제주의 여름이 이렇게 사람의 몸을 메마르게 하지?

　습도의 강도에 온몸을 적시는 땀의 양에 비례하여 물을 마셔야만 한다. 여름 날씨가 어느 순간 우리가 무찌를 수 없는 최강의 적이 돼 버렸다.

　사람들은 온도에만 민감하게 반응하여 더운 지수의 기준을 만들어 가지만 제주의 습도는 갈수록 강해져서 돌아온다. 이는 바당의 영향이 강하다.

　젖은 몸을 말리기 위해 그늘에서 상의 탈의해 맨몸을 그 더운 여름에, 자연에 노출해 있으면 그늘인데도 우리의 몸은 검게 타 간다.

　여름 강한 햇빛은 화상 수준이지만 갈수록 몸에 더 불을 붙이는 것은 습도라는 것을 이번에 철저하게 나의 뇌에 저장한다.

　학자들이 일반 습도하고 염분이 포함된 바당 습도를 비교 발표한 한 테이터를 쉽게 구할 수는 없었지만, 비교해서 신체에 미치는 영향을 분석해 보면 염분 습기가 더욱 안 좋지 않나 하는 생각이다.

　실제로 나는 제주에서 해안도로를 뛰어 보면 일반 자연의 평지를 뛰는 것보다 훨씬 호흡하는 데 힘이 든다.

　한번은 김녕해수욕장에 이상한 성분의 우박과 같은 작은 하얀 알갱이들이 바위와 모래사장에 긴 띠를 형성해 있어서 해양 경찰들과 같이 그것이 무엇인지 한동안 들여다보고 수거한 적 있었는데, 스티로폼과 같이 아주 가볍지만 기름 같기도 하고, 처음 보는 물질이다. 해양경찰에서 수거하여 성분을 분석하고 보니 식물성 기름이라고 그런다.

바다가 그냥 순수한 자연이라기보다는 세상의 온갖 것을 다 받아주다 보니, 그리고 오랫동안 파도와 함께 있다 보니 우리도 모르는 이상한 물질을 생산해 낸다. 신기하지만 무서운 경험이다.

화학물질 등 이상하고 다양한 인공물질이 바당에 버려진다. 바당이 그것들과 분해하고 혼합하면서 상상할 수 없는 작은 물질을 만들어서 바닷물과 함께 저장되고 있다.

그동안 우리는 얼마나 많은 해양쓰레기를 치웠을까?
아마도 수백 톤에 달했을 것이다.
제주도에 바당 살리기 10회의 제안, 2회의 기자회견, 3회의 국민신문고 민원, 많은 사람들이 SNS에서 함께 동참했던 제주 바당 사랑 릴레이 "혼디허게마씨!!(함께 합시다!!), 나는 제주바당을 아프게 허지 않으쿠당양 !!(나는 제주 바다를 아프게 하지 않습니다!!)" 등 내가 할 수 있는 부분에 대해 나의 경험과 지식을 의지하고 가치를 믿으면서 나의 친구, 우주와 함께했다.

한편으로 해녀들을 위해 내 어깨를 빌려드리며 생활의 이야기를 나누는 것은 무더운 날 노동으로 지친 몸을 식혀주는 그런 시원한 물과 같은 것이었다.

그 시원한 물을 마셔도 마셔도 배탈은 없다.
그녀들의 정서도 바당 마냥 늙고 지쳐가고 있다.

해녀들은 바당에, 사람에 의리가 있다. 정겨움도 있다.

나 역시 바당을 위해 내가 무엇을 할 수 있다는 것은, 해야 한다는 것은 나를 키워주고 나에게 우주를 심어준 바당에게 내가 할 수 있는 작은 의리 같은 것이고, 어느 순간 이것이 습관이 되고 내 일상의 루틴이 되어있다.

그렇게 의리를 지키고, 책임을 다하자는 마음을 갖고 바당으로 향하지만, 순간순간 바당이, 동료들이, 해녀들이, 그리고 지나가는 관광객들이 나를 위로하고 때로는 즐거움을 제공한다.

방관으로 지나쳐 버린 제주를 더 알아가게 되고, 새로운 제주에 익숙해져 간다. 평온한 만족감과 행복감은 덤이 된다. 바당은 자기 자신은 진하게 아프고 녹아가면서 여전히 내게 무엇인가를 내어주는 그런 어머니의 품과 같은 곳이다.

해양쓰레기를 치운다고 바당이 살아나지는 않는다.

그것은 바당을 아프고 죽게 한 우리들의 행동에 대하여 최소한의 미안함에 스스로 상쇄를 주입시키는 작은 행동일지도 모른다는 생각이 든다.

좀 더 냉정하게 말하면 제주가 지금 누리는 관광과 삶의 편리성과 경제성으로 서로 얽히고 묶인 구조적인 문제를 풀지 않고는 제주 바당이 살아날 가능성은 그리 크지가 않을 것이다. 지금보다 더 나빠지지 않으면 정말로 다행이다.

우리가 지금과 같은 식으로 살아가게 되면 제주(지구)의 끝은 더욱 빠르게 다가올 수밖에 없다.

몇 번이고 나는 그런 소름 돋는 현장과 현상을 보고는 경외감으로 자연과 바당 앞에 머리가 숙여진다.

 자연이 자연을 더욱 생산하고 자연만이 우리를 자연재해로부터 지켜줄 수가 있다.

 제주바당은, 아니 지구의 바당은 더 이상 당연하지가 않다.
 미국의 어느 해양학자가 "바다를 죽이는 것은 우리들의 바다에 대한 무관심과 당연함 때문"이라고 했는데 우리는 더 늦기 전에 우리의 바당도 우리의 무관심과 당연함으로 아플 수 있음을 인지하고 인식해야 한다. 그러면 우리의 자각들이 모여서 바당을 죽이는 구조적인 문제를 해결할 수 있는 작고 큰 행동들이 적극적이고도 체계적으로 그리고 지속적으로 이루어지지 않을까 한다.
 지난 3년의 바다환경지킴이 생활은 이러한 것을 깨달아 가고 있는 과정이었는지 모르겠다.
 나 스스로의 지킴이 활동은 공식적으로 끝났지만, 앞으로도 기회가 된다면 바당에 대한 이해와 경험을 많은 사람들과 나누고, 내가 모든 것을 할 수 있다는 운동가적인 사상을 버리고 적어도 내가 할 수 있는 부분을 생활에서 조용하게 지속적으로 행동으로 연결해 나가고자 한다.
 그렇게 하는 것이 바당에 대한 나의 또 다른 의리를 이어가게 되는 것이다.
 바당과 의리는 앞으로도 중단되지는 않을 것이다.
 "의리---이!"

4장 / 우리의
이어도는 지금,
여기로부터

바당은 바당 그 자체로

2023년 6월, 햇빛이 점점 강해지고 있다.

구좌 김녕 일주도로에 강해지는 햇빛보다도 더 큰 마이크 음성으로 일본의 후쿠시마 오염수 방류를 규탄하는 목소리가 하늘로 퍼지면서 다가온다. 큰 트랙터가 양쪽에 '핵 오염수 투기 저지' 깃발을 펄럭이면서 앞장을 서고 사람들은 머리에 붉은 띠를 동여매고 차량 30여 대가 뒤를 따른다.

제주도 양쪽 끝에서 동시에 출발하여 1시간을 달려 제주시 일본 총영사관에 2천여 명의 농어민들이 모여 생존을 위한 결기로 오염수 방류 반대 집회가 이루어졌다. 참가했던 해녀들은 자신들이 물질할 때 사용하는 태왁을 불태우며 "오염수 방류는 생존권 자체를 박탈하는 일이다"며 목소리를 높인다.

제주도 의회 의원들도 여야 할 것 없이 방류 반대 성명이 이어진다. 한 달 전에는, 함덕 어부들이 주축이 되어 12척이 배를 동원하여 "내가 이순신이다" 하며 오염수 방류 반대 해상시위가 벌어졌고, 해녀들은 팻말을 들고 자신들의 의지를 제주 이순신 배에 태웠다.

모두가 절박한 마음으로, 바당에서 살아가기 위한 일념으로 마음을 모았다.

한편으로는 일본의 방사능 오염수 방류를 규탄하는 자발적, 관제적 시위가 도내에 걸쳐 일어나는 것을 보고 마음 한쪽에서는 두려운 마음이 일어난 것도 사실이다. 왜냐하면, 나는 우리 언론과 심지어 많은 정치가와 일부 행정가를 포함하여 바당을 죽인 책임이 있는 사람이 일본 방사능 오염수 배출 때문에 제주 바당이 다 죽었다고 할 것 같아, 죽은 바당을 누구에게 책임을 떠넘기고 싶은 대상을 찾는 것 같아 왠지 마음이 씁쓸했다.

제주 바당이 죽은 것을 다시 일본 방사능 오염수가 다시 확인 사살했다고 해서 일본 방사능 오염수가 죽인 범인은 아니다. 먼저 생명을 끊어 놓은 사람이 범인이다. 그것은 제주다. 일본 사람들이 아니고 우리 자신이다. 물론 우리가 죽인 것하고 남이 죽여 놓은 것은 완전히 다른 문제이다.

지난 3년 동안 바다환경지킴이 활동을 하면서 수백 톤의 해양쓰레기를 치웠지만, 일본산이거나 일본과 관련된 쓰레기나 페트병을 본 적은 많이 없었다. 아니, 거의 없었다. 심지어, 베트남, 태국 페트병을 본 적은 있었지만, 중국은 말할 것도 없다. 그냥 추측해 보면 일본 사람들은 공공 예절과 질서를 잘 지켜 그만큼 사회에서 바다로 쓰레기를 버리거나, 돌아다니게 하지 않을 것이다. 그러다 보니 쓰레기가 바다로 들어갈 확률이 적지 않았을까?

30여 년 전 도쿄 외곽의 이른 아침이다.

일본 사람은 버스를 기다린다. 먼저 온 사람이 줄을 서더니만 다음, 다음, 그렇게 둘을 서고 작은 공간에 사람이 통행을 방해하지 않으려고 다시 세 겹의 줄을 만드는 것을 보고 처음에는 공공질서, 규범을 잘 지키는 일본 사람들을 부러워했지만, 한편으로 이딘지 모르게 무섭다는 생각을 한 적이 있다. 그들은 인간미가 전혀 없는 졸린 눈으로 무의식적으로 줄을 서는 로봇, 졸린 로봇과 같이 국가에 길들여진 전체주의 한 부속품 같은 느낌으로 다가왔다.

일본에 가보면 확실히 거리에 쓰레기가 없다. 아마도 이것도 일본의 국가우선주의에 알게 모르게 일본 사람들이 길든 것은 아닐까 하는 생각이 떠나질 않는다.

지금 우리나라의 거리는 일본보다 쓰레기가 없이 깨끗하다. 우리의 공공질서도 일본보다 체계적으로 잘 이루어지고 있다. 내가 일본 사람을 국가의 졸린 로봇으로 바라보듯 그들은 지금 우리나라 사람을 AI가 탑재된 선진 로봇으로 볼까?

태평양 환류가 일본을 거쳐 하와이, 미국 연안을 돌며 다시 한국으로 돌아올 때까지 많은 시간이 걸린다. 해양학자들은 이 환류가 시계방향으로 거의 한 바퀴를 돌아 제주까지 오는 데 2~3년이 걸린다고도 한다. 일본산 페트병 하나로 후쿠시마 오염수가 한국, 제주로 흘러들어오는 것을 증명하는 것은 어딘지 모르게 설득력이 떨어질 수도 있고, 하나의 국민성 예로 오염수 유입을 관련시키는 것도 말이 안 된다.

내가 3년 동안 바당에서 본 사실은 일본산 쓰레기가 제주 연안에 잘 보이지 않았다는 것이다.

사람들은 정치가들은, 행정가들은 벌어지지도 않은 일에, 누구 탓하면 모두가 수긍할 것이란 걸 알기에 더 적극적으로 누구를 탓할 생각만 하고 있다.

제주 바당이 죽어간, 벌어진 일에 대해서는, 그리고 계속 바당의 숨통을 조르는 자본을 보아도 아무런 행동을 하지 않은 행정과 정치가들은 이번을 계기로 자신들의 목소리를 높일 생각만, 자신들의 얼굴만 알릴 생각하는 것이다.

행정이나 정치가들은 늘 표의 공학을 계산하다 보니 바당에서 삶을 이어가는 해녀나 어부의 숫자보다 관광에 종사하는 사람들이 더 많다 보니 자연스럽게 서로 상충하는 상황에 발생하면 늘 표가 많은 곳, 목소리가 높은 쪽에 기생할 수밖에 없다. 그래서 어쩌면 행정이나 정치가는 이번 오염수 방류에 대하여 그동안 바당에 종사하는 주민들을 배려하지 못했던 것을 더욱 티를 내고 싶은, 자신들도 주민들처럼 빨간 머리띠를 두르고 주먹을 더 쥐는 것은 아닐까 하는 생각도 솔직히 들었다.

물론 이것도 나의 주관적인 생각일 수도 있다. 국회의원 등 정치가나 행정가들이 죽어가는 자신들의 바당, 기후 위기로 심하게 앓은 바당에 대하여 한마디라도 목소리를 내고, 심지어 바당에 가서 쓰레기라도 하나라도 주워보고 일본의 방사능 오염수 배출에 목소리를 높였으면 바당에 대하여 감정보다는 현실적으로 대처하는 그들의 행동이 나에게 직접적으로 다가왔을 것이다.

그러하면 다가오는 미래에 나는 그 정치가나 행정가의 가치를 이해하고 기꺼이 내가 가지고 있는 한 표의 주권을 던지고자 했을 것이다.

바당을 지키는 것이, 자연과 환경과 함께하는 것이 우리 삶을 보호하는 것이다. 그것이 행정이고 정치다. 자연과 환경은, 바당은 모든 사람에게 똑같이 숨을 쉬고 휴식을 취힐 시간을 제공해 준다. 그리고 이들은 모든 사람에게 공평하다. 정치가나 행정가는 모든 사람에게 공평한 기회를 제공하는 자연과 바당, 환경에 더욱 눈을 돌리고 그러한 것들이 누구에게나 건강할 수 있도록 할 책임과 의무가 있다.

사실 나는 이번 일본의 방사능 오염수 방류를 접하면서 스스로 하나의 원인에 최면을 걸고 모두 심리적으로 중독되어 가는 현상을 보는 것 같았다. 사회, 국가가 전체주의로 빠져가는 느낌이다. 아주 무섭고, 경계해야 할 부분이지만, 국가나 정치가로서는 이러한 것들이 국민적인 감정, 감성인지라 어떤 경우에는 필요한 부분일지도 모른다. 그래서 지방 정부에서도 어느 정도는 이러한 국민적인 감정을 경계하기보다는 방관할지도 모른다는 생각이 들었다. 그러면서 제주 바당이 정말로 죽어가는 직접적인 원인을 전부 다 덮어버리는 결과가 되어버릴까 봐 정말로 세상이 무섭고 두려웠다.

이러니 정말 바당이 아플 수밖에 없구나 하는 생각이 떠나질 않았다.

일본의 행위를 옹호하는 것이 결코 아니다. 일본은 방사능 오염수를 일본 국내에서 땅 밑으로 처리할 수도 있지만, 가장 손쉬운 방법으로 자신들의 예산을 아끼면서 인근 국가에 생명, 안전 문제를 일으키는 행위는 아주 비열하고 비겁한 것이다.

설사 국제기구에서 방류가 안전하다고 하더라고 이웃 나라인 한국 국민을 계속 설득하고 이해할 수 있는 행동을 보여주었어야 했다. 기본적으로 우리나라에 존중 없이 여전히 식민지였다는 시각으로 바라보는 것은 아닌지, 그렇지 않고서 계속 우리를 무시하면서 지구의 해양에 위험 요소를 퍼붓는 그들의 이중적인 태도에 실망을 넘어 분노할 수밖에 없다.

기본적으로 자기들 나라에서 자신들의 편리함을 얻었으면 핵발전

소의 모든 책임도 스스로 일본 자신이 지는 일은 당연한 것이다. 국제기구에서 그들이 힘이 있더라도 이번에 일본이 우리나라에 성실하고 정직한 태도를 취했다면 지금 한국 방송과, 거리에서 "하이!" "하이!" 소리가 더 들리고 있을지도 모르겠다.

2010년 중후반에 나는 일본에 일 년에 3~4회 방문을 하였는데 그때마다 도쿄 외곽 대형마트에서 후쿠시마 주변서 생산된 과일과 채소를 판매하는 코너를 주의 깊게 본 적이 있다. 그 판매대는 다른 지역에서 생산된 과일이나 채소보다 60~70% 정도 싸다. 마트에 들어갈 때 이러한 판매대를 보고는 궁금하기도 해서 마트를 떠나기 전에 그 판매대에 가 다시 확인해 본 적이 몇 번 있다. 이러한 판매대를 만든 것 자체부터가 그 식품이 안전하다는 것을 정부가 의지적으로 보여주려고 하는 거겠지만, 현실적으로 그게 안전하지 않다는 것을 가격을 통해서 보여주는 것은 아닐까?

그 의도가 무엇인지 정확하게 알 수는 없지만 내가 관찰한 바에 의하면 한 시간 동안 후쿠시마산 판매대에서 과일이나 채소를 산 손님은 없었다.

또한, 그 당시 후쿠시마와 거의 100km 떨어진 골프장 숙소에 머무를 기회가 있어 일본 관리 책임자에게 물어보았다.

"숙소의 수돗물이 후쿠시마 방사능으로부터 안전하여 마셔도 좋습니까?"

대답은 yes였지만 자기는 마시지 않는다는 솔직한 대답을 듣기도 했다.

일본의 방사능 괴담(?)이 한국을 휩쓸고 간 뒤, 2024년 8월 24일 일본이 후쿠시마 오염수를 방류한 지 일 년이 되었다. 사람들은 어떻게 변했을까? 서울 노량진수산시장에서 일본산 참돔과 줄무늬전갱이를 찾는 사람들은 많아지고 일본산 수산물 수입량은 거의 7년 만에 최고치라고 한다. 심지어 한 상인은 일본산 참돔은 새우를 먹어서 생선 살이 한국산보다 더욱 쫄깃하고, 고소하여 많은 사람으로부터 인기가 있다고 자랑을 한다.

한국 사람들은 실제보다 분위기에 많이 휩쓸려 다니고 정치가들은 자신들이 주목받는 것이 바당에 직접 관심을 갖고 어떤 행동을 취하기보다는 그냥 국민의 정서, 감정적인 측면에 서는 경우가 많이 있다.

시간이 조금 지나면 모두가 쉽게 잊어버린다. 물론 정서적으로 국민 옆에 서지 않고 늘 자신과 당의 편에 있는 정치인들보다는 조금 낫지만 그래도 현실적으로 바당을 바라보며 무엇이라도 좀 하면 좋지 않을까 한다.

이번 일을 계기로 있는 그대로 제주 바당이 얼마나 아프고, 그 원인에 대하여 함께 생각하고 공감할 수 있는 계기가 되었으면 좋았을 텐데, 한순간의 정치적인 이슈로 지나가는 것 같아서 우리의 바당이, 묵묵하게 우리의 생명과 숨이 되어주었던 그 바당이, 정치적으로 너무 이용당하는 것 같아 나로서는 안타까운 마음이 더 크게 들었을 뿐이다.

바당은 정치를 뛰어넘어서 바당 그 자체로 바라보아야
그 속의 본질과 우리의 일상, 삶이 보인다.
그 삶이 제주의 정체성이다.

바닷물이 얼굴을 뫼쪽, 호시탐탐

바닷물이 많이 올라온다.

30년 이상 제주바당을 찍는 어느 사진작가를 구좌 소여 앞에서 만난 적이 있다. 그는 "용머리 해안에 바위가 퇴적층처럼 겹겹이 구분된 곳이 있는데 바닷물이 30년 전에 비해 30cm가 더 올라와서 지금은 한 겹의 퇴적층에서 출렁거린다"고 말한 적이 있다.

제주 연안은 대부분 바위로 이루어져 있어서 백사장, 모래로 이어진 동해안보다 해수면이 올라오는 것을 피부로 덜 느낄 수도 있다.

사실 해수면 상승은 해마다 평균적으로 어느 곳이든 일정하게 올라오지 않는다. 대륙, 나라, 지역마다 다 다르다. 북극과 그린란드 빙하, 남극 스웨이츠 빙하가 녹는다는 등 많은 언론 기사들이 쏟아져 나온다. 실질적으로 제주바당 해수면이 얼마나 올라왔는지 정확한 데이터는 없다. 모두들 과학적인 추정치이고 앞으로도 얼마나 더 올라가지 않을까 하는 예상치만 있다.

기후과학자들은 산업혁명 이후 19세기 말에서 지금까지 세계 평균 해수면이 대체로 20cm가 올라왔다고 한다. 산업혁명 이전에는 매해 1mm도 안 되고, 산업혁명 이후 백 년간은 매해 1mm 조금 넘게 올랐는데, 2021년 세계 기상 기구의 기후 위기 보고서에 따르면 우리나라는 지난 33년간 9cm가 올라왔다.

지난 30년 동안 지구의 평균 상승률은 매해 1.8mm 정도인데 우리나라 주변 바닷물은 2.73mm 상승한다. 제주 바당의 경우에는 너무나 가파르게 매해 4.7mm가 상승하고 있다. 기후 위기가 지금처럼 브레이크 없이 진행된다면, 탄소 배출량을 우리가 줄이지 못하면 2100년에는 지구의 해수면이 평균적으로 87cm에서 1.1m까지도 오를 수 있다.

물론 과학자들이나 세계기상기구에 따라 발표하는 숫자는 조금씩 다르다. 그러나 이러한 발표에서 한 가지 분명하고 공통적인 것은 2000년대를 지나면서 그 증가 속도가 더욱 빨라지는 것에는 의견의 여지가 없다. 과거 30년간의 해수면 상승은 지난 100년간의 해수면 상승보다 빠르다. 2016년 이후에는 해마다 사상 최고치를 갈아 치우고 있다.

세계 기후학자들에 따르면 2030년 부산 수영만 일부가 바닷물에 잠기고, 2050년에는 서울 한강 일부 지역에 바닷물이 올라와서 경제적으로 엄청난 피해를 일으킬 것이라는 보고서들이 계속 쏟아지고 있다.

앞으로 80년 동안 해수면 상승이 얼마나 상승하느냐는 전적으로 얼마나 많은 온실가스를 배출하느냐에 달려있지만, 많이 쓰면 해수면도 빠르게 올라갈 것이다.

그런데 우리가 탄소 중립을 이루어 기후변화가 어느 정도 안정화되어도 기온은 점차적으로 오를 것이고 해수면도 지속적으로 상승할 것이다. 이런 단계적인 기온 상승과 해수면 상승에 인류가 대응하는 폭도 커서 삶에 안정을 가져올 수 있지만, 브레이크 없는 상승 폭에는 지금 자본과 식량을 엄청나게 가진 인류라 할지라도 심지어 온갖 인공지능(AI)을 갖다 붙여도 대응하기 쉽지 않다. 그때 AI와 함께 자연과 신에 대한 기도만이 해수면 상승과 기후 위기를 대처하는 최고의 전략으로 인류는 미약한 순응자가 될 것이다.

하루 기온의 1도가 영향력은 작을지 모르지만, 기후에서의 1도의 영향력은 엄청난 것처럼 해수면 상승도 그렇다.

한 해 2.73mm가 뭐가 대수야? 1cm도 안 되는데.

그렇지만 이것은 평균치에 지나지 않는다. 지역에 따라 그리고 대기 온도에 따라 꾸준하게 상승한 해수면은 자연 생태계뿐만 아니라 사람들에게 엄청난 악영향을 미친다. 기후 위기가 가속화되고 해수면 상승도 거침이 없다면 인류는 당장 식량 위기에 직면할 것이다.

이는 바닷물이 사람들이 살아가는 영역을 거꾸로 침범할 것이고 특히 농경지의 침수와 기후 변화 영향은 그동안 안정적인 식량 생산을 불가능하게 만들 것이다. 이 식량 위기는 경제 불평등의 문제 원인이 될 것이고, 다음은 경제문제, 안보 문제 등이 복합적으로 나타나게 될 것이다. 해수면 상승과 기후 위기는 인류가 극복해야 할 최대의 과제로 차례로 등장했다. 이미 그 심각성을 인식하여 대처하려고 하지만, 강제성이 없어 국가별로 대응하는 수준이 다 다르다.

그린란드가 전부 다 녹으면 전 세계는 평균 7m 이상의 해수면 상승을 가져올 것이고, 남극이 전부 다 녹으면 60m가 상승할 것으로 기후과학자들은 예측한다. 기후 위기에서 온난화, 가열화로 대기 온도가 올라가면 해양 온도도 자연스럽게 증가한다. 해양은 지구 대기 중의 열을 90~95% 정도 흡수한다. 그러면 해수 온도의 증가는 바닷물의 팽창과 북극, 남극의 빙하를 녹이고, 올라간 대기 온도는 육지에 있는 얼음과 빙상, 그리고 영구 동토층을 녹여 결국에는 더 많은 해수면 상승을 가져오고 있다.

　해수면 상승의 가장 큰 두 가지 요인 중 하나는 해수의 열팽창, 다시 말해 해양이 따뜻해지면서 해양의 부피가 커지는 것이고, 다른 하나는 빙하가 녹으면서 물이 늘어나는 것이다. 최근에는 바닷물의 열팽창보다 해빙으로 인한 해수면 상승이 훨씬 크다.
　빙하는 햇빛을 80% 이상 저 우주 밖으로 반사해 지구의 대기 온도가 올라가는 것을 일정 부분 균형을 잡아주었는데 빙하가 녹으면 그만큼 해양이 그 빛을 흡수해서 온실가스를 배출하지 않아도 지속적인 온도 상승효과가 일어나는 것이다. 다시 말해 빙하가 녹으면 반사되던 햇빛이 해양으로 흡수되어서 해수 온도가 상승하고 다시 빙하를 녹이고 이러한 현상이 톱니바퀴처럼 돌아가면서 해수면 상승이 루틴화, 가속화시킨다.
　또 다른 부분은 캐나다, 알프스, 시베리아 등 항상 눈과 빙하로 덮여있는 곳이 녹으면서 여름에 풀이 자라는 것이다. 다시 말해 영구 동토층이 녹아 그 물이 해양으로 흘러 들어가는 것이다. 영구 동토층은 탄소 덩어리이다. 이 양은 공기 중 탄소량의 두 배 이상이다. 지구가 뜨거워지면 영구 동토층이 녹으면서 메탄이란 온실가스가 나오는데, 기후과학자들은 이 메탄가스가 이산화탄소의 20배 이상 강력하다고 한다. 대기 온도가 상승하면서 영구 동토층을 녹이고 그러면서 영구 동토층으로부터 온실가스가 대폭 증가하고, 대기 중에 증가한 온실가스는 다시 온도 상승효과를 불러일으키고 결국에는 다시 해수면의 상승을 불러일으키는 것이다.

인류의 안전 측면에서 동토층이 녹으면 과거의 바이러스와 병원체가 부활해서 인류에게 심한 질병과 재앙을 가져오는 또 다른 측면이 있다. 세계보건기구(WHO)는 지구의 평균기온이 1도가 오르면 전 세계적으로 감염병이 4.7% 증가할 수 있다고 하는데 동토층에서 잠을 자던 바이러스가 깨어나 인류가 극복하지 못한 병원균으로 인해 자연의 생명체뿐만 아니라 인간들에게 엄청난 재앙을 줄 수도 있다.

실제로 2016년 러시아 시베리아에서 순록 2,000여 마리와 어린 소년이 탄저균으로 죽었다. 1941년 탄저균으로 죽었던 사슴이, 얼려져 있다가 기후 온난화로 해동되어 75년 만에 다시 사슴의 사체에서 병원균이 부활한 것이다. 놀랍고도 무서운 일이 지금 벌어지고 있다.

해수면의 또 다른 상승 원인은 해양에서 지각 변동과 바닷물의 순환, 해류가 달라짐으로 지역적으로 나타날 수가 있다. 2011년에 발생한 동일본 대지진, 쓰나미가 대표적이다. 그리고 어느 지역이나, 국가 측면에서는 적은 부분일 수도 있지만, 간척사업이나 바다로 삶의 기반시설, 공항, 항구, 다리 등 각종 편의시설을 확장하는 것도 해수면 상승을 불러일으키는 작은 요인들이다.

사실 그린란드나 극지방의 빙하가 녹는 것은 적도 지방에 중점적으로 해수면 상승을 가져온다. 정작 빙하가 녹는 그린란드나 육지는 얼음과 눈의 무게가 사라지면서 지구의 평균보다 해수면 상승 폭이 훨씬 적다.

적도 지방 인도네시아 수도 자카르타에서 400km에 떨어진 데막이란 지역 어느 마을은 20년 전에는 바다와 1.2km가 떨어져 있었는데 400~500명이 공부하던 초등학교가 물에 잠기면서 사람들은 마을을 떠나고, 마을을 떠나지 못하는 사람들은 기존의 집에서 방과 거실의 높이를 높여가면서 근근이 생활을 이어가고 있다. 20년 만에 해수면 상승으로 마을이 사라지는 것이다. 물론 빙하가 녹으면서 해수면의 상승으로 마을이 잠기는 요인도 있지만 무분별한 지하수 개발로 인하여 지반이 계속해서 내려앉은 요인도 크다. 지난 10년 동안 1m 이상 지반이 침하된 것이다.

 이 소식은 제주에 악몽을 선사하지 않을까 하는 걱정이 앞선다. 물론 지반의 구조나 지질의 형태가 다르지만, 제주는 기본적으로 지하수를 퍼내서 생활해 오고 있는데 지금처럼 지하수를 과도하게 사용하여 지하수가 마르고 더 나오지 않은 곳들이 많다.
 지하수가 무한한 것은 아니다. 지하수가 흐르던 공간은 일정 부분 바닷물이 채우기도 하지만, 그래도 지하수 고갈로 이루어지면 제주도 예외에서 벗어날 수는 없을 것이다. 빙하가 녹은 물이 제주로 흘러들어오는 부분도 있을 것이지만 제주에서 생활하고 쓰는 물들이 바당으로 끊임없이 흘러 들어간다.
 해마다 1,400만 명 관광객이 제주를 다녀간다. 매년 엄청난 양의 삼다수를 지하에서 퍼 올려 전국으로 판다. 우리나라 광어의 60% 이상 생산을 책임지는 양어장은 염분 지하수를 많이 쓰고 바당으로 나간다.
 지역 면적당 돼지고기 소비가 최고다. 광어 1마리를 생산하기 위해 얼마나 많은 물이 필요한지 통계는 없지만, 일반적으로 블랙커피 한 잔을 생산하는 데 132리터, 쌀 1kg은 2,500리터, 돼지고기 1kg 6,000리터, 소고기 1kg은 1만 5,000리터의 물이 필요하다. 이 작은 땅에서 소비하는 물과 지하수는 그 어느 지역보다 많다. 기본적으로 제주도는 비가 많이 오는 지역이지만 오늘 비가 많이 온다고 해서 내일 이것이 지하수가 바로 되지는 않는다.

고향마을 태흥리도 해안가를 중심으로 지하수가 나오던 곳들은 대부분 다 마르고 그 위로 시멘트로 덮고 그 해안도로 위로 차들이 질주한다. 그 시멘트 도로와 맞닿게 만든 것이 포구인데 그 포구 면에 물이 닿은 부분이 매해 올라오고 있다. 내가 어릴 적 놀았던 축항 안의 해수면 높이를 기억해 보면 지금의 해수면 상승은 놀라울 정도다. 그 당시 나의 무릎 정도에서 만조가 되었는데 지금은 내 무릎을 넘어 허리까지 온다.

물론 축항이 시멘트로 빙 둘러있어 그때보다는 지금이 물을 많이 가두기는 하지만 그래도 축항의 해수면 상승은 적응하기가 쉽지가 않다. 이대로 가다 보면 언젠가는 시멘트로 포장한 해안도로 평면과 같아지거나 넘어 올라오지 않을까 하는 두려움이 생긴다.

나는 태풍이 부는 바당을 좋아한다. 그래서 태풍이 불면 바당으로 가서 거친 비바람의 한가운데서 장엄한 바당을 바라본다. 2022년 9월 초 태풍 힌남노가 제주를 강타한다. 고향마을에서 차를 세워 두고 신흥리 방향으로 해안도로를 따라 걷다가 포기하고 돌아온 적이 있다. 파도가 해안도로 방파제에 거의 다다랐다. 다행히 만조가 아니라서 파도가 해안도로를 넘지는 않았는데 순간 만조였다면 정말로 무섭겠다는 생각이 들었다.

해수면 상승이 우리의 생활, 우리의 곁에 다가와 바닷물을 뿌리고 있다. 그 힌남노를 바라보면서 태풍이 조금 더 성내거나 만조 시 작은 태풍이라도 발생하면 언제라도 바당이 우리의 생활 안으로 밀어닥쳐도 이상할 것 같지가 않다. 이런 기분을 드는 것은 최근에 모든 태풍을 바라보면서 크기와 상관없이 모두 대동소이하다.

어릴 적도 태풍이 많이 왔지만, 그때는 내가 집중해서 바라보아도 내가 해수면과 해수 온도에 대하여 전혀 관심이 없었는데도 저 태풍과 파도는 우리 마을을, 나를 치지는 않는다는 안전에 대한 확신이 있어 태풍하고 거리감이 있었는데, 요즈음은 그렇지가 않다. 시각적으로도, 거리적으로도 태풍이 우리 곁에 우리 생활로 거의 다 올라와 있다.

구좌읍 동복리에도 작은 여, 소여가 있는데 옛날에 썰물이 되면 지금의 탈의장이 있는 곳에서 돌아서 소여로 들어가 낚시를 하곤 했다. 해녀들과 마을 사람들의 말을 들어보면 옛날보다 바닷물이 많이 올라왔다고 한다. 해녀 탈의장 앞으로 방파제를 만들어 놓았는데도 이제는 비바람이 치면 물이 안쪽으로 들어오는 횟수도 많아지고 있다. 재작년인가는 여름에 바닷물이 흘러들어와 해녀 탈의장 도로가 바닷물과 빗물에 일정 부분 잠기기도 한다. 실제로 그것을 보고 나니 해수면 상승은 이제 실제 상황이다.

특히 제주에는 고향마을 태흥리 폴개도 그렇지만 탑동처럼 바닷물 깊이가 얕은 곳이나 갯벌을 매립하여 마을의 편의시설이나 도로 혹은 상업시설 등이 들어왔는데, 구좌의 오일시장 근처 마을이 크게 들어선 곳들도 공유수면을 매립한 곳이다.

자꾸 자연의 영역에 힘으로 무자비하게 침범하여 사람의 영역을 만들면서 자연히 해수면의 증가 효과를 가져오는 곳이 늘어간다. 해안마을에 공유수면 개발과 개마띠와 항만의 확장도 궁극적으로는 해수면의 상승에 이르게 한다. 우리들의 삶, 생활이 해수면 상승에 전폭적으로 기여한다.

2018년 9월 초인가 일본 고베에 있었는데 태풍 제비가 상륙한다고 서둘러서 오사카 간사이 공항으로 이동하여 공항이 태풍으로 침수되기 8시간 전에 그곳을 빠져나온 적이 있다. 다음날 9월 4일 간사이 공항이 폭우와 해일 등으로 활주로가 침수되고 오사카 시내에서 공항으로 향하는 도로가 강풍에 휩쓸린 유조선으로 도로 한쪽이 파손되어 공항으로 들어가고 나오는 사람들이 큰 어려움을 겪는다.

간사이 공항은 일본 사람들이 바다에 건설한 인공섬으로 기술력을 최고로 뽐내던 시설인데 기술과 문명이 성난 자연 앞에서는 속수무책이다. 9월 4일이 간사이 공항 개항 24주년 기념일이라고 한 기억이 있다. 해수면 상승으로 인한 태풍 피해의 한 단면을 보여주고 있다.

더욱더 우려스러운 것은 지속적으로 인류가 자연의 위력에 힘을 더 보태주고 있다. 그러고는 사람들은 무릎을 꿇고 "오 신이시여!"를 외친다.

구좌읍 동복리 해안도로도 밀물 때 파도가 일면 바닷물이 해안도로 위로 넘어오고 행원에서 월정 지나다 보면 해안도로 위에 안전을 위해 난간을 설치한 곳이 있는데 이제는 파도만 치면 그 난간이 부서지기가 일쑤이다.

그렇게 자연이 있었던 곳에, 사구와 숨백이낭과 소나무 등이 있었던 그곳에 자연을 모두 치우고 탁 트인 해안도로를 만든 곳이 많다. 결국에는 무자비한 자연에게, 용서가 없는 바당에게 무방비로 우리의 결점과 치부를 다 보여주는 것과 같다. 자연은 바당은 이제 가까운 시간 안에 자신들에게 행해졌던 그 무자비한 행동을 우리가 한 것보다 그 이상으로 사람들에게 돌려줄 것이다.

사실 난 해안도로를 보는 것이 무섭다.

탁 트이게 만든 도로는 어쩌면 입은 갑옷을 벗기고 무기도 없이 원형 경기장 안으로 보내진 축 처진 어깨를 드러낸 검투사와 같다. 상대 한 번의 칼로 검투사는 쓰러질 것이다.

자연의 영역을 침범한 대가를, 무분별하게 건설된 해안도로의 오남용을 자연은, 바당은 조용하지만 아주 단호하게 그리고 무자비한 공격으로 우리에게 퍼붓지 않을까 한다.

어느 기상학자는 2100년 지구의 해수면 온도가 1m에 이르면 제주는 지금 살고 있는 인구의 반, 30만 명 이상은 육지로 이동해야 할 정도로 많이 잠길 거라고 한다. 해안도로 위로 무방비가 된 제주로 성난 바당이 거대한 힘을 가지고 올라올 것이다. 70년 후의 먼 일이 아니라 내일 당장 일어나도 이상하지가 않은 상황이다. 어쩌면 지속적으로 가라앉는 인도네시아의 한 마을처럼 제주도 서서히, 지금 우리가 인식하지 못하는 사이 가라앉는 것은 아닐까?

바다로부터 1.2km나 떨어진 인도네시아의 그 마을은 20년 만에 바닷물이 침범해 학교 교실에는 작은 고기들이 학생들을 대신하여 들어오고 운동장은 고둥들의 집합소가 되었는데, 제주도 이와 비슷한 환경이 되지 말라는 법은 없다.

나는 개인적으로 제주가 태풍 피해에도 선두에 있을 것이라고 생각한다.

거듭 이야기를 하지만 바닷물이 만조가 되어 강력한 태풍이 상륙한다면, 특히 제주의 해안도로는 태풍을 맞이하는 환영 길목이 되어 해안마을들이 침수, 파손 피해를 크게 볼 것이다.

나는 요즘 바다를 바라볼 때마다 바다이 성나있지 않나, 어쩌면 내가 생각한 것보다 더 성나있는데 스스로 누그리는 것을 반복하다 어느 시점에 거대하게 한꺼번에 폭발할 것만 같다.

태풍이 몰아치는 날 바다를 바라보고 있으면 예전에는 자연이 인간의 부조리를 다 쓸어버리고 난 후 새로운 또 다른 평온한 세상과 바다이 올 것이라는 확신이 있었는데 요즈음 휘몰아치는 바다은, 한꺼번에 자신을 아프게 한 모든 것을 쓸어버리고 말겠다고 의지를 다지면서 예행연습을 하는 것같이 느껴진다.

나의 예측이 틀렸으면 하는 바람인데, 제주도 지금과 같이 바다을 무한적으로 쓰고 침범하는 것을 중단하지 않는다면 인도네시아의 사라진 마을보다 더 끔찍한 일이 20년 안에 벌어질 수도 있을 것만 같은 생각이 떠나지를 않는다. 제주가 저 바다 밑으로 가라앉을 수도 있다.

우리가 즐거움을 걷는 올레길이 사라질 수도 있다.

실제로 더운 기운과 수증기를 잔뜩 머금은 태풍의 강도는 앞으로 상상을 초월할 것이다. 해수면이 61cm 상승하면 100년마다 오는 태풍 피해가 해마다 발생할 것이다. 그리고 2050년에는 태풍으로 인한 폭우가 지금보다 10배 이상 더 많이 일어날 수도 있다. 아니면 그 이상도, 내일을 예측할 수가 없다. 한 가지 확실한 것은 기후 가열화로 인하여 갈수록 미래의 태풍 강도는 상상을 초월해 다가올 것이라는 데는 의심의 여지가 없다.

자연은, 바당은 자신이 당한 것 이상으로 돌려주어도 어떤 사람들은 여전히 이 모든 것이 지구 가열화, 기후 위기 탓을 하면서 그렇게 잊어버리고, 자신의 편의, 자본, 대중의 표에만 집중할 것이다. 자연으로, 바당으로 들어가는 것이 행정의 능력이고 자본과 문명의 힘이라고 자랑하며 표를 얻는 시기는 지났다.

아픈 바당과 무분별하게 개발된 자연을 치유하는 것이 국가와 지방의 가장 큰 행정력이고, 앞으로 더 이상 자연과 바당으로의 침범을 자제하는 것이 행정가나 정치가의 가장 큰 덕목이자 주민들의 요구를 적극 수용하는 기준이 될 것이다.

지금부터라도 해안도로변에 시멘트 사용을 자제하고 나무를 심고 더 자연을 조성해 가야 한다. 그런 행정이 있어야 국민과 주민들에게 안전한 일상이 보장될 것이다.

지금도 우리가 기후 위기, 해수면 상승에 대해 블라블라 논의하고 있는 중에도 바닷물은 천천히 데워지면서 쉬지 않고, 지치지 않고 해안도로 위쪽으로 올라오려고 얼굴을 뙤쪽 내밀며(살짝 올리며) 호시탐탐 기회를 노리고 있다.

산물이 끊어지다

제주는 물이 좋다.
제주 해안 어디를 가든 물, 산물(용천수)이 콸콸콸 나온다.
현무암질의 토지가 물을 못 가두어서, 벼농사를 할 수 없는 그런 환경을 신이 우리에게 제공했다면 그것을 상쇄하는 축복을 주었는데 그것은 물, 산물이다.
그렇게 비가 안 오고 가물어도 산물은 내륙의 상태와는 상관없이 어떤 곳은 늘 '줄줄줄'이고, 어떤 곳은 '콸콸콸'이다. 커오면서 물이 없거나 혹은 육지에서처럼 논에 물을 대기 위해 물이 부족해서 불편하거나 어려움을 겪는 것은 우리 마을에서는 있을 수가 없는 일이었다.
제주는 물의 천국이고 물은 당연함이었다.
집 주변에는 우리가 마실 수 있는 산물이 있고, 다른 곳에는 놀고 생활을 할 수 있는 바닷물이 있다.

제주는 120만 년 전 화산활동으로 이루어진 섬이다.
수십 아니 수백 차례의 화산활동이 이루어지고, 계속해서 용암이 흘러내리면서 물이 아주 잘 빠지는 현무암층과 퇴적층의 지질 구조가 이루어졌는데, 이 지질 구조가 물이 스며들 때 천연필터 기능을 하고 우리 몸과 자연에 좋은 각종 성분이 산물에 포함되는 것이다.
제주의 음식 맛은 그렇다 치더라고 건강하고 친환경적인 요소가 많은 것은 이 물 때문이다. 이 산물은 육지의 다른 어떠한 물보다 많은 미네랄이 들어있다. 제주의 음식 중 된장은 전라도나 경상도 지방의 장보다 굉장히 저평가되어 있는데, 많은 음식 연구가들은 제주의 장을 최고로 쳐주는 경우도 많다. 이 최고의 구수한 장맛을 결정해 준 것은 미네랄이 많이 들어있는 산물과 어머니의 정성 때문이다.

제주가 척박한 땅에 바람도 많이 부는데 만약 물마저 귀했으면 사람들이 살기 어려웠을 것이다. 제주의 물, 산물은 제주 생명의 시작이다. 그 물 덕택에 제주는 어려운 환경에서도 생명을 연장할 수가 있었고 모든 육상, 해상 생물 다양성의 근원이 되어왔다. 제주의 산물은 육상에서는 사람과 식물을 키우고, 바당으로 흘러 들어가고, 직접 솟구치며 바당의 생명에 온갖 영양분을 공급한다. 해양 생물 다양성에 기초 영양분을 제공한다.

제주 바당에는 구로시오해류가 지나간다. 난류인 구로시오해류는 영양염과 식물성플랑크톤, 혼탁물이 적어 바닷물이 매우 맑아서 태양 빛 중 청남색을 많이 투과시켜 검게 보이기도 한다. 일반적으로 이 해류에는 생명이 거의 살 수 없는 환경이라고 알려져 있다.

얼마 전까지 제주 연안에 해산물과 다양한 생물들이 많이 넘쳐난 것은 결국 지하수를 통하여 육상 물질과 무기질, 미네랄 등이 바당으로 흘러 들어가 바당에 많은 영양분을 공급해 주었기에 가능한 일이다. 아주 오랜 세월 동안 제주의 연안 생태계는 산물로 필요한 영양분을 공급받아 해양 생물을 살찌우지 않았을까 한다.

그래서 물, 산물은 육상, 해양에 있어서 생명이다.

산물, 지하수는 육상에서 땅속에서 그리고 바당으로 연결되어 있다. 바당에서 직접 솟구치는 산물을 보는 것은 자연의 신비로움이다. 산물이 직접 나올 때는 자연의 물보라는 깨끗한 1~3cm의 아지랑이를 만들고, 모래에 나오는 물은 주위에 물 꽃잎을 겹겹이 만들어 쌓고, 그 물은 생명력을 그 위로 조금씩, 차곡차곡 입으로 아주 신선한 호흡을 토해내는 것 같이 느껴진다. 인간들의 입에서 절대 그릴 수 없는 자연이 숨 쉬는 아름다운 장면이다.

나는 여전히 고향 집에 가면 가끔 수돗물을 마신다. 삼다수나 별 차이가 없는 듯하다.

해마다 음력 팔월 초하루 벌초하고 나서 친척들과 자리물회를 한 그릇 나누고 고향 집 수돗물로 샤워를 한다. 늦여름이지만 지하수의 수돗물은 여전히 차가워, 뜨거웠던 노동을 한 순간에 식혀 버린다. 그리고 마루에 자연을 베고 누워있으면 바당에서 불어오는 시원한 바람이 몸을 보들보들한 상태로 유지해 주며 편안한 익숙함의 졸음으로 인도한다.

그런 시간이 갈수록 해마다 멀리 달아나고 있다. 이제는 햇빛이 점점, 뜨거워지고 바당에서 불어오는 바람은 습기를 잔뜩 머금어 더욱, 후덥지근하게 달려든다. 그나마 더운 여름에도 여전히 아직도 자신의 상태를 꼿꼿하게 유지해 주는 것은 물, 산물, 지하수이다.

고향마을에는 바당과 가까운 산물 말고도 육상으로 500m를 올라오면 인근에 3개의 못(연못)이 있다. 큰 못 띠, 샘 못 띠, 개구리 못 띠다.

마을 사람들은 수도가 마을에 들어오기 전에 바당에서 가까운 소금밭 산물을 길어다 식수로 사용했는데, 큰 못 띠(샘이 솟아나는 큰물)는 마을에서 물과 관련한 문명의 혜택을 제일 많이 주는 곳이다. 이곳에서 마을 집집마다 소금기가 전혀 없는 시원한 산물을 수도관을 통해서 배달해 준다. 산물이 제일 많이 나와서 마을 사람들은 '큰 못 띠'라고 부르는 곳이다. 큰 연못이 넓게 둘려있어 큰 빨래도 하고, 소나 말들에게 물을 먹이는 곳이기도 하다.

샘 못 띠는 샘솟는 물이 보인다고 해서 샘 못 띠다. 여기는 큰 못 띠에 비해 10분의 1 정도로 공간이 작지만, 물이 깨끗하여 마을 사람들이 밭에 가거나, 우리는 지네를 잡고 돌아오다가 엎드려서 물을 마셨던 곳으로 새나 작은 동물들이 자주 보였던 곳으로 식수로도 물을 떠 가던 곳이다.

개구리 못 띠는 큰 못 띠보다 3배 정도 넓다. 그냥 넓은 연못인데 사시사철 습하고 일정량의 물이 보장되어 있어 개구리가 많아서 개구리 연못이라고 불렸던 곳이다. 물론 뱀도 많았다. 식수로 전혀 사용하지 않고 가축과 동물들의 식수용이자 농수용이다.

2000년을 전후로 해서 국제자유도시 개발 붐으로 너도나도 중산간 개발에 뛰어들었다. 통계청 자료에 따르면 지난 40년(1981~2020)간 제주도 임야감소는 7,466만 평, 목장용지감소는 972만 평, 농지감소는 2,943만 평에 달한다. 이에 반해 대지는 1,261만 평 증가했고, 도로 또한 1,015만 평 증가했다.

총 1억 1,381만 평의 녹지가 사라지고, 인공물인 2,276만 평의 불투수성 열복사층이 증가한 것이다. 불투수층은 일반적으로 지하수가 투과되기 어렵거나 투과되지 아니하는 지층을 말한다. 골프장 등 체육 용지의 면적 976만 평까지 합하면 불투수층은 3,252만 평 증가한 것이다.

제주 중산간에서의 무분별한 개발로 인한 도로 확장과 여러 가지 리조트 등 편의시설의 등장은 지하수를 오염시킬 뿐만 아니라 지하수 불투성을 확장하여 물의 수요를 증가시킴으로 지하수 고갈을 촉진하는 계기를 만들고 있다. 또한, 하우스를 통한 농작물 재배가 늘어남에 따라 농업용수를 위해 산물, 지하수를 퍼내어 사용하다 보니 산물이 대부분 메말라 간다.

고향 집 바닷가 산물은 거의 15년 전에 모두 다 말라 이제는 나오지 않고, 큰 못 띠, 샘 못 띠, 개구리 못 띠 물도 이제는 말라 그 위로 시멘트 도로가 지나간다.

제주의 산물은 심하게 아파하고 병들어 가는 곳이 많아지고 있다.

어느 마을의 지하수는 갈수록 염분 농도가 짙어져 물로서 기능을 상실한 지 오래되었다. 염분농도가 많아지고 있는 것은 제주 지하수가 메말라 가고 있는 것이며, 그 메마른 공간에 바닷물이 들어와서 지하수가 짠맛이 나는 것이다. 어느 물은 심한 악취와 함께 혼탁해지고 있다.

실제로 제주의 산물은 1999년에는 곳곳에 1,025곳이나 되었는데, 2023년에 550여 곳으로 확연하게 줄어들고 있다. 모두 메마르거나 관리 부실과 방치 혹은 염분농도가 높거나 오염이 되어서 산물 기능이 다 소진된 곳들이다.

고향마을 태릉리 산물들도 모두 이 수치에 들어간다. 조금씩 메마르던 곳은 개발이나 도로로 인하여 다시 솟아날 능력, 힘이 사라지면서 시멘트 문명이 물을, 자연을 완전히 숨을 쉬지 못하게 그 위를 지나가 버리며 압사시켜 버린다.

제주는 빗물이 지하로 스며들기 좋은 구조를 갖추고 있다.
정확한 표현일지는 모르겠지만 그래도 물, 산물은 숙성기간이 필요하다. 이 숙성기간은 끊임없이 지하 어느 층까지 물이 걸러지고 내려가는 과정이 반복된다. 지형에 따라 제주 동부는 18년, 제주 서부는 40년 그리고 중산간은 20년, 이 동안 지속적으로 땅속으로 흘러 들어가서 지하수가 되는 것이다.
같은 제주라도 지형과 지질이 다른 이유다. 그래서 그런지 몰라도 우리 고향 마을이 있는 남원읍이 제주에서 가장 지하수 함양량이 많다고 알려졌다. 삼다수 생산지도 우리 고향마을 위쪽에 있다. 비가 와서 물이 땅속으로 흘러가는 과정에서 토양이 좋은 성분이나 미네랄이 함유되었으면 삼다수같이 좋은 물이 되는 것이고, 그 토양에 가축분뇨나 화학비료 성분이 오랫동안 흘러 들어갔으면 오염된 지하수가 되는 것이다.

제주의 기후는 고온 다습하여 지리적으로 육지보다 병충해가 잘 자랄 수밖에 없는 환경이다 보니 일반 밭에서뿐만 아니라 골프장에서도 더 많은 농약을 사용할 수밖에 없다. 밀려드는 관광객들과 증가하는 인구를 감당하기 위해 경작지가 한편으로 중산간으로 확대되고 더 많은 농산물과 수익을 생산하기 위해 기존의 밭에도 더 많은 화학비료와 농약(살충제, 살균제)을 사용하는 결과를 초래하고 있다. 특히 중산간 개발을 하는 과정에서 오름과 곶자왈을 훼손하고 파괴하는 경우가 많아진다. 다시 말해 개발로 숨골을 막거나 덮어버려 빗물이 지하수로 투수하는 것을 막아버리는 결과가 되어 제주가, 땅이 숨 쉴 수 있는 공간을 줄어들게 만든다.

제주 자연에는 제주어로 '숨굴', '숭굴'이라는 숨골이 있다. 이 숨골은 학술적으로 혹은 사전적으로 정의된 단어는 아니다. 비가 오면 바위틈을 지나 물이 지하로 내려가는 통로를 일반적으로 말하는데, 땅이 물을 받아서 숨을 쉬며 그렇게 빗물을 받아들이는 곳이다. 이 숨골은 제주 지하수가 생성되는 시작점이라고 할 수 있다. 이 숨골은 제주 전역에 300여 개가 있는 것으로 알려져 있다. 곶자왈 대부분은 숨골을 가지고 있고, 곶자왈이 아닌 곳에도 숨골은 존재한다. 제주의 곶자왈은 화산활동으로 이루어진 자연 원시림으로 세계에서도 보기 드문 자연 생태계의 보고이다.

어린 시절 곶자왈은 정말로 안 좋은 쓸모없는 땅이었다.
경작도 안 되고 말의 먹이가 되는 풀도 없고, 그리고 초가지붕을 덮는 촐(가는 새)도 자라지 않아 그야말로 땅이란 이름을 붙이기도 아까운 곳이다. 우리 마을에는 그렇게 큰 곶자왈은 없었지만 그래도 작은 곳에 가보면 사람이 다녀간 흔적도 없고 이상한 고사리와 풀과 가시덤불, 그리고 돌과 나무들이 서로 뒤엉켜서 약간 어둠이 있는 듯한 곳이다. 바닥은 아주 오래전 선사시대의 이끼 같은 것들이 깔려 있고, 수분이 많아 그 주위가 축축하게 느껴진다. 수분이 많은 돌은 그 자체가 자연이다. 자연은 자연을 더욱 의지한다. 토양이 그리 많지 않기 때문에 자연은, 나무는 바위와 돌에 밀착하여 뿌리를 내린다. 사람들에게는 120% 이상 쓸모없는 땅이지만, 자연은, 돌과 나무 등 모든 식물과 생물들은 산소 내뿜기 경쟁을 하는 자신들만이 생존하기에는 최적의 장소이다.

곶자왈은 한겨울에도 각종 나무와 풀, 줄기 등으로 푸른 숲을 이룬다. 한여름에도 그곳에 들어가면 나무가 그늘을 만들어 조금은 햇빛의 강도를 줄여준다. 어쩌면 기후 가열화를 막아주고 더디게 해주지 않나 하는 생각이 든다.

제주 사람들은 곶자왈을 제주의 허파라고 한다. 한번 곶자왈을 돌아보면 왜 그러는지가 실감할 수가 있을 것이다. 제주는 한라산을 기점으로 남북으로는 계곡과 여러 갈래의 냇창(냇가)가 발달되어 있고 동서로는 곶자왈이 많이 들어서 있다. 이 곶자왈에 비가 오면 제주의 어떠한 지형이나 지역보다 지하로 빠른 속도로 빗물이 흘러 들어간다. 어쩌면 건강한 지하수를 생산하는 기초가 되는 공간이라 해도 틀린 이야기는 아니다.

제주에는 기본적으로 우리나라에서 비가 가장 많이 오는 지역이다. 연평균 강수량은 지금은 10년 전보다 2,000mm가 훨씬 넘는다. 이렇게 일 년에 비가 오면 이 비의 총량은 40억 톤에 이른다. 이 중 36~40%가 지하로 스며들어 결국은 지하수가 된다. 나머지는 증발량과 직접 바다로 흘러 들어가는 유출량이 된다.

30년 전에는 비가 많이 오면 올수록 빗물이 비포장도로를 달리면서 냇가로 많이 유입되면서 자연스럽게 바당으로 흘러가는 과정이 길어지고 지하수로 유입되는 함양량은 많아졌다. 지하수 함양은 빗물이 지하수로 유입되는 수리적 과정을 말한다. 인구도, 관광객도 적었다. 자연이 대부분이다.

2000년도 이후에는 특히 중산간 개발과 동시에 그 주위 배수로 정비사업을 했는데, 이는 자연과 환경뿐만 아니라 지하수에도 다소 부정적인 결과를 가져오게 된다. 비가 오면 그 주위의 사람들이 사용한 오폐수와 함께 경작지에서의 농약과 비료 성분들이 포장된 배수로 정비 고속도로를 달리면서 조직적으로 안전하게 바당로 흘러 들어간다. 제주는 비가 오면 물은 산에서 바당으로 흐르는 구조와 지형을 갖고 있다. 이제는 사람들이 자연에 많은 문명을 덧칠해서 땅속으로 흘러 들어가는 비의 양은 줄어들고, 바당으로 흘러 들어가는 양은 많아지고 있다.

 제주는 갈수록 인구가 늘어나고 관광객들도 많이 모이고, 물을 쓰는 사람들도 많이 모이면서 산물, 지하수를 필요로 하는 곳들이 더욱 늘어난다. 산물, 지하수가 무한하지는 않을 것이다. 이렇게 쓰다가는 언젠가는 결국 고갈될 것이다. 제주도와 관련 기관들은 제주 삼다수가 생산량이 하루 4,600톤 그리고 연간 165만 톤으로 그 생산량을 판매한다고 하는데, 이는 연 함양량의 0.1%로 미미하다고 홍보하지만 그 미래는 누구도 알 수 없다.

 1년에 지하수 함양량도 16억 톤이 된다고 한다. 그것은 어디까지나 추측이고 그 수치도 정확한 것인지는 누구도 모른다. 정확한 수치는 연간 제주도 개발 공사가 판매하는 삼다수의 판매량, 실질적으로 생산하는 것은 계측이 되지만, 지하 깊은 곳에 있는 함양량은 정확하게 알 수 없을 것이다. 그래서 그 생산량이 전체량에 비해 아주 미미해 보일 수 있지만, 물을 판매하는 측에서는 지금의 물을 팔아도 전혀 문제가 안 되다는 것을 보여주고 싶지만 실제로 제주의 지하수, 특히 마을에 있는 산물은 대부분 말라가고 있다.

수치와 현실에서 느끼는 것은 많은 차이가 있다. 그 수치만으로 안정적일지 모르지만, 우리는 한 번도 가보지 않은 길을 가고 있어서 지방 정부의 지하수 함양량이 절대적이라고 나는 생각하지 않는다.

제주의 지하수 함양률은 2003년 46.1%, 2009년 43.9%, 2016년 41.4%, 그리고 2018년 40.6%, 2020년대부터 40% 아래로 떨어져 왔다. 참고로 우리나라 평균 지하수 함양률은 내륙지역 지하수 함양률 14.4%, 일본 오키나와 5%, 하와이주 오하우섬 36.4%, 괌 39%, 대서양 카나리섬 32.5%보다 높지만, 함양률이 떨어지는 속도는 자연 생태를 있는 그대로 보호하고 존중하는 것보다 지금처럼 개발에 중점을 둔 지난 20년간은 더 빠르지 않았을까 한다.

결국, 곶자왈의 무분별하고 지속적인 개발은 제주의 허파를 조금씩 병들게 하여 제주 산물의 함양률과 질을 떨어뜨리고 후에 제주의 물 문제를 현실화하는 것은 아닌지 하는 걱정이 된다. 지하수 함양률이 전국 평균보다 높다고 해서 결국 물이 안전하게 안정되게 보장되는 것은 아닐 것이다.

우리는 지하수가 얼마나 많은 양이 바다로 흘러가고 바다에서 직접 솟구치는지 정확한 양은 알 수 없다. 특히 바당에서 솟구치는 양은 더욱더 그렇다. 제주의 지금 해안선은 6천 년 전 해수면의 상승으로 완성되었다. 최근 바다에 풍력발전을 시추하면서 연안의 지질 구조와 지역에 따라 그 길이가 조금 다르지만, 동부지역이 서부지역보다 넓은데 바닷속 지질 구조, 특히 암반이 육상과 같다는 것을 직접 확인하게 된다. 대략 해안으로부터 2~7km이다. 그 속에서 해저 산물이 나온다는 것은 물론 그 양이 얼마인지 정확하게 측정할 수는 없지만 한 가지 분명한 것은 지하수는 비가 그 지역에 내려서 그 지역 땅속으로만 가서 있는 것이 아니라 물 자체가 생명력이 있어 땅속에서, 바닷속에서 동서남북으로 흐른다는 것이다.

 제주의 자연, 산물은 자연으로 왔다 자연으로 돌아가는 구조이다. 이 구조에 사람들은 인위적으로 개입하여 물을 마시고 사용하고, 다른 생물처럼 생명을 연장하는 것을 넘어서 자본을 만들어 가고 있다. 이 자본을 만드는 사람들은 모두 다 정당하다고 이야기하고는 있지만, 그 후의 일은 오직 자연, 신만이 알 수 있다.
 제주의 땅속 물은 무한할 수는 없다.
 우리나라, 아니 전 세계적으로 물이 넘쳐나는 곳은 없다. 물이 넘쳐나는 곳도 어느 시간이 지나면 물이 결핍하는 시대로 접어든다. 인천의 작은 섬은 이제는 지하수가 말라 있던 지하수 관정도 바닷물 농도가 많아지면서 20년 전에는 당연한 물이 이제는 하루에 30번의 급수차가 왔다 갔다 한다. 주민들은 자기 집 앞으로 자연이 오는, 물이 오는 시간만을 기다린다.
 그 마을 사람들이 20년 전, 10년 전 물이 없을 것이라고 상상이나 했을까?
 그렇게 자연의 범위인 미래를 알 수 있었으면 그 섬에 있었을까?
 제주의 산물은 제주라서 영원할까?
 그렇지 않을 것이다. 그것은 우리의 바람이고 익숙함이다. 바람이, 희망이 앞으로, 미래로의 물 전략이 되어서는 우리는 완전히 망한다.
 많은 곳에서 제주의 자연, 산물도 죽어가고 있다. 특히 서부지역의 산물에서 흙탕물도 나오고 가축분뇨 냄새와 함께 비가 오면 그 냄새로 그 앞을 지나는 것도 꺼려진다. 어떤 곳은 그 함량이 미미할지 모르지만, 농약과 항생제 성분 심지어 카페인 성분까지 검출되는 곳이 있다.

몇 해 전에는 삼양과 한림 취수장에서는 염분의 농도가 많이 나와서 이를 중화 처리하는 데만 수백억 원을 투입한 적도 있다. 사람들이 사용한, 편리하게 더 많이 생산하기 위해서, 더 많은 자본을 습득하기 위해, 더 잘 살아가기 위해 사용한 증거들이 물속에서 나오고 있다.

제주의 물, 생명은 사람들만 쓰라고 하는 것은 아니다.

신의 이 우주를 창조하면 제주에는 산물을 통하여 식물을 포함하여 육상생물과 바당생물, 그리고 사람들이 조화롭게 사용하라고 그 물의 흐름을 만들어 놓았다. 그렇게 산물을 통해 서로 균형을 잘 맞추어 오다가 어느 순간부터 이기적으로 사람들만 더 쓰려고 하다 보니 다른 생물과 자연이 자신들에게 돌아가야 할 생명의 물, 깨끗한 물 대신에 사람들이 쓰고 난 물, 더러운 오염된 물을 쓰다 보니 다른 생물들이 아파서 죽어가고 있거나, 새로운 생명이 태어나는 것을 방해받고 있다. 바당의 생명 다양성을 위협하는 가장 큰 요소가 되고 있는 것이다.

결국에 제주 바당이 아프기 시작한 것도 바당으로 흘러 들어가는 순수한 산물은 줄어들고 대신에 인간들이 사용한 오염된 물, 인공 화학물이 많아지고 그것을 전부 바당이 받아주면서 생기는 것이다.

제주의 지하수 오염은 이제는 심각하다.

산물, 지하수의 오염은 서서히 자연의 생명 다양성을 위축시키고 결국에는 사람들이 물이 부족하여 목이 말라갈지도 모른다. 지하 430m 암반으로부터 끌어내는 삼다수가 안전하다고 해서 대부분 사람이 삼다수를 마신다고 제주의 물이 앞으로도 안전할 것이라고 여긴다면 그것은 절대적으로 틀린 명제이다.

지금과 같이 물을 쓰고 소비하면 거기에다 지하수를 점차 오염시켜 가면, 사람들의 개발에 대한 욕망이 지금보다 더 줄어들지 않으면 삼다수는 미래에도 무한하지 않을뿐더러 그 물이 항상 깨끗하다고 보장할 수 없다. 물은 수치를 도출하는 사람들이 보장하는 것이 아니라 깨끗한 자연만이 보장한다.

제주에는 육지, 남해나 서해와 비교해 볼 때 적조 현상이 많이 발생하지는 않는다. 물론 1970년대 이후 9차례 발생했다. 그래도 적조 현상이 드물었던 것은 산물, 지하수의 역할이 아주 컸다고 나는 생각한다.

적조는 사실 플랑크톤이 이상 과다 증식으로 나타나는 현상인데 플랑크톤이 많으면 바다 생물이 좋아할 것 같지만 실재적으로 플랑크톤이 죽으면서 많은 산소를 소비하여 주위 조개나, 물고기 등 용존 산소량이 부족하여 죽을 수도 있다. 이 죽은 플랑크톤은 바다 생물에게는 치명적인 독성으로 다가온다. 이 적조의 원인으로는 육상으로부터의 질소나 인의 과대한 영양분이 바다로 흘러 들어가 부영양화가 주된 원인으로 보는 경우가 많다.

그런데 왜 지금까지 이런 적조 현상이 제주에는 그리 많지 않았을까?

추측하건대 그것은 깨끗한 산물의 유입으로 바닷물을 깨끗하게 한 것도 있었고, 또한 물의 흐름을 빠르게 순환시켜서 그럴 수도 있지 않았나 하는 생각이다.

그런데 언제부터인가 제주에서는 이런 육상의 화학물질이 지하수를 통하여 바당으로 많이 흘러 들어가면서 이미 물길이 막혀 있는 곳에서 해수 온도가 많이 올라가고 대신에 구멍갈파래가 창궐하고 번성하고 있다. 바당이 죽어가는 것은, 바당의 생태계가 근본적으로 위협을 받는 것은 기후 가열화 영향과 함께 육상에서의 사람들의 활동으로 야기된 화학물질과 기타 살균제와 살충제, 심지어는 카페인 성분 등이 지속적으로 오폐수 배출관이나 하수도를 통하여 직접적으로 들어가기도 하고, 지하수를 통하여 바당으로 흘러가서 그렇다고 단언하고 싶다.

제주 바닷가의 오염은 어쩌면 육상의 오염을 반영하는 지표이다. 물론 육상과 지하수를 통해 얼마만큼 치명적인 부분들이 유입되는지 정확한 통계는 알 수 없지만, 앞으로도 다가오는 부분이 더 클 것이고, 이것은 바당의 생명 다양성에 엄청난 위험성과 치명성을 더해 주는 것은 틀림이 없다.

삼다수를 포함한 상수도 지하수의 경우는 보통 지역에 따라 다르지만 지금 나오는 물은 보통 20년의 숙성기간에 사람들의 활동으로 더해진 것이다. 그런데 제주는 그 이후 더 많은 사람이 몰려들어 살아가면서 더 많은 비료와 농약 등 그 이전에도 없었던 더 많은 화학성분을 육상에 뿌리고 더 많은 돼지가 똥오줌을 쌌다. 그러면 지금부터 앞으로 다가오는 미래 어느 기간의 지하수 오염 상황은 지금보다 더 안 좋아질 수 있는 것이 자명하다.

설사 20년 후에 산물이, 지하수가 깨끗하게 나오더라고 우리는 자연으로 돌아가려고 하는, 자연을 되찾으려고 하는 노력이 지금 시급하다. 물 소비를 줄이고 인간들만 먹겠다고 토지에 과다 농약과 비료를 줄여야 한다. 희망과 함께해야 하는 부분에 대하여 지금부터라도 하나씩 해 나가야 한다.

제주의 지하수를 보호하려는 당위성과 노력은 기후 가열화, 기후위기와 맞물려서 급하지만 반드시 우리의 발걸음과 함께해야 한다. 그렇지 않으면 가까운 시일 내 우리는 삼다수 1.5L를 만 원에 구입해야 할 수도 있다. 그나마 그것도 판매대에 있으면 다행이다. 오염으로 물 사정이 안 좋아 가계지출의 30% 이상을 물을 구매하는 데 사용하는 저 인도의 어느 마을처럼 우리도 자식들에게 마음껏 물을 먹일 수가 없게 될지도 모른다.

대부분 우리나라 사람들은 여전히 제주 삼다수 덕분에 제주가 우리나라에서 가장 깨끗한 물을 생산하는 것으로 알고 있다. 나도 각 지방의 물을 마셔 보아도 익숙함이 있어서 그런지 삼다수 물맛이 가장 좋다. 제주 행정은 앞으로 삼다수 물을 더 상업화하는 데 행정력을 쏟지 말고 포괄적으로 제주의 물을 지키고 아끼는 데 힘써야 한다. 그렇지 않으면 앞으로는 자본을 가진 사람만이 자연의 혜택, 신의 주신 제주의 물을 마실 수 있다. 우리가 다 같이 삼다수를 마시고, 깨끗한 물로 밥을 짓고, 샤워를 하고, 기본적인 일상을 누리려면 지금 제주의 산물을 간과하거나 당연하게 생각하면 물의 소멸은 의외로 빨리 다가올 수 있다.

제주의 해수면 상승과 함께 어쩌면 지금의 산물, 지하수 관리는 신이 제주가 앞으로 자연과 함께 자연을 업고 가느냐 아니면 옛날의 자연환경을 그리워하며 가느냐 하는 중요한 문제를, 크나큰 숙제를 지금 우리에게 던져준 것이 아닐까.

많은 젊은 세대들이 제주 해변에 와서, 심지어는 구멍갈파래가 있는 곳에 와서 그것이 미역인 것처럼 깨끗한 자연의 산물인 것처럼 지금의 바당을 당연하게 바라보고 있다. 악취가 나는 양어장 배출수 옆에서도 그들은 자신을 저장하면서 이것이 자연이라고 당연하게 작금의 상황을 즐기려고(?) 하고 있다.

물론 지금의 상황, 바다 소멸의 책임은 전적으로 바다 소비를 부추긴 행정과 자본이, 그리고 기성세대에 있지 젊은이들에게 책임을 돌려서는 안 된다. 젊은이와 다음 세대들은 당연하게 1600년대의 정약용이 말한 바당을 이어받을 권리가 있고, 더욱더 신선한 자연 바당 내음 안에서 자신이 포위되고 있음을 사진으로 확인하며 즐겨야 한다.

이제는 제주 바당에 당연한 것들은 없다. 사람들의 원인만 있을 뿐이다. 우리는 지금 상황에서 불편한 것은 기후 가열화, 기후 위기에 의해 어쩔 수 없는 것으로 여겨 남은 시간을 더 즐기려는 마음보다는 그래도 그 기후 위기가 우리가 자연환경을 너무 사용한 대가라는 것을 받아들여 자연과 바당에 해가 되지 않은 노력을 해야 한다.

지금 바당이 이렇게 아파하는 것을 보면 지하수도 심하게 아플 날이, 죽어갈 날이 얼마 남지 않았는지 모른다. 제주의 물, 산물, 지하수가 바당을 지금까지 살려왔는데 앞으로 우리가 바당에 아무것도 하지 않으면 죽어가고 있는 바당이, 지하수가 바당을 해치는 속도보다 더 빠르게 제주의 물, 산물, 지하수를 죽여갈 것이다.
 제주 바당과 산물, 지하수는 서로 떼어내어 살 수가 없다.
 제주의 산물, 지하수와 바당은 같은 핏줄이다.

겡이들이 바둥바둥 사투한다

몇 해 전에 제주 쓰레기가 수출되다가 동남아의 어느 나라에서 무작위로 버려진 뉴스를 본 기억이 있다. 쓰레기 수출이 설마? 그것은 사실이다.

최근 15년 동안 제주에 개발과 관광이 태풍 수준을 넘어 거의 광풍이 불어닥쳤다. 제주는 사람을 수용할 준비가 되어있지 않았다. 사람들이 넘쳐나자 똥물도 바당으로 넘쳐난다. 생활 쓰레기는 전국으로, 해외로 수출되는 상황이 발생하고, 해양쓰레기는 처리가 안 되어서 각 읍면동 쓰레기 집하장이 오름으로 변하고 있다.

이러한 것은 여전히, 완전히, 해결되고 있지 않다.

가끔은 똥물이 넘쳐나고 쓰레기들은 비닐에 돌돌 말려가면서 지금도 한라산과 키재기 시합을 벌이고 있다.

난 세상에, 바당에 쓰레기가 그렇게 많은지 몰랐다. 바당은 이제 해조류 대신에 각종 쓰레기가 자라는 줄로 알 정도다. 어떤 쓰레기들은 제주가 국제자유도시라 비자도 없이 자유자재로 입국한다.

사실 제주에서 생활 쓰레기 통계 및 관리는 있었지만, 해양쓰레기에 대해 체계적으로 수거하고 얼마나 많이 발생하는지 그 통계가 나온 지는 10년이 조금 지났다. 그 통계가 시작되는 해부터 해양쓰레기는 객관적인 자료로도 제주에 얼마나 많은 해양쓰레기가 나오는가를 보여주고 있다.

정보공개 청구에 따르면 제주 해양쓰레기 통계가 시작되는 2013년에는 606톤, 2014년에는 926.8톤, 2017년에는 1만 714.18톤, 2021년에는 2만 1,489.24톤으로 가히 기하급수적이다. 이것은 어디까지 수거된 통계일 뿐 바당 밑에도 이와 비슷한 수치가 드러누워 있지 않을까 생각한다.

제주 해양쓰레기의 종류는 다양하다. 전체 70% 정도는 폐어구이다. 바당에서 직업 활동하는 각종 그물과 도구들이 태풍이나 파도에 유실되거나 혹은 의도적으로 버리거나 하는 그런 종류다. 그리고 각종 생활용품이 떠내려오거나 버려지는 쓰레기들이다.

폐어구를 제외한 쓰레기 중에 눈에 가장 많이 보이는 것이 일반 생수와 음료수 플라스틱 페트병이다. 그리고 이 중 생수 플라스틱병과 양적으로 경쟁하는 단일 종류는 커피의 일회용 플라스틱 컵과 커피 용기들이다. 보이는 것이 전부가 아닐 수는 있다. 여전히 어디론가 둥둥 떠다니는 것, 떠다니는 것이 싫어 돌이나 바위 사이에서 숨바꼭질하는 것을 포함하면 얼마나 될지 모른다. 내 눈으로 본 것은 정말로 많다.

태풍이나 풍랑이 지나간 다음 날 제주 연안은 쓰레기로 바위와 돌을 이룬다. 상상을 초월할 정도다. 해안도로는 제주의 문화와 정서의 한가운데로 지나가면서 제주 구석구석을 급속하게 관광지로 만들어 버린 측면이 있는데, 덕분에 한편으로는 바당 접근을 쉽게 만들어 바당에 소비를 가속화하고 이를 관광객들이 실제로 눈으로 확인하게 하는 역할도 한다. 해양쓰레기 추가에 일조하는 사람들도 있지만, 얼마나 많이 있는지, 바당이 얼마나 아픈지 인식하는 사람들도 많아지고 있다.

 쓰레기는 제주 행정에서 가장 두려워하는 민원이 발생하는 요인으로 관광객의 미간을 올라가게 하고, 생활의 불편을 축적하지만, 그 쓰레기로 인하여 생명을 연장하지 못하는 바당 생물이 죽어가는 것을 우리는 가장 걱정하고 두려워해야 할 일이 아닌가 한다. 생명의 다양성을 적극적으로 아주 편파적으로 유해하는 요소가 된다.

 이제는 기후 온난화로 제주 바당을 완전히 떠난 도루묵과 꽁치는 일반적으로 모자반에, 해조류에 알을 부화한다. 모자반에 부화함으로써 부화 기간 다른 먹이사슬로부터 알을 보호하고, 부화해서 새끼로 나올 때까지 모자반에서 산소를 얻을 것이다. 바닷속 그 모자반 숲이 있어야 할 곳에 이제는 모자반이 아니라 폐그물이나 어구, 변화하는 색으로 바위나 모래가 있다.

 제주 바당에서 이제 모자반은 천연기념물에 가깝다. 도루묵들은 부화 시기에 모자반을 찾다 찾다 찾지를 못하고 결국에는 폐그물에 부화한다. 일부는 모랫바닥에 부화하기도 한다. 모자반, 해조류 위에 부화하면 파도가 쳐도 풀숲들이 서로서로 보호하는데, 모래나 폐그물에 부화하고 나면 파도가 한번 다녀가면 전부 휩쓸려 간다. 도루묵 인생 한번 펴보지 못하고 그야말로 알에서 일부는 자연으로, 일부는 다른 먹이사슬의 입으로 도루묵 된다. 바당 속에서 생물 하나가 그렇게 사라져 간다. 생물의 한 종류는 먹이사슬로 연결이 되어 다른 종의 생존에 큰 영향을 줄 것이다. 그러면서 바당 속은 조금씩 비워져 가고 있다.

기후 온난화로 인하여 해조류 자체가 성장하지 못하는 요인이 되기도 하고, 환경이 맞지 않아 짐을 싸는 생물들도 있지만, 때로는 사람들의 부주의와 편리함이 해양 생물을 말살시키는 경우도 많다.

행정은 이러한 것을 30년 전부터 예상했는지 양어장 공장에서 똑같은 크기, 똑같은 무게로 찍어낸 어류가 자연에서, 바당에서 사라지는 어류를 대신하게 만든다. 자연산 생선이 많이 사라지면 사라질수록 양어장 공장은 더 많은 질소 성분의 어분을 사용하고 더 많은 항생제를 수조에 풀 것이고 더 많은 세제와 포르말린 성분으로 수조를 닦아나갈 것이다. 결국에 바당으로 계속해서 흘러 들어가고 조금이라도 남아있는 해조류마저 자연으로 도루묵 시켜버릴 것이다.

바당에서 생명의 다양성이 사라지면서 육상의 생산 루틴은 반복되고 바빠지면서 다시 바당 생물은 전멸이 되어가고, 양어장들은 그래서 더 많은 생선을 찍어내고, 그러다가 어느 순간 양어장에 있는 고기들도 자연으로 완전 도루묵 될 수도 있다.

양어장과 사람들이 쓴 물이 계속 바당으로 흘러 들어가 거의 모든 식물과 생물을 도루묵 시킨 그 물이 일부는 지하수로 들어가고, 양어장에서는 그 지하수를 쓰고, 결국은 양어장 고기들도 자연으로 도루묵이 되고 밀물이 들어오는 어두컴컴한 시각에 양어장 주인은 도루묵 된 죽은 생선을 은밀하게 배출수로 방류할지도 모른다는 생각이 든다.

지금은 아니라고 부정할지 모르겠지만, 지금과 같이 행정이 계속 이런 바당 상황을 방치하고 개가 그냥 지나가면서 멍멍 짖듯이 모든 것은 백화현상 때문이라고 그 개를 뒤따라가면 머시않아 제주 바당은 완전 도루묵이 될 것은 불을 보듯 뻔하다. 아니 이미 제주 바당 여러 군데가 이런 식으로 도루묵이 되어가고 있다.

나는 한동안 바다환경지킴이 생활을 하면서 겡이들(게들)이 보이지 않자 바당은 완전히 도루묵 되었다고 생각한 적이 있다.

게들은 내가 고향 갯것이에 가면 나를 처음으로 반긴 생물이고 또한 그 이후에도 게들이 보이면 여기가 갯것이란 곳을 정의하게 만드는 개념 생물이었다. 육지와 바당의 경계선을 실질적으로 구분해 주는 바당의 첫 생물이랄까?

게들이 많으면 많을수록 바당이 건강하다는 것을 증명한다. 집 근처에서 여름날 밤에 피어오르던 블란디(반딧불)가 육상의 환경 바로미터라면 바당에서는 겡이다.

바다환경지킴이 활동을 처음 시작할 때는 겨울이기도 했지만, 게들을 보기가 어려웠다. 매일 바닷가에 가면서 오늘은 볼 수 있겠지 하며 어떤 때는 염원을 안고 간다.

'제발 오늘은 나타나라, 너희들이 생존해 있다는 것을 나에게 증명해라.'

그렇게 게들이 보이지 않았다. 물론 겨울이라 그럴 수 있지만 그래도 썰물 시 보여야 하는데 그렇게 보기가 힘들었다. 나는 해양쓰레기를 치우면서 돌을 뒤집어 보기도 하고 물속을 막대기로 휘저어 보기도 했다. 정말 게들이 없다.

'왜 이러지?'

나의 눈에는 해조류가 사라지고 바닷속이 하얗게 변하는 것이 바당이 죽어가는 현상이기도 하지만 게들이 보이지 않는 것도 바당이 죽어가는 것이다.

연안에 게들이 많다는 것은 게들의 먹이인 무기질과 우리가 볼 수 없는 미네랄 등 작은 생물들이 많다는 것이다. 게들이 연안, 바당 시초에 없다는 것은 연안으로 이어지는 육지 자연환경이 생물이 살 수 없는 상태로 변했거나 오염이 되었다는 것을 말해 준다.

고향 마을에 와서 보아도 그 많던 게들이 없다. 물론 그 옛날 게들의 놀이터인 그들의 마을이었던 겡이왓이 시멘트 속에 묻혀 사라져 버리기도 했지만 그래도 그 옆에 게들이 있어야 할 곳에 게들이 없다.

폴개가 사라지면서 왕게들은 돌아오지 않았다. 봄에 포구 물속에서 살던 작은 빨간 게를 의지로 찾아서 보았다. 눈에 불을 켜고 바닷물을 휘저으며 다녔다. 비록 한 마리 게일지라도 게를 보자마자 너무 반가웠다. 이제야 내가 제주 바당에 다시 돌아온 것 같다. 고향으로 와서 주위가 모두 변했는데 변하지 않은 오래된 고향 목록 중 하나를 찾은 것 같아 반갑기 그지없다.

그 반가움에 더욱 다가가 자세히 보려고 하니 그런데 이놈(?) 집게 손을 높이 쳐들고는 나하고 한번 싸우자는 자세를 취한다. 일종의 전투태세이다. 이 친구의 본성이다. 그런 모습도 마음에 들었다. 나는 게에게 그렇게 말해 주었다.

"너희가 싸울 상대는 내가 아니고 너희들의 환경을 다 아수라장으로 만들어 버린 제주 행정이다."

너희가 직접 그들에게 말할 기회가 없으니 아무튼 나는 너희를 대신하여 목소리를 내어줄게 하고 약속했다. 그러면서 그 게에게 말한다.

"이제는 눈 깔고 그 팔, 무기를 내려 저 멀리 사람들이 보지 않는 곳으로 달아나 숨어버려. 잡아먹히지 말고."

여름이 되자 작고 검은 게 몇 마리가 보인다. 근데도 눈에 보이는 것은 몇 마리가 전부이다. 구좌가 고향인 수용이 형과 동환이 형도 지금은 게들이 많이 사라졌다고 한다. 가장 흔하고 일반적인 생물이 갈수록 보기가 어렵고 특별해지는 느낌이다.

그 많던 게들이 다 어디로 갔을까?

나는 그런 생각이 들었다. 게들이 살 수 있는 환경이 너무 바뀌어서 이들의 먹이가 사라지고, 사람들의 행동으로 인하여, 인위적인 환경으로 오랫동안 영향을 받아오면서 게 종족도 일부는 그 환경에 온 힘을 다해 적응하고 살아왔지만, 대부분은 세대 전체가 조용히 짐을 싸서 어디론가 사라진 것이 아닐까? 다시는 돌아오지 못할 곳으로 바당의 무지개다리를 건넌 것이다.

태흥리, 폴개, 겡이왓(게밭)은 모두가 자연이었다.

자연이 자연을 둘러쌓고 있었다.

일부는 해녀들이 다니는 흙먼지 나는 도로였고, 일부는 밭과 그냥 쓸모없는 땅들이 겡이왓의 경계선이다. 농약을 치지 않은 밭과 쓸모없는 땅들은 어쩌면 게들에게는 생존을 위해서 가장 쓸모 있는 땅이었는지 모른다. 그 쓸모없는 사람의 비 영역은 아스팔트, 시멘트가 없는 도로에서는 자연스러운 토양이 그들에게 필요한 다양한 영양분들을 공급했을 것이다.

어느 순간 해안도로가 건설된다.

해안도로는 뭍에서 빗물과 함께 들어오는 자연의 영양분을 완전히 차단한다. 연안의 작은 생물이 가장 먼저 영향을 받았을 것이다. 대신에 한 번도 접하지 못한 시멘트와 아스팔트 성분이, 인간들의 자연을 이용한 편리한 성분은 결국에는 게들과 연안의 작은 생물에게는 필요한 영양분이 아니라 서서히 목과 몸을 말라가게 하는 독극물이 되었을 것이다.

어머니나 아버지, 동네 사람들의 이야기를 들어보아도 해안도로가 들어섬에 따라 해가 갈수록 게들이 사라졌다고 한다. 겡이왓이나 해안선 돌 속에 살던 작은 검은 게들이 사라지자 포구 얕은 바닷물에서 자라던 작은 빨간 게들도 사라져 간다. 아마도 우리가 자주 볼 수 없었던 갯벌, 땅속에 있었던 갯지렁이 등 작은 생물들도 게들과 같이 발맞추어 무지개다리를 건넜을 것이다. 그러면서 그 영역이 축항 쪽으로 포구 쪽으로 관수짜리 쪽으로 애삐리바당으로 점점 확대되어 나간다.

바당은 가만히 있는데 역으로 바당에서 육지 해안선으로 생물환경이 변화해서 해안선의 작은 생물을 사라지게 만들지는 않았을 것이다. 결국에는 사람들의 편리한 문명과 자연을 배려하지 않은 사람들만의 오만한 이기심들이 서서히 바당으로 퍼져나감으로써 생물들의 환경은 급작스럽게 파괴되어 사라진다. 그러면서 생명의 다양성이 위협받는 것이다.

사실 작년까지 나는 커피를 마시지 않았다. 내가 1990년대 초중반 스위스에 유학 가보니 우리 학교에 항상 작은 페트병 코카콜라를 지니고 다니며 수업 중에도 한 모금씩 마시던 미국인 교수가 있었다. 이때가 아마도 한국에서 생수가 88올림픽 이후 대중들에게 판매를 시작한 해이다. 그래도 나는 그 후로도 오랫동안, 어쩌면 제주에서 거의 마지막까지 수돗물을 마셨다.

미국인 교수 베어드의 수업 방식은 독특했다. 그의 몸짓과 영어 ok의 과대 포장적인 말투도 나의 귀를 잡았지만, 그의 코카콜라 페트병이 새로운 문화 수업 같아 언제 그가 목을 축이나 유심히 바라봤다. 나에게 새로운 수업 집중 방식이다. 그는 페트 별나라에서 온 사람이다. 나는 그를 코카콜라 교수로 인식하고 부른다. 한편으로 코카콜라를 그렇게 좋아하나? 물론 그것 하나만으로 단정할 수는 없지만, 코카콜라 교수는 항상 정장을 입고 다녔는데, 그의 와이셔츠 일부는 배 밖으로 나오고 배는 많이 불어 항상 볼록한 상태였다.

나는 그가 코카콜라를 지니고 다니는 습관을 보며 나도 한번 따라해볼까 싶어 코카콜라를 사서 여행 중에 다녀보았는데 나에게는 그리 맞지 않았다. 사실 그때는 코카콜라 페트병이 나에게는 무슨 세련된 문화로 다가왔다. 근데 뭔가 불편했다. 일단 나는 코카콜라를 그리 좋아하는 편도 아니다. 그때도 열심히 달리고 있었는데, 수업이 끝나고 매일 트램을 두 번 갈아타고 넓은 축구장을 뛰는 것을 루틴화했는데 한 번도 물을 가지고 다녀본 적이 없다. 운동하고 돌아와서 목이 마르면 그냥 마신다. 음료병을 들고 다니지 않은 것은 목마름이나 그 음료를 선호하는 것보다 불편함이 더 커서 그랬던 것 같다.

처음에는 코카콜라도 병으로 나왔다. 그러면서 부시맨도 나타난다. 그 이후 어쩌면 코카콜라가 우리 문명, 페트병의 편리를 가장 상징적으로 표현한 브랜드인지도 모른다. 여러 종류의 음료들이 페트병에 담겨서 코카콜라 뒤를 따라 나오기 시작한다.

심지어 물들도 그렇다. 그것은 서양에서 출발하여 일본, 한국을 지나 중국, 이제는 동남아를 거쳐, 인구가 많은 나라 인도, 파키스탄 등도 현대화의 상징으로 페트병 문화가 활활 타오르고 있다.

코카콜라에 중독된 코카콜라 교수처럼 한국에서 세련된 커피를 좋아하는 사람들이 나타나기 시작한다. 한국인보다 커피를 좋아하는 사람들이 이 지구상에 있을까 싶을 정도로. 어느 순간 도시, 농어촌에 상관없이 사람들은 커피를 들고 다니는 것이 문화가 되어버린다.

물론 커피를 좋아해서 그럴 것이다. 많은 외국 브랜드 커피와 TV에서 일회용 컵을 들고 다니는 문화가 새로운 트렌드인 것처럼 나타나자 순식간에 대한민국 전역이 커피에 중독되고, 그 문화에 중독되고, 이제는 유행을 넘어서 손에 일회용 커피는 거의 필수품이 되어가고 있다.

나는 이것을 물론 커피 중독, 음료 중독, 트렌드 중독 이후에 빠져나올 수 없는 문화중독 그리고 이제는 자기도 모르는 사이에 심리중독이 되어버린 현상이라고 말하고 싶다. 그래서 온 사방에서 일회용 커피 컵들이 춤을 추기 시작한다.

도심 한가운데서 쓰레기통 정화를 하시는 분의 인터뷰를 본 적이 있다. 제발 일회용 커피 컵을 버리기 전에 커피를 다 마시던지, 아니면 마시던 것을 다른 곳에 버린 후에 쓰레기통에 버렸으면 좋겠다고, 환경미화원들은 치우면서 남긴 커피가 쏟아져 마음이 젖는다는 것이다. 다 같은 사람이지만 누구에게는 그것은 편리이고 즐거움이지만 누구에게는 번거로움이자 불편함이다. 그 환경미화원분들은 커피를 마시면서 그러지는 않을 것이란 생각이 든다.

나는 바닥에서 그러한 장면을 목격할 때마다 마음이 불편했다. 누군가에게 그 일회용 컵은 당연함이자 편리함이요, 제주를 더욱 즐기는 방법이요 누군가에게는 자본을 늘리는 방법이기도 하다.

해안도로가 생기면서 제주 연안에는 많은 카페가 들어선다. 사람들이 살아가는 모습이자 일상에서 작은 행복을 찾아가는 순간이기도 하다. 바당에 가까운 쪽으로, 바당을 만질 수 있는 곳으로 다가갈수록 그들의 자본이 커진다는 방법을 알았는지 자연을 의지적으로 넘어 바당에 카페들이 들어서 있다. 그러면 그럴수록 일회용 컵들은 바당으로 넘어갈 확률이 높아지고, 바당에 있는 생물, 누군가는 그것으로 인해 종족의 번식까지 위협을 받게 된다.

게들이 버려진 일회용 플라스틱 컵 속으로 들어가 말라 죽었다.
가뜩이나 종족들 자체가 사라져 버릴 위협에 처한 게들이 누군가의 작은 실수나 당연함 때문에 돌이 아닌 새로운 환경을 넘어서다 그 속에 빠져 헤어 나오지를 못해 뜨거운 햇빛에 온몸이 타들어 가고 사지가 분리되는 고통으로 죽어간다.

우리가 바다 생물을 잡아먹는 것하고 우리의 부주의로 생물이 죽어가는 것은 또 다른 차원의 문제이다. 그들도 이 지구, 이 바당에 살 권리가 누구보다도 크다. 사람 이전에 어쩌면 바당은 게를 포함한 다양한 생명, 그들의 영역이다. 누구는 제주에서 멋진 그림을 만들기 위해 바닷가에서 마신 문화 선호 중독이, 어떤 생명에게는 종족 말살 참수로 이어지는 결과가 된다.

우리의 문화는 바당에 와서 커피를 즐겁게 마시고 사진 찍는 것이 처음 문화이지, 마신 일회용 컵을 자연으로부터 안전하게 있어야 할 곳으로 챙기는 문화에는 조금 부족하다. 그래서 그냥 바당에 놓아두고 떠난다. 그것을 그렇게 나쁘게 생각하지 않고 그럴 수도 있다는 것이 관광지, 제주에서 벌어지는 문화(?)이다. 이것은 문화중독을 넘어선 서로를 용서하고 받아들이는 심리중독이다. 문화중독이, 심리중독이 바당 생물들을 조용하지만 처참하게 죽여나간다.

해안도로를 만들고 나서 바당으로 접근이 쉬우니 낚시를 즐기는 사람들에게 제주도 작은 포구와 연안이 그야말로 낚시의 천국이 되고 있다. TV에서 낚시 프로그램들이 인기를 끌면서 사시사철, 제주 연안 어디를 가도 낚시가 행해지고 있고, 낚시꾼의 통계를 정확하게 알 수는 없지만, 해안도로를 완성하고 나서는 급속하게 더 증가했을 것이다.

개인의 취미와 선호에 대하여 무엇이라고 할 수는 없지만 정말로 많은 아쉬움과 안타까움이 있다. 바당에는 버려진 낚싯줄이 뒤엉켜 있다. 더불어 회수하지 못한 많은 분량의 납 성분으로 만들어진 봉돌은 바당에서 잠을 자면서 그 주위를 오염시키고 있다.

낚싯줄에 엉키어서 죽은 바다거북의 사체가 쓰레기 더미와 함께 연안으로 올라와서 치운 일이 있다. 안타까움을 넘어서 지금의 문명과 문화에 실망이다. 사람들의 즐거움 잔재와 찌꺼기를 회수하지 못한 부분에 대해서는 그것을 하지 못한 사람들이 책임을 져야 하는데 엉뚱한 생명을 죽음으로 내모는 것은, 거북이는 정말 억울해서 산으로 올라갈 지경이다.

바다 거북이는 마을에서 굉장히 신령스러운 해양 동물로 여기어 왔다. 물론 거북이 신령스러워서 그 죽음을 안타까워하는 부분도 있지만, 생업도 아니고 그냥 연안에서 – 배낚시인지 갯바위 낚시인지 정확하게 알 수는 없지만 - 낚시 즐거움을 더하기 위해서 벌였던 개인의 즐거움이 아차 하는 순간에 몇십 년 아니 백 년을 이어가야 할 생명이 순식간 사람들의 문화중독 사슬에 걸려 비참하게 자신의 생을 마감한 것이다.

내가 마주친 낚싯줄에 말려 죽은 거북은 수많은 바당 거북 중의 하나이다. 바당에 있는 거북이들 50%는 우리가 볼 수 있는 플라스틱 1~2개 이상을 뱃속에 품고 있고 거북이들 대부분은 플라스틱과 미세플라스틱을 먹고 있다.

모든 해양 생물들은 플라스틱과 미세플라스틱의 위협에 현재 노출되어 있다. 아니 정확하게 말하면 매일 먹고 있다. 작은 게들과 거북이에게 비참한 최후를 선사했던 사람들의 문화중독은, 심리중독은 그 플라스틱이 미세플라스틱이 되어 게와 거북이의 죽음 이상으로 언젠가는 사람들의 목을 서서히 감아버릴지도 모른다. 바당에는 지금 낚싯줄을 포함한 플라스틱 천지다.

인류가 이룩한 최고의 문명 중 하나는 플라스틱이다.

플라스틱 출현은 인류의 편리함과 편안함뿐만 아니라 삶의 여유를 증대시킨다. 플라스틱 이전에 인류는 식량 생산활동을 위해 더 많은 노동력이 필요하고, 더 많은 시간을 투입했지만, 생활용품과 도구의 편리함은 노동력을 감소시키면서 더 많은 생산을 가져오게 된다. 이러한 결과로 인류는 번창과 번영의 시대를 맞이하게 된다.

그로 인하여 인구는 더욱 폭발적으로 늘어나고, 또 다른 편의한 영역을 찾아 더욱더 편안함과 편리함을 가속 시킨다. 산업혁명과 시작된 또 다른 플라스틱 혁명은 1950년대 들어 쓰임새가 확대되면서 생활 모든 곳에 사람의 손에 잡히는 물건과 도구들이 플라스틱이 아닌 것이 없다. 생활에 플라스틱 전성시대가 도래한 것이다. 인류가 산업에서 가장 큰 변화를 가져온 것이 산업혁명이라면, 생활의 가장 큰 변화를 가져온 것은 플라스틱, 플라스틱 혁명이다.

플라스틱의 폭발적인 증가 추세는 경제 성장과 거의 발을 맞추고 있다. 1980년대 후반에 들어서면서부터 우리나라 플라스틱 소비가 가히 기하급수적으로 증가하고, 중국은 1990년부터 엄청난 플라스틱을 사용하기 시작한다. 아시아 특히 인구가 많은 개발도상국들의 플라스틱 소비 증가는 인류가 결국에는 플라스틱이라는 현실적인 문제에 직면하고 있음을 보여준다. 참고로 중국은 전 세계 플라스틱을 30% 이상 생산하고 소비하고 있다.

중국 연안에서 버려진 해양쓰레기와 플라스틱들은 해류를 타고 우리나라 남해안과 제주로 무자비하게 인해전술로 기어오른다. 우리나라 해양쓰레기들은 쿠로시오해류를 타고 다시 일본 쓰시마섬으로, 일부는 여러 섬으로 노골적으로 눈에 띄게 상륙한다. 일본의 쓰레기들은 태평양을 건너 하와이와 미국 연안으로 들어가 기생한다. 2011년 동일본 대지진이 발생하고 난 후 쓰레기 70%는 바닷속에 잠기고 나머지는 30% 여전히 지구를 돌고 있거나, 바닥에 정차해 있거나 아니면 태평양 어느 연안에 조용히 상륙해 있을 것이다.

북태평양 환류(해류)가 그렇게 흐르는 것이다. 쓰레기는 해류에 무임승차를 하고 여기에 한국, 중국 등의 쓰레기들이 동승하여 북태평양을 건너고, 일부는 하와이에 정착하고 또 일부는 계속해서 미국 본섬으로 해류와 함께 이동한다. 먼 시간 여행을 하면서 강한 햇빛, 파도와 바람과 염분 성분은 플라스틱을 더욱 쪼개고 그러면서 화학성분은 여간해서 떨어져 나가지 않고 심지어 바닥에 떠다니는 강한 독성을 흡착하여 미세플라스틱으로 분해되면서도 크기와 상관없이 자신들이 강함을 증명해 나가면서 세계 각국의 연안으로 그 종족을 퍼뜨린다. 모래는 해수면의 상승과 함께 바닷속으로 휩쓸려 가고 대신에 그 자리로 플라스틱과 미세플라스틱이 육상을 습격하고자 은밀하고 조용하게 침투한다.

사실 미세플라스틱은 해양에서 파도와 바람이 공동 생산하는 것이 대부분이지만 우리가 일상에서 알게 모르게 바다로 흘려보내는 경우도 많다. 2017년 국제자연연맹에 따르면 해양에서 발생하는 미세플라스틱의 25%는 육상에서 미세플라스틱 그 자체로 하수관을 통해 해양으로 흘러 들어간다. 예를 들어 우리가 입는 의류는 통상 6~7번의 물과 혼합하는 과정을 통해서 인공합섬의 옷이 완성된다. 이 과정에서 미세플라스틱이 발생하며, 입고 있던 옷을 세탁하는 과정에서도 많은 양의 미세플라스틱이 나온다고 2016년 영국의 어느 한 대학 연구소가 밝혀냈다.

인류와 자연, 바다 모두가 미세플라스틱을 생산해 낸다. 그 차이는 사람은 플라스틱 등 제품을 사용하고 버린 것이고, 자연과 바다는 인류가 버린 것을 자신들이 아프면서 떠안고 어쩔 수 없이 미세플라스틱으로 만들어 버리는 것이다.

사람들은 북태평양을 지나면서 해양쓰레기가 광범위하게 모여 있는 곳을, 세계 7번째 대륙인 북태평양 해양쓰레기 지역, GPGP(great pacific garbage patch)라고 부른다. 우리가 생각하는 것처럼 육지의 산더미 쓰레기처럼 해양쓰레기가 모여 거대한 산을 이룬 것도 아니고 표면에 있는 것도 아니다. 이 GPGP의 80% 이상은 플라스틱과 미세플라스틱이다. 그냥 플라스틱과 미세플라스틱이 둥둥 광범위하게 떠다니는 지역인 것이다. 물론 이 지역은 프랑스의 세배, 텍사스의 2배가 될 정도로 그 범위가 아주 넓다.

이 해양쓰레기 지대를 처음 발견한 사람은 지금은 해양 환경운동가로 활동하고 있는 찰스 무어(Charles Moore) 선장이다. 찰스 무어 선장은 1997년 하와이에서 요트대회를 마치고 미국 본토로 돌아가는 과정에서 그 북태평양 한가운데 광범위한 해양 위에 쓰레기가 둥둥 떠다니는 것을 보고는 '대체 여기는 사람이 살지도 않고 그렇다고 어업 활동을 할 수 없는 지대인데, 어디서 이 쓰레기가 왔을까?' 하는 의구심이 들었다고 한다.

이와 같은 쓰레기 지대는 북태평양뿐만 아니라 각 대양과 대륙에 5개 지역이 더 있는데 북반구 3개 지대는 시계 방향으로 해류가 돌면서 모이고 남반구 2개 지대는 시계 반대 방향으로 돌면서 모이고 있다. 이러한 해양쓰레기 지대는 해류가 순환하면서 쓰레기도 같이 돌고 결국에는 해류가 정지되는 곳에서 쓰레기가 모이면서 거대한 쓰레기 지대가 되는 것이다.

영국 국립해양연구센터의 연구진에 따르면 2020년 북태평양 해양쓰레기 지대에는 3,400만 톤, 대서양 지대에는 1,200만 톤에서 2,000만 톤의 플라스틱이 떠다닌다고 한다. 이 플라스틱들은 매해 2.5%씩 증가하고 있다.

미국의 앨 고어 부통령은 2000년 조지 부시 공화당 후보와의 대통령 선거에서, 전체투표 수에서 이기고 선거인단 수에 져 석패한다. 아주 깨끗한 승복으로 민주주의 가치를 실현한 인물로 평가받는 그는 이후 환경운동가로 변신하여 지금까지도 성공적으로 활동하고 있다. 2007년 국가간 기후협의체(IPCC)와 함께 기후변화 활동을 인정받아 공동으로 노벨 평화상을 수상하였는데, 2007년 이 쓰레기 섬들(The Trash Isles)의 상징적인 첫 시민 여권을 발급받아 전 세계에 해양쓰레기의 심각성을 알려오고 있다. 개인적으로 우리나라에도 이분과 같은 정치 환경운동가가 나왔으면 좋겠다는 생각을 여러 번 해본 적이 있다.

해양 생물들은 쓰레기의 크기에 따라 비닐이나 작은 페트병은 물고기의 모습과 비슷해 이를 착각하여 쓰레기를 직접 먹는 경우가 있고, 대부분은 미세플라스틱이 되면서 자연스럽게 물고기 배속으로 들어간다.

2022년 11월 충격적인 뉴스가 캐나다에서 날아들어 온다. 죽어가는 향유고래가 캐나다 노바스코샤주 연안으로 해류와 함께 밀려 들어왔다. 발견 당시에는 숨을 쉬고 있었는데 손쓸 틈도 없이 죽었다. 관계 당국은 죽은 원인을 알아보기 위해 배를 해부해 보았는데 그 모습을 보고 모두가 충격을 받고 주저앉았다. 플라스틱을 포함한 해양쓰레기 150kg이 나온 것이다. 매년 10만 마리 이상의 해양 포유류가 플라스틱으로 죽어가고 있다.

미국의 어느 환경단체는 매년 북태평양에 잡은 물고기를 해부해 보면 그 속에 플라스틱과 미세플라스틱이 내장에 쌓이는 양이 갈수록 많아짐을 확인해 주고 있다. 문제는 우리가 눈으로 볼 수 있는 것이 전부가 아니라는 것이다.

북태평양 쓰레기 지대에서 플랑크톤이 많이 떠다니는 해양의 표층 부분을 떠서 성분을 분석해 보니 미세플라스틱이 이 플랑크톤보다 3배가 많다는 것이다. 사람들은 이를 미세플라스틱과 플랑크톤이 범벅된 해양이라 하여 플라스틱 수프(plastic soup)라고 부른다. 이 플라스틱 수프는 작은 생선들이 먼저 먹고, 조금 큰 생선은 미세플라스틱을 먹은 작은 생선을 잡아먹고, 더 큰 생선은 중간 생선을 먹으면서, 결국에는 해양 먹이사슬의 꼭짓점인 사람이 미세플라스틱이 녹아든 생선을 먹는다는 것이다. 결국에는 인류가 손으로 버린 것으로 바다 생물을 모두 위험에 빠뜨리고 나서 사람들도 자신들의 손을 통해 입을 거쳐 자신의 몸속으로 회수하는 것이다.

북태평양 GPGP 근처에서 샘플로 잡은 물고기뿐만 아니라 많은 나라에서 잡힌 물고기의 내장에서는 다량의 플라스틱이 그리고 생선 살 성분에서는 미세플라스틱이 검출되고 있다. 우리나라에서는 이제야 미세플라스틱 연구가 조금 활발해지고 있는데, 부산의 어느 한 연구소에 따르면 수도권 연안에서 배를 타고 낚시로 잡은 우럭 외 흰조기 200g 무게에 평균 400~500개의 미세플라스틱이 검출된다고 밝힌 바 있다. 아마도 플라스틱을 많이 사용하는 지역, 사람들이 많이 모이는 제주에서는 더 많은 미세플라스틱이 나타나지 않을까 하는 의심이 든다.

바다환경지킴이 활동을 하면서 눈으로 페트병뿐만 아니라 플라스틱이 미세플라스틱으로 변해가는 과정을 볼 수가 있다. 그 단단하고 탄력 있는 페트병은 바닥에서 수많은 시간을 보내고 나면 탄력성은 완전히 사라지고, 빛이 바래 하얗게 변하면서 힘없는 종이처럼 조각조각 찢겨 부스러기가 되었다.

자연은, 바당은, 힘이 정말로 대단하다. 바당이 플라스틱을 시간으로 녹여버리는 힘을 가지고 있다는 것이 놀랍기도 하지만, 너희 인간들이 버려서 내가(바당이) 아픈데, 너희들은 회수하지 않으니 내가 분해하여 너희들에게 다시 돌려줄게 하는 조용하지만, 의미 있는, 침묵적 분노를 계속해서 우리에게 보내오는 것같이 느껴진다.

자연은, 바당은 정말로 놀랍다.

사람들에게 자꾸 너희들 행동이 도가 지나치고 있다는 것을 알려주고 경고해 준다. 그 많은 해양쓰레기가 올라오는 곳을 수거하면서 자세히 관찰해 보면 바당은 사람들이 인위적으로 바닷물을 돌려막은 곳이나, 인공적인 첨가물을 바당에 설치한 곳으로 자꾸 해양쓰레기를 보내온다. 아니 숨을 쉬기 힘드니 그쪽으로 자꾸 토해내는 것이다. 그러면서 아프다고 그만 버리라고 계속 이야기를 한다. 그러나 사람들은 바당 쪽으로 더 밀고 나간 그 인공물 사이에서 바당을 즐기면서 자신들의 흔적들을 남기고 버리려고만 하고 있다.

전 세계 인구 81억 명 중 26억 명 정도는 해양을 통해 단백질을 흡수한다. 해산물을 통해 미세플라스틱을 먹고 있다는 것이다. 이처럼 편리함의 상징인 플라스틱은 어느 순간부터 지구를 돌아, 자연을 돌아 시간을 돌고 돌아 결국에는 사람들의 입으로 다시 들어오고 있다.

물론 해산물을 통하여 미세플라스틱을 먹는 자체도 충격적이지만 더욱 놀란 것은, 더 심각한 것은 세계자연기금(WWF)에 따르면 지금의 인류는 대기 중 공기와 함께 매주 신용카드 한 장과 맞먹는 미세플라스틱을 마시고 있다는 것이다.

유엔환경계획(UNEP)의 〈플라스틱 오염 과학〉 최신 보고서를 보면 전 세계 플라스틱 생산량은 2009년 2억 3,400만 톤에서 10년 후인 2019년에는 4억 6,000만 톤으로 두 배가 증가했다. 이 중 3억 6,000만 톤의 플라스틱 폐기물이 발생하였는데 이 가운데 재활용된 것은 9%에 불과하고 나머지 90%는 환경 중에 버려지거나 매립 또는 소각되면서 환경을 오염시킨다.

특히 일회용 플라스틱은 생산하는 데 5초, 소비하는 데 5분 그리고 사용 후 버려져 분해되기까지는 500년의 시간이 필요하다. 플라스틱 생산량은 2030년은 2019년의 3배, 그리고 2040년에는 4배가 증가한다는 것이다. 사실 현재는 중국의 플라스틱 생산량이 30%가 넘고 있는데, 1인당 플라스틱 배출량은 미국(130kg), 영국(99kg), 한국(88kg), 독일(81kg) 순이다. 플라스틱 배출을 많이 하는 것은 일상의 편의성을 찾는 것이 크다는 것을 말해 주는데 경제개발이 이루어진 나라에서 많아진다는 것을 수치로 확인해 주고 있다.

갈수록 생산량과 배출량은 더 늘어날 것은 분명하다. 특히 경제개발을 서두르고 있는 인구가 많은 나라, 중국, 인도, 파키스탄 등은 앞으로 플라스틱 사용의 지형을 수년 내에 더 바꾸어 놓을 것이다.

현재 해양으로 흘러 들어간 쓰레기의 80%가 플라스틱이다.

일 년에 1,000만 톤 이상 플라스틱이 해양으로 흘러 들어가고 있다. 이는 이층버스 약 70만 대가 넘는 어마어마한 양이다.

바다로 들어간 플라스틱은 해류를 타고 해양을 떠돌고 있다. 미세플라스틱이 되어 작은 알처럼 보이면 새들과 바다 생물이 다투어 먹고 있는데, 플라스틱은 바다에서 부서지면서 미세플라스틱으로 변하는 과정에 크릴새우와 비슷한 냄새를 풍긴다. 새들과 바다 생물들이 직진하는 이유이다.

바닷새 90%는 미세플라스틱이나 플라스틱을 먹는다. 이제는 플라스틱들이 쉽게 눈에 띄어서 쉽게 먹이 활동을 하듯이 자연의 먹이처럼 자연스럽게 새의 위장으로 들어간다. 그들도 이제는 플라스틱 중독, 쉬운 먹이에 중독되는 심리중독에 갇혀버렸다.

2009년 사진작가이자 환경운동가인 크리스 조던(Chris Jordan)의 온갖 플라스틱을 먹고 죽은 알바트로스 새의 사진은 플라스틱이 얼마나 많이 무분별하게 사용되고 있으며, 그로 인해 자연과 생물이 얼마나 많은 위험에 노출되어 있는지를 충분하게 말해 준다. 그가 죽은 알바트로스 사진을 찍은 곳은 태평양 미드웨이섬인데 사람들이 살지 않은 곳이다. 플라스틱이 생산되는 곳은 더더욱 아니다.

더욱 충격적이고 마음이 아픈 것은 어미가 플라스틱을 물어와서 새끼에게 먹여주는 장면의 사진이다. 인류가 편리함으로 쓰고 무의식적으로 버린 그 플라스틱. 그것을 인지할 수 없는 새는 거의 유일한 새끼에게 생명을 전달해야 하는데 고통스러운 죽음을 전달하는 것이다.

크리스 조던이 처음으로 플라스틱의 위험을 일반 사람들에게 알린 것은 아니다. 그의 사진이 너무나 현실적이어서 사람들을 충격으로 몰아넣은 것이다.

2,000년 이후 매년 100만 마리 이상 바닷새가 플라스틱을 먹고 죽어가는 것으로 추측되고 있다. 2023년 5월, 런던 자연사 박물관의 과학자들은 플라스틱 섭취로 인한 바닷새의 새로운 질병을 확인한

다. 가소증은 바닷새의 소화관을 손상시켜 흉터를 남긴다. 심한 경우 감염과 기생충이 발생하고 음식을 효과적으로 소화하는 능력이 제한되기도 한다는 것이다.

플라스틱 문제의 해결책을 찾는 데 있어 크리스 조던은 여전히 뭔가 부족하다고 느꼈다. 그는 이 위기의 핵심은 사회의 행동과 그것이 환경에 미치는 영향 사이의 단절에 있다고 믿고 있다.
크리스 조던은 이야기한다.
"수백만 명의 사람들이 깨어나고 있지만, 세상에서 권력을 쥐고 있는 대다수의 사람들, 즉 우리 기업과 대형 기관의 사장과 수장들이 그런 식으로 가장 단절되어 있다는 것이 가장 이상한 일인 것이다."
"그것이 바로 슬픔입니다. 우리가 잃고 있는 것이나 고통받고 있는 것에 대한 사랑을 직접적으로 느끼는 것이다. 나는 그것을 완전히 느낄 수 있어서 해방감을 느꼈다. 이것이 바로 출입구이다."
그는 언젠가 상황이 나아지리라는 희망보다는 자연과의 연결, 그리고 우리 주변 세계에 대한 순수한 감사가 실제로 긍정적인 변화를 일으키는 원동력이라고 믿고 있다. 생명과 자연에 대한 공감이 플라스틱 문제를 해결하는 시작이다.

결국 플라스틱 문제를 해결하기 위해서는 일반 개개인들이 이 문제의 심각성을 인식하여 플라스틱 사용을 최소화하고 버려야 할 곳에 버리는 직접적인 행동도 중요하지만, 플라스틱 사용을 자제하고 불허하는 법을 만드는 사람들, 그러한 제품을 만들어 내는 기업가들의 인식과 대체품을 찾는 것이 이 플라스틱 문제를 해결할 수 있는 길이다. 이는 기후 온난화, 기후 위기를 해결하는 방식이다.

 모두가 함께 자발적으로 작은 짐을 떠안아야 할 것이다. 그렇지 않고 회피하게 되면 우리는 일주일에 50개, 100개 혹은 그 이상의 신용카드 부피의 플라스틱을 먹어야 할지도 모른다. 물론 그때는 간식도 플라스틱이다.

바당은 없다. 둘

우리는 그동안 양어장의 배출수에 대하여 무지했다.
우리는 살면서 하수종말처리장 배출수에 관심 없었다.
우리는 해안도로를 자동차로 달릴 줄만 알았다.
우리는 쓰레기를 누군가가 치우는 사람이 따로 있는 줄만 안다.
우리는 문명의 편리만을 선호한다.
우리는 투자의 이익에만 집착한다.
우리는 바당의 소비에 집중한다.
행정은 위 모든 것에 더욱 집중한다.

우리가 숨 쉬는 자체가 탄소 배출이다.
우리가 먹이 활동을 하는 것 자체가 바당에는 부담이 되는 시대다.
우리가 일하고 나서 휴식 시간을 가지는 것도 바당으로부터 산소를 빼앗는 결과가 된다.
우리가 더 나은 편의시설을 만들기 위해 바당에 희생만을 강요하고 있다.
우리가 바당으로부터 풍족함을 만들고 사람들에게만 그 풍족함을 나누고 돌려주지만 바당에는, 자연에는 인색함이 그지없다.
그래서 결과적으로
해수 온도, 해수면 상승의 파고가 쓰나미처럼 밀려들고 있다.

앞으로 미래의 바당은 어떨까?

나는 바다환경지킴이를 하면서 바당이 죽어가는 모습을 생생하게 지켜보았다. 어떤 곳은 바닷물이 가두어지지는 않았지만, 얕은 바닷물이 썩어가고 있다. 내가 배운 이론으로는 바닷물이 썩을 수 없지만, 현실적으로는 바닷물도 썩을 수 있다는 것을 경험했다.

인공구조물, 시멘트로 막혀 있는 바당의 공간은 구멍갈파래의 고향이 되면서 자발적으로 그 씨앗을 옆으로 앞으로 온 사방으로 나누어 준다. 어떤 곳은 상습적으로 쓰레기가 모여들어, 사람들이 치울 범위를 벗어난 곳에 쓰레기 부영양화가 이루어진다. 특히 양어장 배출수가 나오는 주변에서는 피부병 환자처럼 바위나 돌 표면이 이상한 이끼들로 덮여서 징그럽게 변해간다.

톳이 자라던 어떤 곳은 일 년이 지나 벌거숭이 바위가 되어 민낯으로 서 있다. 한쪽은 석회조류가 앉아 있다. 어떤 곳은 사람들이 사용한 물을 거침없이 하수관을 통해 바당으로 직접 배달한다. 그곳에는 찌꺼기와 이끼들이 축척되어 간다. 이러한 모든 곳에 대기 온도는 올라가고 해수 온도도 무차별적으로 올라간다.

바당 속이 변하고 있다. 해조류가 있던 자리에는 바당이 아픈 흔적, 하얀 울음만이 남아있다. 물고기들은 모두가 난민이 되어 각자도생 방법으로 먹이를 찾아 삶을 찾아 이리저리 헤매고 있다. 다른 생물들도 짐을 싸고 차례로 피난 대열에 함유해, 저 위쪽 바당으로 향하고 있다. 매해 북쪽으로 향하는 피난 열차표를 구하려고 바당 역에서 생물들이 아우성이다.

기후 가열화, 기후 위기에 의한 백화현상으로 하얀 울음 토해내면서 바당 생물이 거의 다 떠나간 자리에 육지에서 사람들이 쓰고 버린, 사람들의 찌꺼기와 침전물로 생명의 다양성이 있던 자리들을 덮어갈 것이다.
 어떤 곳은 양어장 배출수로 나오고,
 어떤 곳은 하수종말 배출수에서 나오고,
 어떤 곳은 해안도로를 통해서 나오고,
 어떤 곳은 중산간 배수로를 통해서 들어오고,
 어떤 곳은 사람들이 직접 버리고,
 어떤 곳은 마을에서도 무의식적으로 흘러 들어간다.
 이러한 것들이 모여서 바당을 이루어 나간다.
 그러면서 바당은 회생불능, 지구의 한 코너 중환자실에서 숨을 헐떡거리면서 죽음에 거의 정착해 버린 눈빛으로 천장을 의미 없이 바라보고 있을 것이다.

 그래도 사람들은 자기들의 해오던 방식대로 자신들의 찌꺼기와 인공 화학물질들로 누워있는 바당의 중환자실 구석구석이 침전되고 쌓여가면 그 주위 바닥에는 새로운 형태의 퇴적층이 형성될 것이다. 이 퇴적층에는 이상한 규조류만 생존할 수가 있다. 이 규조류가 중환자인 바당을 찬찬히 다 덮어나갈 것이다. 기본적으로 규조류는 1만 2,000여 종이 있는 단세포의 식물성플랑크톤으로 자연 퇴적물은 갯벌을 구성하는 단위이기도 하다. 자연이 만든 규조류의 침전물은 탄소를 흡수하고 산소를 발생한다. 그래서 우리는 갯벌이 지구상에 산소를 공급해 주는 중요한 역할을 한다.
 자연의 만든 침전물과 퇴적물에서 산소를 자연적으로 흡입한 규조류는 다시 자연에 긍정적인 역할을 축적하지만, 사람들에 의해서 만들어진 퇴적물과 찌꺼기에는 사람들의 때가 모여서, 축적되면 될수록 바당은 더러움을 강제적으로 마셔서 부정적인 역할을 가속 시킨다. 바당 속 바위에 부착하기도 하고 바닷물 위를 떠다니는 부유물 형태로 중환자 바당을 떠돈다. 자세히 보면 이끼와 같이 미끌미끌하기도 하고 어떤 곳은 특유의 썩는 듯한 냄새가 난다.

제주 바당 속에도 이마 많은 규조류가 터를 잡기 시작을 했고, 육상 연안에서도 일부 오염이 심한 곳은 규조류가 새로운 방식으로 번성해 가는 것을 감지할 수가 있다. 사람에 의해 인위적으로 만들어 내는 퇴적층에 살 수 있는 규조류라는 생물들은 사람들에게는 지극히 이로울 것 같지는 않으며, 다른 생물이 다 떠난 바당에서 제한적으로 자신들만 외롭게 생존해 남을 것이다. 어쩌면 중환자 바당이 생산해 낼 수 있는 마지막 기초 생물류가 아닌가 싶다.

제주 바당은 아플 수밖에, 닳아갈 수밖에, 죽을 수밖에 없는 구조이다.

지금과 같은 사람들의 바당에 대한 무관심과 당연함을 넘어서 의지적인 편리함과 이기적인 욕심이 출렁거리게 되면 제주 연안은 인공물의 퇴적층에서 규조류만이 어두운 생활을 하면서 그 어두움을 사람들에게 나누어 줄 것이다.

제주 바당이 형성된 6,000년 이래부터 바당 생명의 다양성과 더불어 이어져 오던 섬사람들의 삶은 생명들과 함께 사라지면서 오직 그림만을 가진 자본의 삶이 제주 주민들의 삶을 대신하여 펼쳐질 것이다. 해녀의 태왁 망사리가 없어진 자리에는 자본이 여러 개의 계좌를 거느리고 그 계좌에 집중하면서 차곡차곡 이익을 채워나갈 것이다. 행정이 자본에게만 유독 관대한 행동은 어느 순간부터는 선례라는 변명으로 당연함을 넘어서 자연스러움이 되어 자본의 절친이 되고 있다는 것을 자랑하게 될 것이다.

시간이 조금 지나면 사람들은 제주 바당을 보고 즐기기 위해 돈을 지불하는 것을 더욱더 자연스러운 경제 행위로 받아들인다. 자본이 바당 주위의 자연과 환경을 독점화해 감으로써 일반인 출입이 안 될 것이고, 자본을 더 가진 사람만이 그 큰 자본에 의지하며 자연과 바당에 대한 일방적인 경제 행위가 늘어갈 것이다. 그것을 자신들의 몫이자 능력, 심지어는 자본의 특권으로 당연하게 여긴다.

그림이 되는 바당을 보기 위해 카페나 기타 시설에 돈을 지불해야 한다. 물론 지금도 이러한 자본 편향적인 바당은, 바당의 의지가 아닌 행정과 자본의 결탁, 의지로 제주를 찾는 사람들에게 많이 익숙해져 가고 있다.

바당 속에는 해조류가 자취를 감추고, 연안에는 6천 년부터 이어진 제주 생활, 삶이 달아나고 그 자리를 대신하며 여러 종류의 자본들의 힘이 영역을 넓혀가고 있음이 눈으로 손으로 그리고 머리로 와닿는다. 공동체적인 즐거움과 삶이 있었던 바당이 사라지면서 자연스럽게 개개인의 즐거움과 소비만이 있는 바다가 남아 있게 되는 것이다. 이제는 바당이란 용어 자체도 사라지면서 본격적인 바다 소비 시대가 도래한 것이다.

누구를 탓할 수는 없다.
문명이라면 문명이고 이것이 문화라면 문화이다. 사람들이 시대를 살아가는 모습이다.

 단지 제주 바당에는 앞으로 생활보다, 생산보다 잠시 소비하기 위해서 다녀가는 사람들이 훨씬 많아질 것이다. 그렇게 바당이 소비되어 가는 것이 문화의 주류로, 경제의 한 축으로 굴러가고 있다. 그렇게 제주 바당이 갈수록 아파서 혼수상태로 중환자실에 외롭게 누워 있는 것이 우리에게도 이제는 익숙한 상황이 되어가고 있다.

 겨울철에는 옥돔을 먹어야 하고 봄에는 광어를 먹어야 하고 늦은 봄에는 자리돔을 여름에는 한치, 가을 입구에는 갈치를, 늦가을이 되면 방어를 덤으로 뿔소라와 전복을 사시사철 먹어야 한다는 지식을 갖고 제주로 덤벼들지만 정작 바당에는 그림만 있고 그들은 생명의 위협을 느끼고 제주를 떠나거나 급격하게 개체 수가 감소되어 자본이 있는 사람만이 그 시절 제주가 있었던 계절을 따라갈 수가 있다.

 그러면서 외부적으로는 제주의 해산물 가격이 바가지니 비싸니 뭐 그런 이야기들이 제주에 부정적인 이미지를 더해 줄 것이지만, 이제는 그것도 제주라고 받아들이면서 즐거움과 소비를 찾아서 이곳저곳으로 빠르게 눈을 돌릴 것이다. 제주 바당에서 당연한 생산이 넘쳐난 시대는 오래전 끝났다.

 우리가 함부로 대했던 바당이,

 우리의 모든 잔재와 찌꺼기를 말없이 받아내야만 한다고 강요받던 바당이,

 나 아프다고 나를 좀 아픔에서 구해 달라고 스스로 한없이 절규했던 그 바당이,

 지구의 기후 가열화, 기후 위기의 안 좋은 결과를 우리에게 가장 먼저 전달해 오고 확인시켜 주고 있다. 더 이상 깨끗한 바당은 없고,

냄새나고 그림만 있는 바다만 있을 거라고, 그것도 감지덕지하면서 살라고 이야기하고 있다. 사람들의 행동 결과는 바당이 지는 것이 아니라 너희 사람들이 져야만 하는 시간이, 이미 다가와 있다. 바당은 지금 그것을 우리에게 보여주고 있다.

한편으로는 요구하고 있다.

지금보다 더 나빠지지 않으려면 사람들이, 너희 스스로가 적극적으로 바당에 긍정적인 무엇을 해야 한다고 은연중에, 공공연하게 요구하고 있다.

남방큰돌고래가 우리에게 1,000년 전에 미역 먹는 것을 알려준 바당에서, 아니 그 이전 6,000년 전부터 이어져 온 생산이 넘쳐나던 바당의 인자함은 이제는 누구에게나 향하는 것은 아니다.

그 어디에도 공평한 바당은 없다.

그 균등함의 자연스러운, 누구에게나 관대한 바당은,

삶이 있어서 공동체적 생활과 즐거움이 동시에 있었던 그 생산적인 바당은 이미 죽었다.

그 바당은 더 이상 없다. 바다만 있을 뿐이다.

현재 진행되고 있는 미래의 제주 바당. 식물과 생물이 다 떠난 자리에 쓰고 버린 인간의 침전물 위에 듣도 보도 못한 규조류만이 자연을 대신할 것이다. 바닷속 상황은 이보다 더욱 심각하다. 그 바당, 아니 바다 위에서 사람들은 이것이 리얼 제주라며 즐거운 마음으로 자신을 저장한다.

그래도 마음은 이어진다

바다환경지킴이 활동을 하면서 나의 노동력에서 내 안의 보람이 살아나고, 동료들과 의지해서 희망을 굴리면서 앞으로 나아간다. 때로는 사람들의 행위가 추운 겨울비가 되어 내 마음을 얼어붙게 만들고, 가끔은 사람들의 꿋꿋한 행동과 바당으로 향하는 배려와 의리로 따듯한 마음의 도시락을 먹는 시간도 있다.

엉키어서 떠내려온 커다란 그물이 바위에 걸려 널려있다.
그것을 호미로 자르고 바위에서 떼어 내면서 멀리 바당에 있는 것을 해안도로 쪽으로 굴리면서 혼자 사투를 하고 있다. 그물이 물에 젖어있으면 굉장히, 무겁다.
조금 있으면 들물이 시작될 것이다. 그 전에 빨리 꺼내야 한다. 그대로 놔두면 해안도로라서 지나가는 사람들이 보게 되면서 바당의 거대한 쓰레기 더미로 눈살을 찌푸릴 수도 있다.
마음이 바쁘지만 하나씩 하나씩 실타래를 풀 듯이 해 나가면 된다. 큰 밧줄이나 그물이 떠내려오면 그것을 치우는 데 요령이 필요하다. 끝에서 끝으로 움직이며 나아가면 된다. 먼저 바당 제일 가까운 부분을 육지 가장 끝부분에 있는 곳까지 혹은 넘어서 끌어서 갖다 놓는다. 그렇게 몇 회를 반복하면 부피가 있는 그물도, 무거운 밧줄도 혼자지만 치울 수가 있다.
그렇게 50m를 그물과 사투를 해서 해안도로변으로 거의 다 끌고 들어왔다. 이제는 그것을 바당 위 해안도로로 올리는 일이 남아 있다. 그래야 최종적으로 수거 차량이 와서 수거한다. 그물의 끝을 해안도로 위로 던졌다. 그 높이가 2m가 넘는다. 조금이라도 걸쳐 놓으면 위로 올라가서 당기면 그래도 밑에서 올리는 것보다 조금 수월하다.

그렇게 하려는데 작은 배낭을 멘 지나가는 60대 부부가 바쁘게 걸어오고는 해안도로로 올려진 그물을 잡는다. 그러고는 두 부부는 조금씩 잡아당긴다.

걸어오면서 내가 그물과 레슬링하는 것을 보고 조금 안쓰러웠나 보다. 그렇게 두 분이 위에서 그물을 당기고 내가 밑에서 한꺼번에 올리니 폐그물이 조금씩 올라간다. 그러고는 나도 빠르게 올라가 세 사람이 한꺼번에 당겼다. 부인에게 안 당겨도 된다고 했는데도 같이 힘을 보탠다.

물론 시간이 조금 걸리겠지만 혼자 처리할 수도 있었는데 지나가는 올레꾼이 거침없이 나의 무게를 덜어준다.

"감사합니다."

"힘이 장사인 줄 알았습니다. 혼자서 이런 것을 다 치우시니 말입니다."

두 부부는 나의 지친 마음에 스포츠 드링크 한 잔을 부어주더니, 손을 바지에 쓱쓱 털고 자기들만의 방향으로 걸어 나간다. 앞모습은 잘 확인하지 못했지만, 걸어가는 뒷모습이 참으로 멋있고 아름다웠다.

해안도로변에 승용차 한 대가 서 있다. 30대 부부인 것 같다. 그들은 해안도로 이빨처럼 세워진 방파제에 앉아서 먼바당을 보면서 담배를 즐기고 있었다. 그 모습은 영화에 나오는 장면처럼 무엇인가 세상의 미련을 떨쳐내는 모습, 아니면 정말 천천히 자연을 즐기는 여유 있는 모습이기도 하다.

난 담배를 피우지 않는다. 남자든 여자든 담배를 즐기는 것에 거부감은 없다. 그것은 커피를 마시는 것같이 선호의 문제이다. 그러나 나는 담배 알러시가 있어 몸이 안 좋은 상태에서 담배 연기를 흡입하면 어김없이 감기 증상이 발생한다.

아들과 일본이나 중국 골프 시합에 가면 티 박스에 올라 있는데, 기다리다 선수들이 담배를 피워버리면 그야말로 난 죽음이다. 그래서 티 박스 밑으로 내려와 버린다. 아들도 마찬가지이다. 그들의 습관은 특이하다. 대부분 일본 사람들은 핀 꽁초를 자기 주머니에 넣거나 혹은 티 박스 한쪽에 자연스럽게 모아둔다. 중국 사람들은 그냥 틱 담뱃불을 털고는 숲 방향으로 던져버린다. 선수들은 무지하게 담배를 피운다. 거의 매 홀마다 담배를 피우는 선수도 있다. 담배를 피우다 잠시 내려놓고 티샷을 하고 다시 담배를 집어 들고 피운다. 심지어 걸어가면서도 피운다. 담배 사랑이 담배 연기만큼이나 선명하다.

해안도로에 걸터앉아 담배를 즐기는 부부는 그 중국 선수가 담배를 피우는 모습과는 차이가 있다. 뭔가 담배에 의지하지 않고 여유있게 자연에 걸터앉은 모습이다.

사실 그들의 담배 피우는 모습을 관찰하려고 한 것은 아니다. 그 길은, 거의 직선형으로 내가 걸어가면서 자연스럽게 그들 앞으로 지나가는 상황이다 보니 보일 수밖에 없다. 담배를 먼저 다 피운 남자는 길을 건너 도로변에 세워진 차에서 검은 비닐봉지를 갖고 와 자기 담배꽁초를 넣더니 여성분의 꽁초도 넣는다.

놀라웠다. 영화의 한 장면이다. 무미건조하게 진행되는 생활의 한 화면에 작은 무엇인가 감동을 주는 그런 장면이다. 그리고 신기하다. 해안도로에서 관광객 부부가 자신들이 핀 담배꽁초를 자신이 담아가는 모습은 지금까지 보지 못한 화면이어서 제주 영화 화면이 만든 최고의 장면이 된다.

'저렇게 이쁘게 담배를 피우는 분들이 이 세상에 있구나.'

지나가면서 내가 먼저 그 커플에게 고개 숙여 인사를 한다.

"감사합니다."

그러자 그 남자는 어리둥절하다는 표정으로 잠시 생각하더니,

"아! 이거요, 저희는 그렇게 해요."

정말 그렇게 많이 해온 느낌이다. 너무나 자연스러운 행동이다. 그것은 그들의 습관처럼 몸에 배어있는 것이다. 가장 한국적인 모습이다.

제주 연안에 다량의 담배꽁초가 흩어져 있는 것을 보면서 이래서 제주 바당이 아프구나 생각을 한 적이 있다. 담배꽁초 하나가 무엇이라고 자연과 환경에 해를 미친다고 의문을 풀 수도 있지만 버리는 마음과 행동들이 모여서, 제주로 상륙하여 지금 제주를 바라보고 바당을 사용하는 것이다 보니 제주의 자연과 환경은 아프고 대기 온도는 다른 지역보다 빨리 오르고 바당의 해수면과 해수 온도는 빨리 상승하는 것이라는 생각이 든다.

억지 같지만 난 사실이라고 생각한다. 그렇게 담배꽁초를 버리는

사람들은 지금 지구가 아프고 기온이 상승하는 모든 이유는 기후변화이고 해수 온도 상승 때문이라고 여긴다. 아니 이 세상 그런 것에 아예 관심이 없고 다른 사람들의 일이라고 여길지도 모른다.

지금 제주의 상황을 영어의 단어로 표현한다면 섬 내륙은 'Scorching(타들어 가고)', 바다는 'Boiling(끓는)'이란 표현이 적합하다. 제주는 지금 기후 위기의 선두에 서 있다. 담배꽁초를 버리는 그 작은 마음들이 선두를 계속 유지하게 만들어 준다.

사실 담배꽁초를 버리지 않는다고 해서, 해양쓰레기를 치운다고 해서 죽어가는 바당이 살아나지는 않는다. 그러나 이러한 것들은 바당에 대하여 우리가 할 수 있는 최소한이자 바당의 아픔을 공감하고 서로 배려하는 시작이다. 그런 한 사람이 긍정적으로 행동을 하고 모이면 바당을 구할 수가 있다.

한 사람이 손수건을 갖고 다니면서 공공화장실에 종이티슈 사용을 절제하면 일 년에 이산화탄소를 37kg을 억제하고, 그것은 6개의 소나무를 심는 효과를 가져온다. 담배꽁초 하나를 덜 버리고 6개의 소나무를 심는 것은 자연에, 바당에 엄청난 산소, 생명력을 불어넣는 시작이다.

이러한 관심과 시작들은 죽어가는 바당에 인공호흡기를 부착하는 것이고 결국에는 많은 사람과 시민들의 힘으로 바당과 관련된 제주 행정의 구조적인 문제를 수술해 바당이 더욱더 건강하게 숨을 쉬지 않을까 한다.

공감은 연대의 시작이고 그 연대는 행동을 만들어 낸다.

행동은 결국에는 희망이자 결과를 생산한다.

어느 날 30~50대 여성분 15명이 바당에서 열심히 해양쓰레기를 줍고 있다. 그곳은 상습적으로 해양쓰레기가 몰려드는 곳이다. 누가 보아도 그들은 그곳에 있는 것이 즐거워 보였고, 진심이다. 마을에 대소사가 있으면 마을 아낙네들이 서로서로 도와주는 그런 장면이다.

제주 사람들(원주민)로 구성된 제주 행복 시민들이다. 시간이 될 때마다 사람들이 모여서 바당에서 건강하게 해양쓰레기를 수거하고 마을 정자나 그늘에 모여 앉아 집에서 준비해 온 도시락을 나누어 먹으면서 즐거움을 나눈다. 글자 그대로 단체 봉사는 이렇게 자발적으로 하는 것이라고 보여주고 있다.

우리나라에서 환경에 가장 관심이 많고 실행하는 세대를 꼽으라고 그러면 나는 주저 없이 어린이와 학생을 자녀로 둔 삼사십 대 여성분들이 아닐까 한다. 그 세대는 자식들이 살 세대라서 조금이라도 환경에 해가 되는 행동을 스스로 자제한다. 내가 아는 한 사람도 가정에서는 친환경 제품만을 고집하고, 쓰레기 분리수거, 특히 기름을 버릴 때도 따로 버리고, 그 페트병을 다시 세척해서 버린다. 누가 가르쳐 주지도 않았고 그것을 하면 시간과 노력이 더 드는 데도 아주 조용하게 자연과 환경을 위해 자신의 책임을 다한다.

우리나라 정치를 하는 사람들은 참으로 바보다. 이런 여성분들의 표가 얼마나 많고, 강한지를 모른다. 그들은 자연과 환경을 배려하고 생각하는 조용한 행동가들이다. 앞으로 자연과 환경을 생각하는 여성분들의 표가 세상을 바꿀 것이다. 나는 확신한다. 그들은 상습적으로 자연과 환경, 바당을 배려한다.

겨울철 눈발이 날리는 날씨에 해안도로변에는 사람들이 그리 많지 않다. 너무 춥다. 대신에 해양쓰레기는 해안도로변을 타고 그룹으로 손에 손잡고 몰려온다. 젊은 남녀 청춘들이 그 바당에 있다.

나는 이 청년들과도 몇 번 조우한 적이 있다. 그러면 서로 따뜻한 인사를 나눈다. 그리고는 함께 격한 노동으로 추위를 넘는다. 육지에서 내려와 제주에서 공부하거나 일하는 청년들이다. 이들은 소규모 그룹으로 한 달에 4~5회씩 이렇게 쓰레기를 주우러 바당으로 나온다.

그들도 이렇게 바당에 쓰레기가 많을 줄 상상도 못 했다고 한다. 실제로 보니 사람들은 바당을 소비만 할 줄 알지 생산할 수 있는 환경은 안 만들어 준다고 한다. 쓰레기를 다 줍고 나서 그들은 자신들의 흔적을 사진으로 남긴다. 나도 꼽사리 낀다. 사진이 나로 인해 형편이 없다. 그래도 그들은 서로 미소를 나누어 가진다. 그나마 뒤에 서 있는 바당이 지친 나의 모습을 상쇄해 사진이 깨끗하게 잘 나온다.

고마운 청년들이다.

제주를 걷는 사람들 가운데 쓰레기 비닐봉지와 함께 집게를 들고 다니는 육지에서 온 중년 여행객들을 만난 적이 있다. 그들은 바당으로 내려가면서 쓰레기를 줍지는 않지만, 걸어가는 올레길에 쓰레기가 있으면 경쟁하듯이 줍고 걸어간다.

서울에서 내려온 은퇴를 앞둔 50대 후반 세 커플이다. 이왕 올레길을 함께 걷는 김에 조금은 의미 있는 일을 해보자며 시작한 것이 몇 해가 지났다고 한다. 한 부부는 올해가 처음이라고 한다. 이러한 것을 제안해 준, 함께 동행해 준 부부에게 감사하다고 한다.

  자연과 바당을 함께 소비하는 것이 한 번의 즐거움(?)이라면 자연과 바당을 함께 아프지 않게 하는 즐거움의 보람은 오래 간다. 원조 줍는 부부는 제주뿐만 아니라 우리나라를 함께 간간이 여행하는데 그럴 때마다 이런 작은 기쁨을 줍는다는 것이다. 그리고 그 주위와 함께 오래 가는 보람의 즐거움을 이웃, 같은 세대로 나누고 있다. 제대로 자연에 발길을 놓을 줄 아시는 분들이다. 후에 나도 육지로 여행을 가게 되면, 옆에 있는 사람이랑 함께 그렇게 걸어보고 싶다. 그렇게 걸으면 된다.

  제주 해안도로변에서는 많은 카페와 식당 그리고 펜션들이 있다.
  모두들 바당을 배경으로 최상의 자연을 이용하는 데서 영업이 시작된다. 그런데 내가 보고 경험한 바에 의하면 대부분 사람은 바당과 자연을 어떻게 이용할까만을 고심하지 어떻게 잘 보호하고 보존할까에 대해서는 다른 사람 일이라고 생각한다.
  오랫동안 한마을에 살고 있는 해녀 회장은 바당을 진심으로 대한다. 평생을 마을에서 해녀로 살아오면서 바당과 동반적인 삶을 이어오고 있다. 그 사람이 마을 바닷가에 있는 해녀 식당을 인수하여 운영하기 시작한다.
  사람들은 영업을 시작하면서 자신들의 식당을 어떻게 알리고 홍보할 것인가에 열을 올리는데, 이분은 식당 앞, 옆에 있는 바당 주위를 청소하는 것을 제일 먼저 시작한다. 물론 자기 식당에서 보이는 곳이라, 손님에게 좋은 인상을 주기 위해 매일 아침 쓰레기를 줍고 치운다. 물론 바라보는 환경이 깨끗하면 음식 맛을 더 배가시킬 수는 있지만 그래도 직접 쓰레기를 줍고 치우기가 쉽지 않다. 그리고 거기는 사람들이 쉽게 볼 수 있는 곳도 더더욱 아니다. 대부분 장사하는 사람들은 읍사무소나 행정기관에 전화해서 치워주기를 요청한다.

나는 바다환경지킴이를 하면서 이 마을 해녀들에게 나의 남는 힘을 빌려드리곤 한다. 그래서 해녀 한 분 한 분과 정말로 친해졌고, 이분들의 바당에 대한 진심을 누구보다도 잘 안다. 자신들 삶의 터전이다 보니 그럴 수밖에 없다.

해녀 회장과 해녀들이 자신들이 직접 채취한 해산물을 팔지만 어쩌면 영업에 그리 밝은 편은 아니다. 그저 자신들의 바당과 함께 한 삶처럼 장사도 그렇게 진심으로 할 뿐이다. 일류 셰프가 아닌 마을 해녀들이 하는 곳이라 맛에 대하여 객관적인 검증은 뭐라고 할 수 없지만 그래도 맛도 좋다. 무엇보다도 재료와 음식 자체가 정직하다. 나는 이렇게 바당을 사랑하는 사람들이 운영하는 곳이, 바당을 이용만 하는 곳보다 장사가 잘되었으면 좋겠다.

그런 마음들이 이어진다. 이 해녀의 집은 10원어치 의리도 없는 식당하고 가깝지만, 이곳도 바당을 바라보고 있고 10원어치 의리도 없는 식당도 바당을 바라보고 있다.

누군가는 바당을 소비하고 버리는데 즐기고,

누군가는 그 버린 즐거움을 수거하면서 바당이 아프지 않을 거라는 희망을 즐기고,

또 다른 누군가는 바당을 어떻게 즐길 것인가에 여전히 설레고,

그리고 또 다른 누군가는 저 바당에 어떠한 집을 지을까 자신만의 이상에 고민하고,

심지어 누군가는 바당에 어떠한 고민조차 할 생각이 없다.
그 고민의 답은 각자 스스로 찾아내는 것이다.
개인들이 각자의 방식대로, 의지대로 이끌어 내는 결론이
갈수록 제주와 바당이, 이 지구가 더 이상 아프지 않은 쪽으로
많아졌으면 정말로 좋겠다.

자연이 가장 이쁜 꽃을 피운다

내 삶에서 꽃을 보고 처음 감상을 한 것은 작년 4월 어느 봄날 저녁의 경주 보문단지에서다. 경주에 들어서면 도로 가로수 모두가 벚꽃이다.

경주의 봄밤은 화려하면서도 아름다웠다. 조명과 함께 벚꽃이 빨갛게, 파랗게, 하얗게, 그리고 분홍색으로 변한다. 그 속으로 사람들이 꽃놀이를 즐긴다.

제주에도 왕벚꽃으로 유명한 곳이 두 군데 있는데 하나는 내가 다녔던 제주 대학교 입구이고 다른 한 곳은 근처에 살았던 전롱로이다. 그동안 바쁘게 이쪽저쪽으로 돌아다니다 보니, 사방을 둘러볼 여유가 없어 계절이 변하는 것도 몰랐다. 제주뿐만 아니라 우리나라가 꽃 천지라는 것을 전혀 몰랐다.

우리나라는 사계절과 함께 각종 꽃으로 정말 아름다운 나라다.

그리고 일 년이 지났다.

올해는 일상에서 많은 꽃을 접한다. 정말로 감사하고 고마운 나날들이다. 봄을 알리는 매화를 시작으로 벚꽃, 사과꽃, 금계국, 능소화 등을 여러 곳에서 보게 된다.

벚꽃을 보면서 하나 느끼는 것은 환경에 따라서, 지역에 따라서 꽃의 선명성과 아름다움이 다르다는 느낌이다. 경주 가로수 벚꽃, 울주의 작천정 벚꽃도 최고 중의 하나일 수도 있지만, 철이 약간 지난 진해의 벚꽃도 화려했지만, 내가 본 가장 아름다운 자연의 꽃은 거창 어느 시골 마을에, 산골 마을에 핀 벚꽃이다.

거창 산골 벚꽃에는 벌들도 가득해 벚꽃 나무에서 오케스트라를 연주하고 있다. 그리고 꽃이 순수하게 선명하게 자연의 빛을 내뿜고 있다.

나는 그렇게 느껴진다.

자연만이 있는 곳에, 흔히 산 좋고 물 좋고, 공기가 좋은, 사람들이 없는 곳에 꽃은 자연이구나!

거기는 사람들이 노래하는 것이 아니라 또 다른 자연, 벌들이 하루 종일 노래한다. 자연이 가장 이쁜 꽃을 만든다. 도시의 벚꽃, 자동차가 많이 다니는 곳에는, 사람들이 많이 모이는 벚꽃에는 벌들이 없다. 그리고 그 꽃잎 하나하나가 인공의 먼지로 부옇게 쌓인 느낌이다. 내가 요즈음, 자연과 환경에 너무 관심을 가져서 그렇게 느껴지는 것일까 질문을 던져 보지만, 나의 눈은 사실을 확인해 준다.

인공물이 없는 곳에 자연은 가장 이쁜 꽃을 선사해 준다. 꽃의 선명도를 자연이 결정해 주는 것이다. 벚꽃의 상태와 찾는 벌의 수에 따라 그 지역의 자연지수, 공기의 오염지수를 자연 과학자들이 만들었으면 좋겠다는 생각이 든다. 이른바 벚꽃 지수 말이다. 벚꽃 지수가 자연과 환경의 기준이 되었으면 좋겠다는 생각이 든다.

꽃은 꽃으로 자연은 자연으로 있는 그대로 보아주면, 자연 그대로 고유의 빛이 난다. 근데 왜 사람들은 꽃에다 불을 비추고 나무에다 조명을 심어 그들을 24시간 이상 깨어있게 만드는 것인가?

우리나라는 이러한 빛 공해가 정말 심하다는 생각이 든다.

2025년 7월 울산 진하해수욕장과 명산도를 방문한 적이 있는데, 명산도에 다양한 빛과 조명으로 작은 섬 전체를 무슨 빛의 공연장으로 만들어 놓았다.

　사람들은 그 인공조명의 아름다움 때문에 그곳을 방문하여 자신들의 추억을 남기곤 하는데, 한편에 그 속의 나무들은, 꽃들은, 인근 바다 식물들은 잠을 자야 하는 시간에 깨어있어야 한다. 자연도 잠을 자야 한다. 그래야 본래의 자연으로, 더 큰 자연으로 돌아온다.

　고향 바당 옆 위미항구에 항구를 위로 다리를 건설하고 밤에 불을 켜고 있다. 마을에서는 관광객을 유입하기 위해서 인공적인 관광 포인트를 만들었지만, 여름밤이어도 그 큰 다리 위에는 관광객은 하나 없고 습기 가득한 무더위만이 그 주위를 서성거리고 있을 뿐이다.

　다리를 세우고 조명을 달 것이 아니라 인근 육지에 나무를 심고 물을 줄 때라는 생각이 든다. 빛 공해는 사람들에게는 순간의 즐거움을 줄 수도 있지만, 시간이 지나면 온도로, 습도로, 그리고 불쾌지수로 자연은 물론 결국에는 인간들이 잠을 이루기 어렵게 만들 것이다.

　왜 사람들은 자연의 모든 곳에 시멘트를 갖다 붙이려고 할까?

　작은 도로공사만 보아도 그렇다. 자연으로 이어지는 도로가 파손되어 보수할 때도 자연으로 잇지를 못하고 다시 인공의 화학물질인 시멘트로 덧칠을 할까?

　같은 예산이면 자연이 있었던 곳은 자연이 있어야 하는 것이 맞는 것이 아닌가?

　그것은 너무나 사람들이 편리하기 위해서이다.

　공사의 편리함이요, 공무원의 편리함이요, 시멘트 도로의 편리함이다.

그렇다고 해서 영원히 자연과 사람의 안전함을 보장하지는 않는다. 자연재해로부터 파손을 당하는 곳은 사람들의 개입이 이루어진 곳, 사람들의 인공물이 들어선 곳들이 대부분이다.

육상에서 이렇게 별로 의미 없는 편리함이 모여서 환경을 아프게 하고 기후 가열화를 빠르게 할 수도 있다.

공공목적으로 사용하는 화학물질 중 가장 많이 사용하는 것은 단연코 시멘트, 콘크리트 성분이다. 생활의 편의를 가져온 것이 플라스틱이라면 공공의 편의와 빠름을 보장한 것은 시멘트 혁명이다.

시멘트가 인간만의 편리함으로 늘 자연을 가로질러 독주하게 만든다. 이 시멘트를 줄이고 대신에 자연을 갖다 붙이면 자연은 더 큰 자연이 되어 돌아온다.

자연이 아프면, 자연이 훼손되면 시간과 비용이 조금 더 들더라도 인공적인 자연을 조성할지라도 자연을 덧붙이는 것이 맞지 않나 하는 생각이다. 아픈 자연도 자연으로 둘러싸여 있으면 건강한 자연의 새살을 돋게 만든다.

2024년 봄, 난 뉴스를 접하면서 안타까움을 넘어서 참으로 내가 한국에 살고 있다는 것이 부끄러웠다.

충남에서 아파트 기공식, 그 일회성 한 시간 행사한다고 - 대통령이 참석한다고 - 의전용으로 축구장 반 정도 크기에 시멘트를 깔고 1km 정도 가림막을 설치한다. 거기에 예산이 수억 든다.

이처럼 예산을 쉽게 의전용으로 쓰면서 자연이 아프고, 엄청난 시멘트 쓰레기를 생산할 바에는 차라리 지사와 대통령 일행은 한 호텔

연회장에서 하면 안 되었을까? 최고의 의전이 되고, 자연도 덜 아프고, 쓰레기도 애초부터 생산되지 않았을 것을…. 그리고 공무원들도 덜 고생하고.

30~40대 여성들은 집에서 세제 하나 사용하면서 꼼꼼하게 친환경을 고집하고, 쓰레기 분리수거도 철저하게 하고, 편리한 비닐봉지, 플라스틱보다는 친환경 장바구니를 갖고 다니면 앞으로 자녀들의 미래 세계가, 지구가 기후 위기로 덜 스트레스 받았으면 하는 마음으로 불편함을 기꺼이 감수한다.

기후 위기 시대에 사는 완전히 다른 모습이다.

국가가, 행정이 먼저 모범을 보이고 솔선수범하여야 하는데, 자신들의 행동이 행정을 보여주는 표본인데, 소위 최고 행정가들은 자기들의 위신, 권위가 이 아픈 지구보다, 뜨거운 대한민국보다 더 중요한가 보다. 주민들의 의식과 행동을 행정가, 정치가들이 따라가지 못한다. 다시 한번 미국의 앨 고어가 생각난다.

일반 가정에서 가장 많이 사용하는 화학물질은 뭐니 뭐니 해도 플라스틱이다.

주방에서부터 모든 일상에 플라스틱이 아닌 곳은 없다. 심지어 농업, 어업 등 모든 직업 활동에서까지 플라스틱이 없으면 생활을 할 수 없을 정도이다.

언제부터 우리가 플라스틱의 편리함에 길들여져 있을까?

이제는 태어나면서부터 죽을 때까지다.

근데 왜 무덤은, 관은 플라스틱으로 이루어지지 않았을까?

편리함만을 찾다 보니, 우리도 모르는 사이에 플라스틱의 노예가 되어버려 죽어서까지 플라스틱을 쓰면 죄의식이 있는 것일까?

사람은 죽으면 자연으로 돌아간다고 한다.

근데 살아있을 때 자연으로 일찍 돌아갈 수는 없을까?

18세기 사상가 장 자크 루소는 "자연으로 돌아가라"라고 했다. 물론 그가 기후 위기를 예측해서 한 이야기는 아니고 문화와 제도로 인해 불행한 사람들이 그 문화와 제도 이전으로 돌아가라고 한 것이다. 그 당시 사람들은 루소의 이 말을 야만으로 돌아가라는 것이냐 비난한다. 루소의 말이 이제는 물질에서 문명에서 조금은 자연으로 돌아가라고 하는 것처럼 들린다. 거기에 나는 야만적인 자연이 되었으면 정말 좋겠다는 생각이 든다.

그동안 우리는 자연과 환경에 관심 가지고 있다고 말하면서도 실제로 자연이 없는 삶은 참을 수가 있지만, 생활의 불편은 못 참는 것 같다. 플라스틱 사용량이 많아지면 많아질수록 자연의 위치는 줄어들고 생물 다양성은 사라진다.

산업혁명 이후 인류의 편리함과 이기심으로 100년 만에 지구의 나무 숫자가 반으로 줄고 생물 다양성은 3분의 2가 줄어들었다.

기후 가열화, 기후 위기가 환경학자들이 예상하는 것과 같이 진행된다면 앞으로 100년도 남지 않은 시간에 생명의 다양성이 사라지고, 자본을 가진 사람들만이 조금 더 생명, 안전을 유지하다가 결국에는 플라스틱만이 남아 인류의 마지막까지 외롭고 처절하게 동행할 것이다. 심지어 그때에는 곡물을 구하기가 어려워져 플라스틱 곡물이, 먼 옛날의 자린고비 이야기를 대체할지도 모른다는 생각이 든다.

세상 모든 것은 자연에서 태어나고 자연으로 돌아가야 한다.

사람도 마찬가지이고 식물, 동물도 마찬가지다.

그것이 소위 친환경이다.

그것이 인류의 시작이다.

자연과 삶의 경쟁을 하는 것은, 그것은 자연이 아니다.

자연과 삶의 경쟁을 하는 것들이, 물질들이 많아지면 많아질수록 자연의 의미는 사라진다.

자연이 사라지는 것은 지구, 행성이 존재해야 하는 이유가 사라지는 것이다.

우리는 조금 더, 지구의 시작, 행성의 시작일 때처럼 친환경일 필요가 있다.

즐기면서 노는 데도 아무 생각 없이 사용하면 우리는 모두 다 방관자적 탄소 배출 공범이 된다.

폭죽, 불꽃놀이는 일상의 즐거움을 더해주기도 하고, 분위기를 바꿔 순간의 행복을 주기도 한다. 나는 호주에서 많은 시간을 보내면서 호주 사람들이 자연과 환경을 생각하는 부분에 대하여 때로는 경이롭기까지 하고 존경스러울 때도 있었는데, 한 가지 의문이 드는 부분이 있었다.

처음 호주에 가서 새해를 맞게 되었는데, 12월 31일 밤에 너도나도 브리즈번강 변으로 사람들이 모여든다. 새해맞이 불꽃 행사를 보기 위해서다. 나도 처음으로 행사에 참석하여 찬란한, 형형색색의 불꽃을 보며 새해 소원을 빌어보기도 했다. 호주에서 새해맞이 불꽃 행사는 브리즈번뿐만 아니라 시드니, 멜버른 등 주요 도시에서 화려하게 펼쳐진다. 호주의 화려한 신년 문화이다. 사실 그때만 해도 나는 이

폭죽, 불꽃놀이가 탄소를 많이 배출하는 행사라는 것을 몰랐다. 지금으로부터 거의 20년 전의 일이다.

최근에 바당과 기후변화에 대해 많은 관심이 있어 시간을 들여 곳곳을 들여다보는 과정에서 폭죽, 불꽃놀이가 탄소를 많이 배출한다는 것을 알게 된다. 호주는 일 년 동안 탄소 배출을 개인들이 자제하다가 한꺼번에 사람들의 즐거운 행위로 자제한 모든 행위가 무색할 정도로 넘쳐나는 탄소를 만들어 내고 있다.

우리나라도 지방행정에서 해맞이 행사나 기타 축제에 많은 불꽃을 터뜨리고 있다. 한 번쯤 되새겨 볼 일이다. 다른 것으로 대체하거나, 아니면 최소화하면 좋겠다는 생각이 든다.

우리는 즐거움을 터트리며 서로에게 축하가 될지 모르겠지만, 자연과 바당에는 이것을 흡수해야 하는 엄청난 가중이 슬픔과 좌절이 되어 빨리 늙어가고 있다.

제주에서는 1997년부터 24회까지 이루어진 새별오름에서 벌어지는 들불 축제가 2023년부터 중단된다. 개인적인 생각이지만 행정이 아주 잘한 일이다. 오름에 불을 붙이면서 소원을 빌고, 목초지를 활성한다는 것은 기후변화 이전의 시대 중산간 마을에서는 필요했던 일이다. 그 당시는 그렇게 살았다. 지금처럼 대규모적이지도 않았다. 개인적으로 나는 들불 축제에 한 번도 참가해 본 적도 없고 본 적도, 관심도 없었다.

나도 초등학교 때 마을 들녘에서 불놀이하다 인근에 집을 다 태울 뻔한 일도 있다. 즐겁게 놀기 위해 그랬는데 친구의 머리가 타는 바람에 들켰다. 그 중단되었던 들불 축제를 몇 년도 안 돼 2025년 3월 다시 제주 행정이 살린다고 준비했는데 자연이, 바람이 그 관련 행사 준비를 다 날려버렸다. 자연이 하지 말라고 신호를 보낸다. 자연이 이겼다. 결국은 취소가 되었다.

내년에도 그 이후에도 하지 말았으면 한다. 자연이, 바람이 그때도 화를 낼지도 모른다. 제주 들불 축제는 제주 행정의 관광 이벤트로 사람들을 모아 즐거움을 만든다는 것이다. 이러한 즐거움은 다른 곳에서 찾으면 된다.

기후 위기로 인해 세계 곳곳이 가뭄으로 자연 발화가 발생하는 시점에 사람들을 모이게 하려고 의지적인 탄소 배출 행사를 하는 것은 결국 다수의 깨끗한 삶과 안전한 자연보다, 소수의 자본과 함께하는 삶을 행정이 지원하는 결과가 된다.

탄소 배출을 줄이기 위하는 것은, 기후 위기 대응에 동참하는 것은 의외로 단순할 수 있다. 실생활에서 우리가 할 수 있는 것을 조금 불편하게 하면 된다. 가장 필요한 것은 우리의 선택적 의지이다. 그 의지가 행동을 부른다.

2023년 말부터 사과 가격이 금값이다.

앞으로 기후 위기로 인하여 과일 가격이 예상을 벗어나 비싸지는 경우가 많을 것이다. 사과꽃이 필 시점에 냉해가 와서 사과꽃 개화에 어려움이 많았다. 물론 탄저병도 커다란 원인이 되었다. 일반적으로 기후변화는 기후 온난화만을 의미하는 것이 아니라 우리가 예상할 수 없는 정상적이지 못한 기후적인 모든 현상, 고온, 저온, 폭우, 폭설, 가뭄, 홍수 등을 말한다. 2025년 올가을 사과 가격은 이상 고온으로 아담이 이브에게 사과를 따준 이래, 우리나라에서는 가장 비쌀

전망이다.

  식물들은 봄이 되면 적당한 온도에서 꽃들은 피고 그다음 자연스럽게 열매가 열린다. 계절의 당연함이 열매를 맺는다. 우리가 예상하지 못한 현상으로 어려움을 겪고 나니 계절이 변하는 당연함이 우리에게 얼마나 큰 축복이었는지, 이제야 한 번쯤 생각해 보게 된다.

  자연의 당연함은 이제는 계절과 함께 시간이 가면 찾아올 수 있는 것은 아니란 생각이 든다. 계절의 당연함은, 시간의 당연함은 이제는 자연이 주는 일방적인 것은 아니다. 자연도 우리에게 요구하고 있다.

  사람들도 자연에 대해 배려하고 존중하는 당연함이 있어야 자연도 자신의 당연함을 인류에게 돌려준다는 메시지를 계속해서 우리에게 보내온다. 호혜주의, 상호주의를 요구하는 것이다. 인류의 편안함과 편리함만으로는 생활을 이어 나가면 자연은 상처받고 그 흔적을 사람들에게 보여준다. 2023년에서 올해까지 이어지는 사과 가격은 자연이 상처받은 흔적이다.

  바당도 마찬가지이다.

  여름철 해수욕장이나 바닷가에서 거리낌 없이 얼굴과 몸에 바르던 선블록크림(sunblock cream, 이하 선크림)이 해양에 있는 어떤 생물에게는 치명적이면서 해양오염의 주범이 된다.

  우리가 사용하는 선크림은 두 종류가 있다. 하나는 자외선을 반사해 피부를 보호하는 무기자차 선크림, 이는 화학성분이 덜해서 해양오염에 그리 문제가 되지는 않는다. 얼굴이 하얗게 보이는 백탁 현상이 있을 수 있지만 세안을 잘하면 피부 트러블이나 기타 이상 흔적은 없다.

문제가 되는 다른 하나는 화학적으로 합성한 유기화합물을 사용해서 만든 유기자차 선크림인데, 이것에는 옥시벤존이나 옥티녹세이트 성분이 들어있어 바닷속으로 들어가면 미세한 농도로도 환경오염을 일으켜 산호와 말미잘 등에 치명상을 준다.

심지어 옥시벤존 한 방울만으로도 국제 규격의 수영장 6개 정도 양안에 있는 산호초들이 생명에 위협을 받는다. 실험에 따르면 옥시벤존에 노출된 산호가 바닷속에 투과되는 자외선의 영향을 받아 큰 피해를 받는다는 것이다. 백화현상이 일어난 산호는 옥시벤존에 더욱 취약해 일반 산호초보다 약 7일 빠르게 고사한다. 옥시벤존과 옥티녹세이트 성분은 생식 독성을 초래하는 내분비 교란 물질이어서 고래나 물개의 번식을 방해하는 것으로도 알려져 있다.

2018년부터 미국 하와이에서는 유기자차 선크림 사용을 엄격하게 금지하고 있다. 2021년부터 태국 정부도 주요 해양 국립공원에서 화학물질이 들어간 자외선 차단제 사용을 금지한다. 태국은 첫 아시아 국가로서 해양 생물 다양성을 위해 일부 해양 공원에서 선크림 사용을 제한했다. 남태평양 섬나라 팔라우, 미국 플로리다주, 카리브해의 네덜란드령 보네르섬, 멕시코에서는 일부 관광지 바닷가에 특정 성분이 들어있는 선크림 사용을 제한하고 있다.

우리나라에서는 옥시벤존 함량을 5% 이하, 옥티노세이트 함량을 7.5% 이하로 제한하지만 그래도 소비자들의 사용량이 많아지면서 우려되는 상황이다. 2023년 우리나라에서 선크림을 많이 생산하는 N사에 전화를 걸어 확인해 본 적이 있다. 지금 시중에 판매되고 있는 선크림 용기 표면에 무기자차, 유기자차가 구분되어 있는지 물었다. 답변은 그렇지 않고, 법적으로도 표기는 의무가 아니라고 한다. 우선 자외선 차단제에 무기자차, 유기자차로 구분표기만이라도 해서 사람들이 선택하여 사용할 수 있게 했으면 좋겠다는 생각이 든다. 유감스럽게도 우리나라에서 생산되는 선크림은 대부분 외적 미용 효과가 좋은 유기자차 선크림일 것이다.

바다 생태계에 가장 좋은 방법은 가벼운 옷을 입는다든지 혹은 선택적으로 유기자차 선크림 사용을 최소화하는 것이 가장 최선이다.

산호는 해조류와 더불어 해양 생물의 다양성을 제공하는 가장 근원이다.

현재 전 세계 산호 70%가 죽어 소멸하고 있다. 사람들의 편리함과 당연함이 그리고 미용이 바당 생물에게는 종을 지속할 수 있는 안전을 파괴하고 있다. 우리나라에서 행정가나 정치가들이 이를 인식할 수 있을까?

아마도 그 인식의 수준은 이럴 것이다. 환경단체나 해양학자들이 특정 화학제품 판매 중지를 요구하면 기업활동을 제한하고 그것이 결국 고용 창출을 방해한다며 자본의 편에 서고, 자연과 바당이 아픈 문제가 지금, 아니 과거에 머무르지 않을까 한다. 그러면서 조금만 횟감이 안 팔리고 해산물 소비가 안 되면 어시장 가서 생선회를 먹는 쇼를 한다.

이제는 소비의 문제 이전에 생산의 문제다. 어쩌면 해양 생물의 생존 문제가 먼저이다. 옥시벤존 한 방울의 자제는 수많은 산호를 살릴 수 있다. 수많은 산호는 엄청난 해양 생물을 기른다.

인류가 주는 자연과 바당을 위한 한 방물의 친절이 많은 자연과 넓은 바당을 살릴 수 있다. 우리 개개인 한 방울이 작을 수도 있지만, 그 자체만으로 자연과 바당에는 큰 힘이 된다. 이러한 것을 조직적으로 혹은 합쳐서 이루어진다면 우리는 지구를 구할 수 있다. 기후 위기를 적절하게 대처할 수가 있다.

　봄철에 이쁜 꽃을 보기 위해
　바당에서 맛있는 회를 먹기 위해
　자연과 바당에 소비를 한 움큼 쥐기보다는
　친절 한 방울을 떨어뜨리는 것이 필요하지 않을까!

친절 한 방울이 뚝!
나무 나이테처럼 파장을 내며 자연과 바당에 떨어진다.
그 파장 옆으로 또 다른 친절 한 방울이 이어진다. 뚝——.
또다시 뚝——— 이어진다.
자연이, 바당이 생명을 다시 얻는다.

이어도로, 이어도로

바다환경지킴이 활동을 하면서 바당에서 싱싱하고 건강하게 자란 톳을 보자 자연으로부터 선물을 받은 것처럼 기분 좋은 흥분이 일어난다.

그래, 반갑다.

이래야 바당이지!

코로나19로 제주산 톳과 소라 소비량이 급감하면서 2년간 구좌읍 한 마을에서 공동으로 톳 채취를 하지 못했다. 전년에 톳을 채취하지 않고 지나가니 올해 소라 생산량이 작년의 거의 두 배 이르렀다. 바당에 풀이 살아있자 그것을 주 먹이로 하는 소라와 성게 생산량이 늘어난 것이다.

코로나19로 인하여 어느 정도 제주를 방문하는 숫자가 줄어들자 바당도 즉각적으로 반응한다. 실질적인 수치로 보면 2019년 1,500만여 명에서 2020년 1,000만여 명으로 500만 명이 감소한다. 관광객이 감소했다는 것은 그만큼 사람들이 사용한 오폐수가 바당으로 덜 흘러 들어간 것을 의미한다. 바당 소비가 팬데믹 이전보다 3분의 1로 줄어든 것이다. 팬데믹이 주는 아이러니다.

이는 제주 연안 전역에 해당하는 것은 아니다. 여전히 바당이 죽어가는 정도가 심한 고향마을 애삐리바당에는 톳과 미역 등 해조류가 십여 년째 이상 실종 상태이다. 해가 바뀐다고, 관광객이 줄어든다고 해서 변한 것은 아무것도 없다. 그나마 이러한 현상도 해조류 포자가 조금이라도 있는 곳에서 가능한 이야기이다. 고향 바당은 이미 임계점이 한참 지났다.

제주 자연과 바당 입장에서 지금과 같은 시스템으로, 지금의 사회 구조로, 적절히 숨을 쉬고 살아가기 위해서는 제주에 적정한 관광객 숫자가 얼마일까? 아마도 1,000만 명 이하가 아닐까 한다. 바당은 이러한 것을 우리에게 자신이 살 수 있는 여건이니 그렇게 해달라는 신호를 보내는 것이 아닐까?
바당이 아프지 않고 자연 훼손도 그리 심하지 않으면서, 거기에다 가능하면 기존의 삶도 존중하면서 갈 수 있는 지역 사회 시스템이 제주에는 부족하다는, 아직도 구축이 안 되었다는 이야기일 것이다. 그래서 그러한 시스템을 만들고 여건을 구축하고 나서 많은 사람들이 제주를 찾고 같이 보호, 보존하면서 제주를 일상에 담는 것이 필요하지 않나 하는 생각이다.
그러한 것은 누가 해야 할까?
관광객이 하지는 않을 것이다. 그 관광객을 불러오려고 하는 제주 행정에 사람과 자연을 수용할 시스템을 구축하는 데 원초적인 책임이 있다.

늘 이상과 현실은 괴리가 존재한다.
제주를 찾는 사람들은 제주의 지역 삶에 많은 관심을 두기도 싫고, 자연과 바당은 자신들이 방문하면 좋은 여건으로 그렇게 자연답게, 바당스럽게, 자연식품과 해산물이 풍부하고 좋은 그림의 자연과 바당이 그냥 있기만을, 자신들이 보고 즐겁고 힐링을 받을 수 있는 그런 여건이 있으면 된다고 생각한다.

앞으로 더더욱 그럴 것이다. 그것이 제주를 찾는 이유이기 때문이다.

가장 이상적인 교과서 내용, 우리가 배운 가치를 행동으로 나타내기보다는 사회는 대다수의 감정, 즐거움 등의 크기에 의해 좌우된다. 그것이 어떤 때는 원주민의 지성을 이기기도 한다.

제주는 교과서대로 갈 수는 없다. 거주하고 있는 사람보다 늘 거쳐 가는 사람들이 많아서 그럴 것이다.

제주는 사람들의 목적에 따라 가치의 행동이 항상 다르게 나타난다.

제주에서 삶을 유지하고 싶은 가치와 관광의 즐거움을 최대치로 갖고 싶은 사람들의 가치가 많이 다르게 나타나는 곳이다.

살아가기 위해 수경을 쓴 삶의 바당 문화와 즐거움의 선글라스를 낀 유희의 바다 문화가 함께 존재한다는 의미이다.

지금은 유희의 바다 문화가 삶의 바당 문화를 거의 다 밀어내고 있다. 물질하는 해녀의 숫자보다 그 옆에서 커피를 들고 외국에 온 듯이 신기하게 해녀들을 바라보고 더 한쪽에는 멋을 타는 서퍼들이 엄청나게 늘어났다.

제주 바당이 죽어버리면 유희의 바다 문화가 삶의 바당 문화를 완전히 지배하게 될 것이다. 제주 문화와 정서의 주인이 바뀌어 버리게 된다.

그것도 현실이고 세상이 흘러가는 방향이면 받아들여야 한다.

그래도 조금이라도 제주에는 삶의 바당 문화 그 자체가 이어지면 좋겠다.

제주 바당을 살려내어 삶의 바당 문화와 유희의 바다 문화가 함께 공존했으면 좋겠다. 이렇게 바당 문화와 바다 문화를 구분하고 이야기하는 것은 어떠한 의미에서는 너무 안일한, 아무 의미 없는 소리일 수도 있다.

지금 우리 모두의 생명 문제, 안전 문제가 될 수 있을 정도로 바당 위기와 기후 위기는 우리 발밑까지 다가와 있기 때문이다. 다 같이 함께 안전하게 생존하고, 기후 위기에 대처해야 하는 문화가 이제는 우리가 마주한 최고의 공동 문화가 될 것이다.

바다 유희 문화, 거기에는 제주 행정이 의도적으로 추구해 온 양적인 관광 제주의 기능과 역할의 가장 컸다.

관광객들은 생산보다는 소비를 위해 제주를 찾는다. 물론 넓은 경제적 의미에서 소비는 생산이 될 수도 있지만, 그러다 보니 자연과 바당에 대한 소비도 늘어난다. 관광객이 증가하면 할수록 바당에는 똥물이 넘쳐나고 육상에는 쓰레기들이 한라산과 키재기 시합을 하는 곳이 된다.

그러면서도 여전히 행정은 자연과 바당, 환경에는 무심, 무능하게 보이고 자본에는 한없이 관대한 것 같다. 공항에서 관광객들을 위한 셔틀버스를 제주 예산으로 운영할 관대함은 있지만, 자연과 환경을 보호하고 주민들의 삶에 예산을 쓰는 데는, 심지어 음식물 쓰레기통을 제공하는 데는, 도민들에게는 4.3 때처럼 여전히 주저하면서 권위적이다.

2017년 일이다.

처음으로 쓰레기 재활용, 분리수거를 제주도 차원에서 2016년 시작한다. 개념 있는 주민들의 요구가 넘쳐나자 행정이 뒤를 따른다. 그러나 행정은 아무런 준비도 없이 그냥 밀어붙이기 분리수거로 제주 사회에 자연, 환경 4.3이 다시 일어나도 이상하지 않을 정도로 주민들의 불만과 불편이 쌓였다.

관광객이 넘쳐나자 쓰레기도 넘쳐나고, 그 쓰레기를 제주 주민들이 버린 것인 양 제주 주민들에게 원인과 책임을 전가한 것이다. 항의 표시로 시민들이 단체로 공공장소에 쓰레기를 무차별로 쌓아 올리고, 어떤 곳은 불타오르고, 행정이 관광에 집착하여 자연과 환경을, 바당을 죽음으로 내몰더니 이제는 관광 우선주의를 위해 도민들의 삶에 불을 지른 것이다.

행정의 사고와 행동은 놀랍고도 실망스럽다.

음식물 쓰레기를 버리고 나서 그 음식물 쓰레기를 담았던 비닐봉지 등을 회수할 통을 만들지 않아 나를 당황하게 만든다. 나는 그것을 도로 집으로 매회 갖고 돌아온다. 시행 초기라 그럴 수 있다고 생각하며 답은 조만간 나올 것이라고 기다렸는데, 아무런 대책이 없다. 나는 이 분리수거와 음식물을 담았던 비닐 수거함과 관련하여 제주시장 면담을 요구했다. 다행히도 면담이 이루어진다. 그 자리에 제주시 보건환경국장도 동석한다.

나는 시장에게 정중하게 제안했다.

"재활용 분리수거 정책을 시행하는 것에 대하여 긍정적으로 동의하고 지지합니다. 좋은 정책이라고 하더라도 주민들이 시의 정책에 이해와 공감이 요구되고 행정이 선도적인 행동으로 주민들이 따라올 수 있도록 해야지, 쓰레기를 요일별로 버리지 않나 감시하는 감시자를 따로 두는 것은, 북한의 5호 담당제보다 더한 전체주의적인 발상입니다. 이것은 정말 현재 민주사회에서 벌어져서는 안 됩니다. 그리고 제주도 행정에서는 관광객들을 위해 공항에서 렌터카 회사까지 세금으로 셔틀버스도 운행하는데, 적어도 지역주민들에게 음식물 쓰레기통 수거함을 만들어서 주면 어떨까요. 그러지 못하면 적어도 음식물 쓰레기 비닐만이라도 회수할 수 있는 수거함을 다시 설치해 주시면 좋겠습니다."

다행히도 시장은 내가 한 이야기에 대부분 공감한다. 그러나 나는 그런 것을 원한 게 아니다.

"공감합니다, 뭐 이런 초등학교 교과서적인 대답을 들으러 온 것은 아닙니다. 언제까지 해주실 건가요? 지금 주민들이 많이 불편하니 2주 이내에 설치해 주시면 어떨까요?"

다시 부탁한다.

"그리고 약속을 해주시지요?"

그러자 시장은 그리하겠다고 약속을 한다.

그 음식물 쓰레기 비닐봉지 회수통은 시장 면담 후 열흘 만에 제주시 전 지역에 설치된다. 이 문제를 해결하는 과정에서 자연 친환경적인 행정이, 삶의 행정이 얼마나 필요한지 절실하게 느낀다.

그러나 그 이후에도 자본 쪽으로 기울지 않는 좋은 친환경 행정은 여전히 우리 사회와 시스템과는 멀어 보인다. 우리나라가 선진적인, 미래적인, 친환경적인 생활 정치가나 행정가가 나올 수 없는 구조라 조금은 씁쓸하다.

정치나 행정에 대한 기대를 접어보지만 그래도 앞으로 나타나리라는 희망을 버리기는 싫다. 아니면 주민들을 위한, 좋은 삶을 위한,

친환경적인 행정가, 정치가를 우리 스스로 찾거나 그게 어려우면 만들어야 한다. 이 죽어가는 제주 바당의 구조적인 문제를 해결하고 살리는 방법은 행정밖에 답이 없다.

체계적으로 대처하는 시스템이, 사회, 국가 제도가 가장 큰 역할을 한다.

바당을 실제로 죽인 것은 행정이고 또한 살려낼 수 있는 것도 행정이다.

그것이 내가 지난 3년간 바다환경지킴이 활동을 하면서 얻은 결론이다.

지난 3년 동안 제주 바다환경지킴이 활동을 하면서 해양쓰레기를 치웠던 것은 누구의 영향이 아니라 내 가치관 때문이다. 바당은 내게 마음의 고향과 같은 삶의 바당 문화가 있는 곳이다. 죽어가는 제주 바당을 위해 뭐라도 해야 한다는 절박함과 책임감이 내 가슴에서 뜨겁게 올라왔다.

나는 스스로 이념에 갇혀서 누구나 정치집단을 추종하면서 살고 있거나 무작정 진보다 보수다, 그러지 않는다. 그렇다고 삶을 바라보는 태도에 있어서 꼭 구분해야 한다면 나는 가치와 신념이 아주 뚜렷한 편이다. 그것을 밖으로 표출하기보다는 내가 믿고 지키고 싶은 가치대로 내가 할 수 있는 생활의 가치든 안전의 가치든 작지만 실행하면서 살고 있다.

우리는 정치의 홍수의 시대에 살고 있다. 나는 그 홍수에 나의 정치 목소리 물방울을 더하고 싶지는 않다. 그저 올바른 투표를 하려고 한다. 대신에 내가 믿는 가치대로 작은 행동을 던질 뿐이다. 그것이 진정한 생활과 안전 가치 실현이라고 생각하며 우리 사회가 발전하는 데 큰 몫을 하지 못하더라도 스스로 방해물이 되어서는 안 된다는 또 다른 가치를 갖고 있다.

그래서 지난 삼 년이 넘는 시간 동안 바다환경지킴이 활동을 너무나 즐겁고 보람 있게 할 수 있었다. 사실 이제는 그런 것도 의미가 없다. 좀 더 시간이 지나고 기후 위기가 더 심화되고, 겨울날 햇볕이 따뜻하여 우리의 마음을 훈훈하게 녹이는 것을 넘어 이마에 땀방울을 맺히게 하면 이념, 보수, 진보가 다 무엇이 문제가 되고 필요하겠는가?

사실 그것은 정치하는 사람들이 자기편을 만들기 위해, 자기의 세력을 만들기 위해 프레임화해 버린 것일 뿐이다. 우리가 보수나 진보의 프레임 속으로 들어가기보다는 자연과 환경, 삶의 가치와 자연의 가치 속으로 들어가면, 우리가 먼저 최선으로 자연과 환경에 깨끗하고 친절한 물방울을 주저 없이 흘리게 되면, 우리의 행정도 우리의 정치도 그 진보, 보수의 프레임을 깨고 떨쳐 나와 자연과 환경으로, 생활과 안전의 가치로 더욱더 적극적으로 향하지 않을까?

그래서 궁극적으로는 우리가 살고 있는, 삶의 질을 높이는 자연 친환경적인 행정가나 정치가들이 우리를 위해 일하지 않을까 하는 생각이 든다.

육지에서, 외국에서 잠깐이지만 생활을 하다 제주 공항으로 들어올 때마다 제주의 공기가, 그 예전 공기가 아니라는 것을 점점 더 느낀다. 갈수록 무겁고 습하다. 기후 가열화와 바당 위기, 기후 위기가 우리 발밑에 더 다가와 있다.

아니 이제는 우리의 눈을 보며 정면에 서 있다.

이것은 편안하게 숨을 쉬느냐의 문제이다.

그저 삶의 문제다.

우리 생존의 문제다.

그리고 다음 세대의 안전 문제이다.

그래서 행정이, 정치가 이 바당 위기와 기후 위기의 정책적 최우선이 되었으면 좋겠다는 생각이 든다. 그래야 우리 모두 함께 손을 잡고 이 험한 파고를 잘 넘을 수 있지 않을까?

내가 바다환경지킴이 활동을 하면서 접하는 자연과 바당은 정말로 경이롭다. 그리고 공평하고 정직하다.

바당은 사람들로부터 배려를 받는 만큼 반응을 한다. 사람의 배려가 깊으면 깊을수록 바당의 깨끗함과 해양 생물 다양성은 더 깊어진다. 같은 지역이라도 사람의 친절 손길이 닿은 부분과 사람의 오폐수가 나가는 곳에서 자연의 내음 깊이는 확연하게 다르다.

자연과 바당은 사람의 마음을 받아들일 줄 안다. 가장 좋은 배려는 자연이 있는 곳에는 오직 자연만의 영역으로 놔두면 된다. 참으로 쉬운 일인데, 이러한 일이 이제는 더 이상 쉽지 않다. 자본이 달려들고 행정이 밀어주기 때문이다.

한동안 제주도에서는 그런 이야기가 유행한다.

제주에서 지금도 가장 유능한 정치가, 행정가는 어떠한 사람일까?

그 답은 아무것도 안 하는 사람이다. 일을 벌이지 않는 사람이다.

새로운 일을 벌이면 주민들에게는 갈등을 유발하고, 자연과 바당은 더 아프고, 기후 가열화, 기후 위기에도 기여하게 된다.

맞는 이야기란 생각이 든다.

개발에 대한 절제, 권력에 대한 절제, 그리도 자본에 대한 절제는 마약 중독을 끊는 것처럼 쉽지 않다. 특히 행정가나 정치가에게는 최고로 어려운 일이지만 기후 위기 시대에 가장 필요하고도 어려운 덕목은 불필요한 개발에 대한 자제와 절제가 아닌가 하는 생각이 든다.

자제와 절제가 가장 큰 힘이 되는 시대에, 지역에 우리는 살고 있다. 일을 벌이는, 나무를 베고, 땅을 파헤치는 도지사나 국회의원, 지방의원들은 누구에게, 표를 받은 이권을 바라는 사람들에게 빚이 있는 권력이다. 나에게 가장 좋은 행정가, 정치가가 어떤 사람인지 물어온다면 나는 그렇게 대답하고 싶다.

자본을 쫓아 표를 구걸하려고 일을 벌이기보다는 기후 위기 시대에 가장 안전하고 안심할 수 있는 환경적인 구조를 만들어 주면서 제주의 육상과 해양쓰레기를 잘 치워주는 그래서 누구에게나 균등하고 공평한 삶의 자연조건을 제공하는 그런 도지사나 국회의원, 지방의원이 가장 유능한 정치가이고 행정가라고.

그러한 정치권력, 행정 권력이 등장했으면 좋겠다. 할 수 있으면 모든 지역, 나라, 지구가 친환경적인 행정과 정치와 함께, 자연 바당과 함께 천천히 갔으면 좋겠다.

우리나라는 세계 8대 온실가스 배출국이다.

지구의 평균기온 상승보다 우리나라의 기온 상승이 무서울 정도로 빠르게 진행되고 있다. 2025년에 들어서 한 언론은 우리나라의 온난화 속도가 세계 평균보다 3배 빠르고, 표층 수온 상승 속도는 세계 평균의 2.6배에 달한다고 한다.

국가간 기후협의체(IPCC)에 따르면 세계 평균기온 상승이 2도를 넘으면 세상은 돌이킬 수 없는 상태가 되는데, 우리나라 정치나 행정은 기후 가열화, 기후 위기를 논하거나 관련된 정책을 만드는 정치가와 행정가는 그렇게 크게 보이지 않는다.

공무원은 항상 선도적인, 미래를 보며 정책을 제시하기보다는 후에 모든 주민들의 현상을 인지하고 불편을 겪고 있을 때 그 상황을 인지한 것이 제일 큰 덕목이라고 행동하는 경우들이 많다.

지금은 기후 가열화, 바다 위기, 기후 위기에 대한 이해를 요구하는 것이 아니라 지금 당장 의지와 행동이 필요한 시기이다. 행정은 지금 생활과 해양쓰레기를 줄이자는 그런 캠페인을 할 시기는 아니다. 그것은 일반 시민들이 공감만으로 할 수 있는 일이다. 행정은 시스템적으로 자연을 아프게 하고 바당을 죽이는 구조적인 요인들에 체계적인 대응, 행정력을 최대화해야 할 시점이다.

우리는 자연의 아픔에 공감하고 같은 마음으로 연대를 할 필요가 있다.

그것은 자연의 문제일 수도 있지만 결국에는 우리의 문제이다.

버려진 자연의 아픔, 환경 문제로 인하여 죽어가는 생물의 고통에 눈물 흘릴 필요가 있다. 그 눈물은 서로를 향하는 따뜻한 마음이고 같은 곳을 바라보는 공감의 의미이기도 하다. 그 공감이 자연과 바당을 살리는 출발점이 된다. 그 공감은 소통을 만들어 내고 서로를 향하는, 자연으로 향하는 소통은 행정가나 정치가의 권력욕보다 더 큰 힘을 만들어 낸다.

그러면서 우리는 자연에, 바당에 투표를 하면 된다.

우리가 자연을 대신하여, 바당을 대신하여 투표하면, 따듯한 공감의 목소리를 들이 모이게 된다. 그러면 정책이 만들어지고, 우리가 공감한 행동이 나타난다.

행정가 한 사람이 자연과 바당의 모든 문제를 풀 수 없지만 그래도 현실적으로 좋은 자연 행정가를 두는 것이 우리가 지금 바라보는 기후 위기와 자연 건강을 위하는 차선의 방법일 수도 있다.

최선은 늘 우리 자신에 있다. 우리 스스로 자연과 바당이 아플 수 있는 행동을 스스로 자제해야 한다. 조금 불편하더라고 걷고, 조금 더우면 창문을 열고, 추우면 옷을 더 입으면 된다. 그러면서 우리의 공감을 넓힐 수 있는 자연 정치가나 행정가에 투표하여 좋은 삶의 정치, 기후 위기 정치를 만들 수 있다.

그렇게 현실적으로 우리는 자연 정치가나 행정가와 함께 공동의 가치인 자연과 바당을 함께 바라보면서 앞으로 가야 하지 않을까 한다. 현실적으로 이것이 우리가 마주 보고 있는 기후 가열화와 기후 위기의 무서운 파고를 넘을 수 있는 최선의 방법이다.

우리는 손에 손을 잡고 다 함께 행정이란 시스템으로, 국가의 시스템으로, 지구의 시스템 기후 위기를 대처했으면 좋겠다. 이제는 우리가, 제주가, 우리나라가 기후 위기를 대처하는 데 선두에 있으면 좋겠다. 그것이 지금까지 우리나라가 경제개발로 인한 수많은 혜택과 편리를 누려온, 세계 8대 온실 배출국의 실상을 상쇄하는 것이 아닐까.

제주의 기후 위기 문제를 푸는 것은 관광객 숫자를 줄이는 데 의미를 두자는 것은 아니다. 지금과 같은 제주 사회구조이면 자연과 환경에는 관광객 천만 명 이하가 적정할 것이다. 자연과 바당에는 삼백만 명이 가장 이상적일 수 있다.

그러나 물리적으로 오고자 하는 사람을 공항에서 오지 말라고 피켓을 들 수는 없다. 그것은 우리나라 헌법에 명시된 개인의 자유를 침범하는 결과가 된다. 대신에 자연, 친환경적인 사회 인프라 구조로 바꾸어 나가면서 우리가 할 수 있는 부분에 대하여 해 나가면 된다.

다 함께 제주에서 살아가야 할 방법은 의외로 간단할 수도 있다. 자연과 바당을 인간들이 배려하면 할수록, 자연을, 바당을 자연스럽게 더 놔두면 더 자연이 되어서, 우리를 품어주는 바당이 되어 돌아온다.

우리가 작은 자연을 만들어 자연에게 돌려주면 그 자연은 더 큰 자연을 만들어 우리에게 다가온다.

우리가 작지만 깨끗한 물을 바당에 보내주면 바당은 더 아픈 상처를 스스로 아물어 간다.

삶의 가치와 기준을 자연과 환경, 바당, 생명의 다양성과 함께하는 것이다. 그러면 하수도 배출수 주위에도 다양한 해양 생물들이 터를 잡고, 양어장 배출수 주변에도 건강한 플랑크톤과 해조류들이 다시 돋아날 수가 있다.

옛날 제주도 해녀들은 이어도를 꿈꾸어 왔다.

이어도는 설화 속 환상의 섬이다.

거기에는 물질도 없고, 아내를 괴롭히는 남편도 없고, 배고픔도 없고, 늘 쌀밥과 함께 여성들만 살아가는, 제주 해녀들의 유토피아다.

현실의 해녀들은 '이어도 사나, 이어도 사나---' 바당에 물질하기 전에 함께 이 노동요를 부르면서 힘든 오늘보다는 내일의 희망으로 살았다. 이 노동요에서는 고단한 삶과 여성으로 태어난 원망, 님을 향한 그리움, 그래도 삶에 대한 적극적인 의지와 욕망 등 해녀의 총체적인 삶을 노래하지만, 궁극적으로 그들이 꿈꾸어 온 세상은 현실 도피적인 유토피아가 아니라 그래도 사랑하는 사람과 함께, 가족들과 함께 현실에서 잘 살아가는 것이다. 쌀밥이 아니라 비록 보리밥이지만 가족들과 나누면서 서로를 보듬어 안고 하루하루를 잘 살아가고 싶은 의지와 행동, 그 과정이 유토피아, 이어도인 것이다.

제주 사람들에게 현재 이어도는 어디에 있을까?

갈수록 심해지는 기후 위기로 인하여 생명의 다양성이 위협받고, 사람들만의 편의성을 꿈꾸고, 사람들만 잘 살아가려고 하는 곳이 아니라 이곳에는 자연스러운 자연도 있고 깨끗한 바다도 있고 생명의 다양성과 함께 모두가 현실적으로 오늘을 살아가는 곳일 것이다.

설사 우리가 이어도를 찾지 못하더라도 자연과 바다와 다 함께 공존하는 그런 꿈을 꾸며 함께 배려하고 노력하며 살아가는 하루하루 그 자체가, 그 과정이 우리는 이미 이어도로 향하고 있는 것인지도 모르겠다.

우리의 이어도는 내일의 유토피아적인 삶을 꿈꾸는 미래가 아니라 바당 위기, 기후 위기에 대한 우리의 의지가 들어가 있는 행동들로 오늘을 살아가는 것이다.

지금의 제주를 우리가 잘 사용하여 더 자연스러운 자연, 더 깨끗한 바당을 다음 세대에게 전달하면 더할 나위 없겠지만, 적어도 지금보다 더 나쁜, 안 좋은 제주를 함께할 기회를 제공하지는 않았으면 좋겠다.

 그래야 아이들이 태어나고 적어도 그 옆에는 최고의 자연과 바당은 아니지만 그래도 지금보다 더 나쁘지 않은 자연과 바당이, 지금의 생명이 다양성과 함께 있을 것이다.

 최소한의 바당 문화와 적당한 바다 문화가 함께 아이들을 감싸고 있을 것이다.

 그래야 살아갈 수가 있다.

 함께 행복을 꿈꿀 수가 있다.

 그러나 우리의 다음 세대들이 행복을 꿈꾸기 위한 시간은 그렇게 많이 남아있지 않다.

 지금은 이해의 시간이 아니라 우리 모두 집단행동을 할 시간이다.

 제주는 우리가 살아가는, 앞으로도 살아가야 할 작은 지구다.

〔 접으면서 〕

　자연과 환경, 바당을 아프게 하지 않으려고 행동하시는 모든 분들에게 머리 숙여 감사를 전합니다.
　특히 친자연, 친환경, 친바당의 믿음과 신념을 일상생활에서 조용하지만, 지속적인 생활로 행동의 목소리를 내어주시는 개개인 모두에게 마음으로부터 우러나오는 감사를 넘어 존경과 고마움을 보냅니다.

　이 책이 나오기까지 옆에서 나를 믿고 격려해 준 가족에게 사랑으로 함께합니다.

참고 및 인용

- 제주MBC 창사특집 특별기획, 〈제주바당 감춰진 이야기〉: 시커먼 하수가 뿜어져 나온다, 2017년 12월
- JIBS 특집다큐멘터리, 〈제주 지하수의 경고 바다의 역습〉, 2020년 1월
- KBS 기후위기 특별기획, 〈붉은 지구 - 침묵의 바다〉, 2021년 9월
- KBS제주 다큐멘터리, 〈제주 기후위기 보고서, 민둥바당〉, 2022년 11월
- KBS 시사멘터리 추적, 〈기후위기 제주 바다 안녕허우꽈?〉, 2022년 12월
- KBS 환경 스페셜 2, 〈죽음의 바다〉, 2023년 2월
- MBC 기후위기 다큐, 〈물이 밀려온다〉, 2024년 1월
- 녹색연합 보고서, 〈제주 해안가 점령한 구멍 갈파래 광어 양식장 배출수가 원인〉, 2020년 7월
- 녹색연합 보고서, 〈제주도 97개 해안마을 전체 갯녹음 심각 단계〉, 2021년 11월
- 녹색연합 보고서, 〈기후변화로 인한 급격한 수온 상승으로 제주 바다 '연산호' 생태계가 바뀐다〉, 2022년 11월
- 고광민 서민 생활자 연구자, 오마이뉴스 제주바다 인터뷰, 〈바다가 사라지면, 결국 인간은 멸종위기에 들어설 겁니다〉, 2022년 4월
- 조천호 박사, 〈기후 위기, 거대한 전환〉: 6편 회복 불가능한 기후, 2022년 3월

이외 본문에 서술된 일부 수치와 사실은 국내외 언론에 발표된 것을 참조, 인용하였으며 언론사를 따로 표기하지는 않았다.

바당은 없다

초판 1쇄 인쇄 2025년 09월 09일
초판 1쇄 발행 2025년 09월 16일
지은이 송일만

펴낸이 김양수
책임편집 이정은
교정교열 연유나

펴낸곳 도서출판 맑은샘
출판등록 제2012-000035
주소 경기도 고양시 일산서구 중앙로 1456 서현프라자 604호
전화 031) 906-5006
팩스 031) 906-5079
홈페이지 www.booksam.kr
블로그 http://blog.naver.com/okbook1234
페이스북 facebook.com/booksam.kr
이메일 okbook1234@naver.com

ISBN 979-11-5778-715-9 (03330)

* 이 책은 저작권법에 의해 보호를 받는 저작물이므로 무단전재와 무단복제를 금지하며, 이 책 내용의 전부 또는 일부를 이용하려면 반드시 저작권자와 도서출판 맑은샘의 서면동의를 받아야 합니다.
* 책값은 뒤표지에 있습니다.
* 파손된 책은 구입처에서 교환해 드립니다.
* 이 도서의 판매 수익금 일부를 한국심장재단에 기부합니다.

맑은샘, 휴앤스토리 브랜드와 함께하는 출판사입니다.